L'ÉVOLUTION SOCIALE

DU MÊME AUTEUR :

AU SIÈGE DE LA SOCIÉTÉ D'ÉCONOMIE SOCIALE

174, BOULEVARD SAINT-GERMAIN.

La méthode d'observation (*épuisé*).

Monographie d'une famille d'ouvrier cordonnier de Malakoff (Seine).

— d'une famille de résinier de Lévignacq (Landes).

— d'une famille de cultivateur-maratcher de Deuil (Seine).

— d'une famille de tourneur-mécanicien des ateliers Cockerill (Seraing-Belgique).

— d'une famille de vigneron-précariste de Vilmontore (province de Rome).

— d'une famille de tourneur de Nottigham (Angleterre), *sous presse.*

De l'État de la propriété foncière en Angleterre.

ÉVREUX, IMPRIMERIE DE CHARLES HÉRISSEY

URBAIN GUÉRIN

L'ÉVOLUTION

SOCIALE

PARIS

NOUVELLE LIBRAIRIE PARISIENNE

ALBERT SAVINE, ÉDITEUR

12, *Rue des Pyramides*, 12

1891

INTRODUCTION

Le siècle touche à sa fin. Encore quelques années, et le xxe verra le jour. Quel sera-t-il ce siècle nouveau dont nous ne pouvons encore pénétrer le mystère? Une ère où l'évolution qui s'est accomplie à notre époque trouverait en s'accentuant sa forme définitive, une marche en avant de l'humanité vers de brillantes destinées, et qui sait même, pensent quelques-uns, peut-être assistera-t-il au triomphe de l'idée catholique, à la réconciliation des classes, à la fin des maux contre lesquels nous nous sommes débattus ?

Le nôtre aussi devait jouer dans l'histoire un semblable personnage. A l'aurore de la renaissance catholique, Joseph de Maistre prédisait qu'un siècle après la proclamation des Droits de l'homme, les droits de Dieu seraient proclamés. Quelques années plus tard, le lendemain de la Révolution de 1830, réformateurs et poètes, s'inspirant de sentiments opposés, s'accordaient pour chanter, avec l'écroulement de l'ancien monde, l'approche d'une ère nouvelle. Tout est remis en question, tout s'effondre, disait Victor Hugo. « Tout aujourd'hui, dans les idées comme dans les choses, dans la société comme dans l'industrie, est à l'état de crépuscule [1]. » Et les événements qui s'accomplissaient semblaient justifier cette parole. La vieille Monarchie venait encore une fois de succomber sous les coups d'une Révolution victorieuse. Le sac de Saint-Germain-l'Auxerrois, la guerre faite au crucifix, attestaient la décadence des idées religieuses dans le peuple; le mot de Dieu sonnait mal, et les enfants du siècle, dans leurs confessions publiques ou non, se désolaient de ne plus croire qu'au néant.

En même temps, paraissait une école destinée à exercer sur le mouvement social de notre époque une puissante influence : devinant quel prodigieux essor les inventions mécaniques allaient donner à

[1] Préface des *Chants du Crépuscule*.

l'industrie, elle prédisait qu'une transformation sociale suivrait cette transformation économique. Au premier rang des nouveaux dogmes se plaçait la réhabilitation de la chair, comprimée par le christianisme, car la vieille morale ne devait pas s'adapter au monde de l'avenir qui étoufferait dans ses prescriptions trop étroites. L'émeute enfin grondait dans la rue, c'étaient l'affirmation de l'idée républicaine, les bruyants vagissements du nouveau-né, la démocratie. En un mot, une société neuve paraissait s'enfanter au milieu des douleurs et des cris.

Et aujourd'hui la sève ne bouillonne plus, comme il y a déjà plus d'un demi-siècle. Les idées font bâiller. Les systèmes sont passés de mode. Depuis que les plus habiles révolutionnaires ont accaparé ministères, places et sinécures de toutes sortes, l'émeute a rentré ses griffes.

Tous les beaux rêves que nous avions formés, une brutale réalité les a fait envoler. L'évolution sociale, telle que nous en saisissons les résultats, n'a pas donné ce que nous en attendions. Aussi beaucoup d'esprits se dédommagent-ils des tristesses du présent par les joies inespérées de l'avenir, leur imagination s'exalte, et ils attendent du XXe siècle le dénouement heureux de cette évolution dont le nôtre aurait surtout touché les épines.

Où en est cette évolution ? Qu'a-t-elle produit jusqu'à ce jour ? Voilà la première question et la plus importante que nous ayons à nous poser. Lorsque nous y aurons répondu, nous saurons si notre société porte dans ses flancs une société nouvelle, pleine de souriantes promesses, au sein de laquelle nos arrière-neveux couleraient des jours heureux et calmes, tels que le XIXe siècle n'en a pas vécus.

Une société repose avant tout sur le sol, sur le travail. Nous aurons donc d'abord à nous demander quel sort l'évolution sociale fait à la terre, quelles transformations imposent à l'industrie les inventions mécaniques dont le dernier mot n'est pas dit, qu'est devenu le commerce au milieu de ce monde économique nouveau, quel ennemi rencontre aujourd'hui le travail.

Le gouvernement central joue dans les sociétés compliquées un rôle important. Nous chercherons à en décomposer le mécanisme actuel au milieu du tapage assourdissant de la vie publique, et par là nous établirons son inventaire. Que coûte-t-il ? que rapporte-t-il à la société où il s'est fait une large place? Comment a-t-il su s'acquitter de son rôle nécessaire ?

Les idées ne sauraient être mises dédaigneusement de côté ; c'est sur elles que se modèle la vie privée, ce sont elles qui inspirent les manifestations de la vie publique. Leur trace se retrouve dans toutes les révolutions qui ont agité l'humanité. Est-il besoin de rappeler le rôle que le dogme de la perfection originelle a joué à la fin du siècle dernier et à notre époque? Nous examinerons en conséquence vers quelles rives se portent les grands courants de la pensée contemporaine, quelle influence exercent les agitateurs de l'intelligence, quelles générations ils préparent.

Mais le premier instrument de toute évolution, c'est la famille. La connaissance des institutions, du mouvement intellectuel ne nous donne qu'une idée imparfaite d'une constitution sociale, et cependant que de fois a-t-on jeté seulement les regards de ce côté ! C'est la famille qui, à travers tous les temps, demeure la cellule primitive de l'organisme social ; à elle la propagation de la race, à elle le soin d'élever les enfants, à elle de les munir du premier bagage moral qu'ils devront porter toute leur vie. Tant vaut la famille, tant vaut le tempérament de l'individu, et par suite celui de toute la société. Tel sera le sujet de notre dernier livre, où dressant le bilan moral de l'évolution qui s'est accomplie dans notre siècle, nous saurons quel avenir nous sera réservé si les mêmes causes, déterminant le mouvement social, continuent à être en jeu.

L'ÉVOLUTION SOCIALE

LIVRE PREMIER

LE TRAVAIL

CHAPITRE PREMIER

LA TERRE

La concurrence de l'Inde et des nouveaux continents. — Les ennemis de la terre. — Le fisc. — L'homme de loi. — L'égorgement des petits propriétaires. — L'excès de l'impôt. — La tyrannie des majorités. — La transformation de la propriété et les droits d'usage. — Le régime de transmission des biens. — Le service obligatoire. — La diminution de la population rurale. — La grande et la petite propriété. — Les résultats sociaux du fermage. — Les préjugés contre l'agriculture. — Le métayage. — Les syndicats agricoles. — Le régime de l'individualisme est attaqué.

Depuis que les hommes ont été créés, ils demandent leur nourriture à la terre. La marche du monde n'a rien changé à cela. Toute société repose donc sur la terre, à tel point que le mode de l'exploiter et de la posséder suffit pour différencier une constitution sociale. Statisticiens, économistes, scribes agricoles se sont extasiés sur les progrès de l'agriculture ; le plus humble sous-préfet qui discourt devant un comice agricole partage la même admiration, en ne manquant pas de l'attribuer à la paternelle bienveillance du gouvernement ou aux bienfaits de la grande Révolution. Malheureusement tout ce bruyant étalage de chiffres, tout ce vain bavardage ne peuvent le dissimuler, la terre se montre plus ingrate envers ceux qui la cultivent, elle est entourée d'ennemis qui la guettent de toutes parts, et, à la fin, elle finit par être vaincue.

Le paysan qui, après avoir sué toute l'année sur son sillon, voit se réduire le gain qu'il attendait, ne se doute peut-être pas qu'il rencontre au delà des mers, dans un maigre Indien ou dans un robuste fermier du Far-West, un dangereux adversaire et que la journée, peut-être plus courte, de ces lointains agriculteurs triomphe de son labour poursuivi sans trêve ni relâche. Les terres nouvellement défrichées écrasent en effet les vieux pays, surchargés de nombreux fardeaux, dévorés par le fisc, la procédure, et victimes de leurs gouvernements. Prenons quelques exemples. D'après M. Risler, le blé de Chicago revient à 18 francs au Havre par 100 kilogrammes, soit 16 fr. 80 l'hectolitre. Dans le Kansas, le prix s'abaisse jusqu'à 7 fr. 21, et l'hectolitre de blé revient, au Havre, à 13 fr. 02.

Toutes les conditions se réunissent dans l'Inde pour rendre sa concurrence particulièrement redoutable au point de vue de la culture du blé : le climat d'abord. Dans le Pendjab, dans les bassins du Gange et de la Djemma, où se concentre principalement la culture du froment, une chaleur excessive règne, mais la mousson d'été verse des torrents d'eau sur le sol auquel elle apporte une fécondité extraordinaire. Avec leur intelligence pratique, les Anglais ont multiplié les travaux de canalisation et ajouté par ce moyen un territoire cultivable grand comme le cinquième de la France [1]. Le plus puissant instrument de travail, une population pressée, dure à la besogne, sobre, docile, l'Inde le possède. Elle défie, sous ce rapport, la vieille Europe, cent millions d'habitants dans le seul bassin du Gange vivant de l'agriculture. Que peut faire en face de tels concurrents un paysan français, sur lequel pèse un budget de plusieurs milliards? La moyenne du salaire du journalier agricole ne dépasse pas 60 centimes ; souvent même l'Indou qui, pour toute pitance, se contente d'une poignée de riz et d'eau, ne touche pas plus de dix centimes. Afin de rendre plus facile l'exportation des blés, les Anglais multiplient les moyens de transport, percent des routes, creusent des canaux, mettent chaque année en activité de nouvelles

[1] Voici quelques chiffres fort éloquents : de 1868 à 1878, les Anglais ont dépensé 201,450,000 francs en travaux de canalisation et ils ont ajouté, par ce moyen, 17,000,000 hectares cultivables. Il faut encore observer que, dans l'Inde, contrairement à ce qui se passe en Europe, le nombre des ouvriers d'industrie diminue au profit de l'agriculture.

lignes de chemins de fer. Le canal de Suez ouvre à l'Inde et à ses produits, au choléra comme au blé, la porte de la Méditerranée ; elle nous les dispense avec une inépuisable libéralité, et Marseille voit fréquemment atterrir dans son port les navires de la puissante *Peninsular and Oriental Company*. Le canal de Suez a fait la fortune de l'Angleterre. Avec tout autant de raison, M. de Lesseps pourrait être appelé le grand Anglais.

Sur le sol français, le paysan, l'agriculteur, le propriétaire foncier, ne comptent pas des ennemis moins à craindre. Ils en rencontrent un de vieille date, qui leur veut toujours mort et misère : c'est l'agent du fisc. Pénétré, sans doute à son insu, des doctrines qui voient dans l'appropriation du sol une iniquité, dans les propriétaires des malfaiteurs auxquels il faut faire rendre gorge, l'agent du fisc malmène ceux-ci sans pitié. Beaucoup d'écrivains ont versé des flots d'encre attendris sur les exigences intolérables du fisc à l'égard des paysans sous l'ancien régime. Les exigences du fisc moderne auraient bien dû exciter leur verve indignée, car il frappe sans pitié tous les propriétaires, et ses coups s'abattent avec une violence encore plus grande sur les petits, comme s'ils exerçaient une industrie suspecte dont la malhonnêteté ne saurait se racheter qu'à prix d'or. Les guettant comme le chat guette la souris, il tombe sur eux chaque fois qu'ils remuent.

Le propriétaire hérite-t-il de son père, aussitôt le

fisc le prend à la gorge et lui réclame un droit de 1 p. 100; avec le double décime insidieusement ajouté à tous les droits, comme les centimes aux francs par les commerçants sur leurs marchandises, le droit de succession en ligne directe s'élève à 1,25 p. 100. Ailleurs, dans d'autres pays où l'Etat n'est pas sans cesse contraint d'inventer des expédients afin de suffire à ses prodigalités, notamment dans la plupart des Etats allemands, ce droit n'existe pas; la dévolution de père à fils semble un droit si naturel que la loi n'a pas à y intervenir. Qu'un héritier ne recueille rien de la succession, que les dettes s'élevant à 100,000 francs par exemple égalent l'actif, il ne doit pas moins payer, absolument comme s'il recueillait une fortune dont l'Etat lui garantirait la jouissance.

Voudrions-nous continuer le récit des méfaits fiscaux? Notre énumération serait longue. Partout nous trouverions l'enregistrement sans pitié pour la terre. Il exige d'elle, en cas d'héritage, des droits trop élevés; mais la quotité de ces droits est encore plus élevée qu'elle ne semble à cause du mode défectueux de capitalisation des propriétés rurales. On ne déduit, en effet, rien pour l'impôt, rien pour les dépenses normales d'entretien, rien pour l'assurance, et c'est sur un revenu brut que le fisc asseoit ses prétentions. Apre au gain, il n'accorde pas à ses débiteurs la faculté de s'acquitter par annuités. Le payement à bref délai, c'est pour le ménage la gêne, l'obligation de contracter un emprunt, quelquefois la ruine. Si une succession se divise en usufruit et en nue propriété, le fisc voit là deux personnes ; il s'adresse à chacune d'elles. A l'une, l'usufruitier, il réclame un demi-droit ; à l'autre, le nu propriétaire, le droit entier. Il n'y a qu'une terre, mais deux droits. Il invente, dans d'autres cas, une fortune pour exiger l'impôt. Il fait payer les contribuables sur une valeur double de celle qu'ils recueillent réellement[1].

[1] *L'Économiste français* a cité des exemples très topiques dans son numéro du 20 septembre 1888, p. 385.

« Prenons un immeuble d'un revenu brut de mille francs laissé par un père à son fils. L'usufruit de la moitié de cet immeuble a été légué conformément aux dispositions de la loi à la veuve.

« Le revenu de 1,000 capitalisé par 25 donne un capital de 25,000 francs. Le fils paiera à 1,20 p. 100 sur 25,000.

« La veuve acquittera pour son legs : moitié en usufruit, soit un quart en propriété, à 3,75 sur 6250 francs ou plutôt sur 6260 francs, puisque les sommes s'arrondissent de 2 p. 100 en 2 p. 100 pour le calcul des droits d'enregistrement ; elle paiera donc 231,67. Le fisc aura ainsi encaissé tant du fils que de la mère 517 fr. 17.

« L'anomalie réside dans ce fait que les droits de succession sont payés sur une valeur supérieure à l'actif réel héréditaire.

« Les droits sont en effet payés : 1° sur 25,000 francs, 2° sur 6,250 francs, soit en tout 31,250 francs. Et cependant le défunt n'a laissé que 1,000 francs de rente, je veux dire du revenu brut soit un capital de convention de 25,000 francs. »

Voici deux autres cas non moins curieux :

« Si par exemple la réunion de l'usufruit à la nue propriété s'effectue par une renonciation de la part de l'usufruitier ou par une donation, un droit nouveau (toujours des droits) va s'ouvrir, à savoir : 1° un droit fixe de 5 fr. 63, décimes compris ; 2° un droit proportionnel, dit de transmission, montant à 1 fr. 88 p. 100. Ainsi l'extinction de l'usufruit lui-même donne très souvent matière à de nouveaux droits. »

D'autres faits non moins extraordinaires peuvent encore être cités.

« Un homme vient à décéder ; il laisse une propriété de 100,000 francs ; sa femme s'est constitué par mariage 80,000 francs.

Les arrangements de famille les plus nécessaires ne désarment pas sa voracité. Un père dont les bras fatigués lui refusent le travail, veut partager ses biens entre ses enfants. Il les confie, par ce moyen, à des travailleurs plus capables d'en tirer parti, et sa présence empêchera peut-être de se produire les contestations que le partage de cette fortune exciterait après sa mort. Mais le fisc s'attache à rendre ces opérations nécessaires quas impossibles ; il les frappe d'un droit de 2,5 p. 100, décimes compris, droit écrasant pour de petits propriétaires. Lorsque l'acte ne semble pas appeler naturellement des droits, alors son imagination a recours à quelque fiction subtile au moyen de laquelle il déguise ses déprédations. Les soultes en argent, c'est-à-dire les sommes qu'un co-partageant doit à ses co-partageants, sont considérées comme des rentes et achats et par conséquent soumises au droit de 5 p. 100.

Le paysan ne doit pas lutter seulement contre l'agent du fisc ; celui-ci trouve dans l'homme de loi, le noircisseur de papier timbré, un complice non moins madré, non moins pillard que lui.

Cette dot, conservée par l'hypothèque légale, a été touchée et dévorée par le mari. Qu'arrive-t-il ? Au décès du mari, les droits sont acquittés sur 100,000 francs comme si la propriété se trouvait être entièrement liquide : et pour comble de malheur fiscal, si sa femme meurt sans avoir touché sa dot qui repose sur les biens du mari, les enfants communs du mariage paieront encore les droits de mutation sur cette dot ; les enfants ont, dans la réalité des faits, recueilli une valeur de 100,000 francs ; or, ils paient les droits sur 180,000 francs »

L'homme d'affaires pousse à la chicane ; il fournit par là à son compère le moyen de vendre du papier timbré ; plus les familles sont désunies, plus l'un et l'autre y trouvent leur profit. Ils s'entendent surtout pour égorger les propriétaires au moment où ils recueillent une succession dans laquelle des mineurs sont intéressés. Pleurant sur ces pauvres mineurs comme le loup sur l'agneau, le légiste accourt prendre leur défense ; mais ce sentiment chevaleresque ne recouvre que le désir de s'engraisser à leur détriment. De là une série de formalités qui ont toutes pour but de protéger cet innocent contre la convoitise de ses proches. Acceptation seulement permise sous bénéfice d'inventaire, inventaire notarié, réunion du conseil de famille ordonnant la licitation des immeubles, annonce de la vente par voie d'affiches et par annonces dans les journaux, vente à la barre du tribunal, et puis, s'il y a des dettes, répartition par voie judiciaire, nouvelle intervention du tribunal en cas de contestation. L'homme d'affaires ne prête pas sa protection à la veuve et à l'orphelin sans puiser dans leur porte-monnaie, et il se rencontre avec l'agent du fisc qui l'aide dans cette œuvre de brigandage. Malgré leur humeur cupide, ils sont obligés de se contenir quand il s'agit de gens fortunés; ceux-ci ne se laisseraient peut-être pas écorcher de bonne grâce ; mais en face de petites gens, ils s'en donnent à cœur joie. Comment ces derniers lutteraient-ils contre tout l'attirail de la justice?

L'homme d'affaires qui les ruine leur inspire à la fois de l'aversion et une crainte révérencielle.

Cette spoliation systématique des mineurs s'accomplit-elle dans l'ombre? Les iniquités légales dont sont victimes les petits propriétaires sont-elles cachées avec un soin jaloux? En aucune manière. Tous les gardes des sceaux, dans les rapports annuels au bas desquels ils apposent leur signature, constatent que les frais de justice, en cas de licitation prématurée des biens de mineurs, absorbent une partie importante de l'actif, et même le dévorent tout entier, quand il s'agit de successions modestes. On a justement appelé un tel système l'impôt progressif à rebours. Nos Chambres ont eu, il est vrai, un jour une velléité de réforme ; mais la pauvre loi de 1884 ne vise que les successions d'une valeur inférieure à 2,000 francs ; elle laisse de côté le petit propriétaire. Le propriétaire indigent a seul droit à sa protection, et quelle protection! L'ex-ministre Thévenet était obligé, peu de temps avant son départ du ministère, à la suite d'une interpellation à la Chambre, de demander une enquête sur les résultats de cette loi. Avant comme après, la petite propriété a été dévalisée. Et on soupçonne fort les hommes d'affaires d'avoir annihilé la réforme. Leurs complices du fisc n'ont rien lâché, seulement ils ont eu soin de réduire les frais dus aux procéduriers, et ceux-ci se seraient vengés de ce mauvais tour, en multipliant les incidents[1].

[1] Voir la *Réforme sociale* du 16 décembre 1889.

Montesquieu disait que Rome avait plongé les rois vaincus dans le silence. De tels faits prouvent que notre régime social a plongé les Français dans la stupidité. Un gouvernant, qu'il soit au haut ou au bas de l'échelle, ministre ou sous-préfet, n'ouvrira pas la bouche sans vanter la touchante sollicitude du pouvoir pour les robustes travailleurs de la campagne. Ils donnent même de cette sollicitude une preuve concluante : la création du ministère de l'agriculture ! La construction coûteuse du grand bâtiment de la rue de Varennes, l'installation d'un ministre avec tout le cortège de chefs, sous-chefs, chefs de bureau, rédacteurs, commis, expéditionnaires, attachés, huissiers, qu'il traîne, rendent, paraît-il, plus favorable la condition des agriculteurs. Emportés par une bouillante et subite ardeur pour les réformes sociales, les députés donnent pleine carrière à leur imagination législative ; ils déposent projets de loi sur projets de loi, mais ils n'accordent qu'une attention distraite aux spoliations légales dont de pauvres mineurs sont victimes.

Pourtant le premier service à rendre à la terre, ce serait de l'alléger des charges qui pèsent sur elle, de débarrasser la petite propriété du fardeau que le fisc et la procédure lui imposent, de ne pas confisquer le patrimoine des pauvres gens. La plus légère réduction de ces charges vaudrait mieux pour elle que la création de nouveaux rouages administratifs. Quelle réforme mériterait mieux le nom de démocratique ? Elle sauvegarderait l'héritage de milliers de pauvres gens. Nul cependant ne se passionne pour elle.

Cette réforme serait d'autant plus bienfaisante que le fisc n'est pas le seul ennemi qui s'attaque à la bourse du propriétaire rural. Le Gouvernement a imaginé d'imposer aux communes des dépenses scolaires tout à fait inutiles, comme par exemple la construction de maisons d'écoles publiques, alors qu'une école libre satisfait dans une large mesure aux besoins de l'instruction. Puis la défectueuse organisation municipale ajoute encore ses effets à de telles prodigalités, la terre en supporte le poids. Dans les conseils municipaux, comme du reste dans le Parlement, la majorité plus un des électeurs fait la loi à la minorité. Si forte qu'elle soit, celle-ci est à la merci du vainqueur; les intérêts importants qu'elle représente, la générosité de ce dernier peut seule les sauver. Aussi voit-on des conseils municipaux composés de gens qui ne paient pas un centime d'impôt; dans de telles occurrences, le fameux principe du consentement de l'impôt par ceux qui le doivent devient une mystification. Se modelant sur l'image de la Chambre, ces conseils imaginent sans cesse de nouvelles dépenses. Comme ils ne paient rien, ils n'en supportent pas les conséquences et y gagnent seulement de la popularité. Aussi les statistiques nous apprennent-elles que les centimes additionnels qui étaient en 1878 de 757,417,783 fr. s'élèvent maintenant à 1,242,585,947 francs, soit une augmentation de 40 p. 100. Près de 4,000 communes paient plus de 100 centimes additionnels; dans quelques-unes, le chiffre atteint jusqu'à 300, 400 et 500 même. Ce sont les communes comme les départements dans lesquels les républicains ont la majorité, qui équilibrent avec le plus de peine leurs budgets, réclament des contribuables les notes les plus élevées.

Remarquons-le encore, le chiffre tout sec des centimes additionnels ne rend pas d'une manière absolument exacte la véritable physionomie des communes au point de vue des charges de leurs habitants. Le taux de l'impôt foncier est, en effet, inégalement réparti entre les départements. Tel d'entre eux paie une somme fort inférieure à celle dont il devrait s'acquitter à l'égard du fisc; tel autre au contraire est surchargé, et avec les centimes additionnels l'impôt prend plus du tiers, quelquefois même presque la moitié du revenu, 42 p. 100.

Qui paie les frais de cette politique imprévoyante? La terre. Sur quelle catégorie pèse-t-elle le plus durement? Sur les petits propriétaires.

Si encore il n'y avait que l'argent. Plaie d'argent n'est pas mortelle, dit un vieux dicton, quoiqu'une telle plaie soit bien cuisante pour ceux qui arrachent péniblement ses fruits à la terre. Mais ces assemblées locales qui écrasent le contribuable, le tyrannisent en même temps. Le Gouvernement leur a donné des leçons qu'ils ont pieusement retenues.

De vainqueurs et de vaincus, telle pour lui comme pour eux se compose la France. Aux premiers toute les faveurs, aux seconds toutes les charges, sans aucun droit. Aux premiers pleine liberté, aux seconds les vexations de toute sorte, dénonciations, procès-verbaux, interdictions de processions, tandis que les autres ne se gênent pas pour célébrer tous les saints laïques de leur calendrier, et pour les communes qui ont su se soustraire à cette domination, refus systématique de toutes les faveurs. Ministres, députés ou préfets ne se gênent nullement de l'avouer : seuls, les amis du pouvoir ont droit aux avantages qui se paient avec l'argent de tous les contribuables.

A la tyrannie du nombre, à la dévalisation systématique opérée par l'État, se joint encore la transformation de la propriété. Jadis, des biens communaux existaient dans la plupart des paroisses ; les pâturages procuraient aux plus pauvres habitants le moyen d'entretenir un animal domestique, en même temps que les forêts leur donnaient le bois de chauffage. En un mot, les petites gens étaient considérés comme ayant une sorte d'hypothèque légale sur la terre dont les détenteurs jouaient le rôle d'intendants à leur égard. Mais les légistes des assemblées révolutionnaires, grands défenseurs en paroles des intérêts populaires, changèrent tout cela. S'appropriant la maxime qui reconnaissait au propriétaire la faculté d'user et d'abuser, ils proclamèrent la liberté absolue de la propriété, c'est-à-dire le droit pour le possesseur du sol de restreindre les droits d'usage qu'une longue coutume assurait aux petits. Les acquéreurs de biens nationaux : bourgeois enrichis, marchands avides de gain, fournisseurs s'étant arrondis en spéculant sur la vie des soldats, adoptèrent d'instinct cette nouvelle conception du droit de propriété. Ils ne se croyaient pas plus tenus à faire participer les pauvres aux produits de leur terre qu'aux intérêts de l'argent qu'ils avaient volé.

Les biens communaux semblaient également suspects d'aristocratie. « Il ne doit pas y avoir, disait Cambon, de propriété intermédiaire entre l'individu et l'État. » La Convention aliéna donc une partie de ces biens, l'Empire aussi aux jours sombres de l'invasion, et aujourd'hui ils ne sont pas seulement diminués comme nombre, mais leur mode d'administration ne garantit plus les intérêts qu'ils avaient en vue de servir. Dans beaucoup de communes, ils sont affermés, le produit du fermage entre dans la caisse municipale et les habitants n'ont plus la propriété sur laquelle ils avaient le droit de compter. Ailleurs les conseils municipaux, composés de marchands de biens ou de parvenus d'une autre espèce, dépouillent les petites gens pour lesquels ils affichent un insolent mépris de la jouissance des biens communaux. Tel ménage trouvait un utile supplément à son maigre salaire de journalier agricole dans l'entretien d'un troupeau d'oies, grâce au droit de parcours ou de vaine pâture et à la tolérance des propriétaires. Mais les conseils municipaux, dans le règlement du droit de parcours, se soucient peu des pauvres, en même temps que les propriétaires, administrant leurs biens avec plus de sévérité, les entourent de clôtures et privent ces derniers de droits qu'ils considéraient comme acquis. Les droits d'usage dans les forêts se restreignent également. Les familles peu fortunées voient donc le cercle se rétrécir autour d'elles, de là une irritation qui explique l'envie avec laquelle elles jettent un regard sur les propriétés voisines[1].

Les anciens propriétaires s'attachaient à respecter les vieilles coutumes; ils laissaient les choses aller telles qu'elles étaient. A leur place s'installent des étrangers, pleins de dédain pour ces coutumes dont ils ignorent la raison d'être. Ils gèrent une propriété, au nom du droit strict, comme une fortune mobilière; les anciens droits nés d'un long usage n'existent plus à leurs yeux, et c'est ainsi que la mobilisation de la propriété rend plus aigus les rapports entre les diverses classes. Aucune aristocratie n'a jamais été plus dure que le sont ces nouveaux propriétaires, acceptant de la propriété les avantages et non les charges. Ils méconnaissent cette vérité sociale dont l'histoire tout entière proclame l'importance fondamentale : les propriétaires sont les dispensateurs des biens que

[1] Voir sur ce sujet plusieurs monographies de Le Play, notamment *le Tisserand de Mamers*, *les Ouvriers européens*, t. VI.

la Providence a créés, et aux époques de paix sociale la propriété n'a jamais eu le caractère absolu qu'elle a revêtu depuis un siècle.

Le journalier agricole tend à n'avoir plus d'autres ressources que son salaire ; ce salaire fait-il défaut, il n'a plus à compter, comme jadis, sur une assistance certaine. La misère, il est vrai, ne se manifeste jamais à la campagne sous une forme aussi hideuse qu'à la ville ; le pauvre n'est pas relégué dans des taudis empestés, situés sous les combles de hautes maisons où les malheureux gèlent en hiver et étouffent en été, ou dans des rez-de-chaussée, véritables tanières que le soleil ne réchauffe jamais de ses rayons. Il n'est pas perdu au milieu d'une multitude d'inconnus. Le premier de tous les biens, l'air, il en jouit sans bourse délier, tout aussi bien que le plus opulent des châtelains. Ses voisins ont quelques rapports avec lui ; par-ci par-là, il peut encore glaner les menues productions du sol. Les maladies variées qui frappent le tempérament épuisé des citadins l'épargnent. Néanmoins il peut se trouver seul, sans famille. Où sont les ressources d'assistance locale ? Jadis la piété chrétienne les avait multipliées ; déjà à la fin du siècle dernier beaucoup de fondations avaient périclité. L'État moderne, ensuite, a prétendu faire le bonheur de tous les Français, mais il prétend le faire seul, et, sous sa domination jalouse, les fondations privées disparaissent. La campagne en est maintenant dépourvue.

Sans doute il existe des bureaux de bienfaisance. Mais ils ne disposent que de maigres ressources. La charité officielle a toujours pâli à côté de la charité chrétienne ; celle-ci s'exerce sous le bon plaisir de l'État qui s'attache avant tout à multiplier les entraves contre elle. Les faveurs des bureaux de bienfaisance de plus ne vont pas à tout le monde. Depuis que la France est traitée comme une nation conquise, malheur aux pauvres qui se permettent quelque indépendance. Le droit d'avoir une libre opinion ne leur appartient plus, ils ne recevront de secours que s'ils manifestent des sentiments agréables au gouvernement, et la tribune a souvent entendu les plaintes formulées par des députés de la minorité contre les obstacles apportés au fonctionnement des bureaux qui ne s'inspiraient pas de préoccupations aussi égoïstes.

Plus dure aux journaliers, plus dénuée de secours pour les pauvres, la terre ne saurait s'applaudir non plus de la législation civile. Dans l'ancienne France, les régimes successoraux étaient diverses, de même que les lieux sur lesquels vivaient les familles dont elles réglaient le mode d'existence. Tout a été unifié, comme si le sol, partout uniforme, devait être soumis à un même mode d'exploitation, et ce sont les pays du Nord qui ont imposé leurs lois aux pays du Midi ; mais ceux-ci n'ont pas accepté, sans résistance, la suppression de leurs anciennes coutumes. Aujourd'hui encore, après un siècle de Code civil, les familles de paysans luttent contre lui, car ce sont elles qui sont le plus atteintes. A peine la Convention, obéissant à des considérations exclusivement politiques, venait-elle de voter la loi du 7 mars 1793, que déjà les plus farouches conventionnels constataient ses fâcheuses conséquences pour les petits propriétaires. « Les petits propriétaires ont été atteints, » disait Cambacérès dans une séance de la Convention, quelques mois après le vote de la loi.

De l'intérêt de la petite propriété, de la stabilité des familles, la loi n'a cure. Elle n'a en vue que le fisc et les hommes d'affaires, dont les formalités prescrites multiplient la coûteuse intervention. Nous l'avons déjà dit plus haut, à l'occasion des partages de mineurs, ces formalités absorbent le patrimoine des familles de modeste condition ; les règles imposées pour les autres successions ne rendent pas du reste moins difficile le maintien du patrimoine. Les petits propriétaires s'épuisent en efforts stériles : bien peu parviennent à assurer sur des bases solides l'avenir de leur famille, et l'obligation notamment de composer les lots d'une manière identique, la restriction de la quotité disponible à mesure que s'accroît le nombre des enfants, les menaces de procès toujours suspendues sur la tête de ceux qui procèdent aux partages d'ascendants, leur imposent des difficultés dont ils ne parviennent pas à triompher. Tout en les détachant trop souvent de la terre, la loi pèse moins durement sur les grands propriétaires qui trouvent dans la possession de valeurs mobilières le moyen d'échapper à l'aliénation du domaine dont la conservation leur tient à cœur, mais il n'en est pas de même des propriétaires moins fortunés. A leur mort, l'immeuble est licité, et avec lui s'en vont et les traditions qui s'y incarnaient et l'union de la famille. Chacun se sépare de son côté, il ne reste plus de centre familial.

Maltraité de tous côtés, le propriétaire est encore sans défense contre le crédit. Les bons économistes vantent le crédit agricole comme un des procédés les plus sûrs pour relever la situation de l'agriculture. Ainsi le sabre de M. Prud'homme servait en même temps à défendre et à combattre les institutions. Le crédit en effet féconde la terre, mais tout propriétaire qui y fait appel court à la ruine. La première année, il paie avec peine les intérêts ; la seconde, il commence à trouver le boulet plus pesant. Puis les intérêts s'accumulent ; afin d'y faire face, il emprunte. C'est désormais un homme à la mer. Il ne conserve plus que l'apparence de la propriété sur laquelle il s'épuise en efforts stériles, jusqu'à ce que le prêteur juge le moment favorable pour l'exproprier. Mettre le domaine rural, c'est-à-dire la famille du paysan à l'abri de l'usure, telle a été une des premières préoccupations des races qui ont voulu asseoir leur constitution sociale sur une forte base. L'Amérique républicaine s'inspire aujourd'hui des leçons de la vieille Europe ; elle protège le foyer rural contre les abus du crédit par la création d'*homestads*, c'est-à-dire d'une portion de terre insaisissable, portion sur laquelle une famille peut vivre largement. Cette idée est lancée en France; en dépit des préjugés sur l'efficacité du crédit agricole, sur la mobilisation de la propriété, elle finira par percer.

Le chiffre croissant des saisies immobilières qu'une pétition clairvoyante, due à M. Fourdinier et appuyée par le vœu de plusieurs sociétés d'agriculture, a signalé à l'attention des pouvoirs publics, atteste la nécessité de sa prompte application[1]. La terre avait pu supporter, non déjà sans grandes difficultés, les charges hypothécaires qu'elle avait assumées, avant que la crise eût éclaté; mais depuis, son revenu ayant baissé, sans que les intérêts aient subi aucune diminution, elle est incapable de s'acquitter. De là la multiplication des saisies et aussi des ventes, qu'explique encore l'action du Code, détachant la famille du domaine auquel des liens solides ne l'attachent plus.

En 1880, le nombre des ventes de terres a été 1,087,109, et la surface des terrains vendus a atteint 1,876,837 hectares. Pour 1887, la statistique officielle relève 1,124,232 ventes, lesquelles ont compris 2,170,673 hectares. Dans l'espace de huit années, 8,658,546 ventes ont eu lieu pour un nombre d'hectares ayant dépassé 15,746,000, soit plus du tiers de la superficie cultivable de la France.

[1] Voir la *Réforme sociale*, 2e série, t. II, p. 548.

A tous ces adversaires qui sont venus fondre sur la terre, est venu s'en ajouter un de forte taille, il appartient tout entier à notre époque. Les naïfs et les badauds de toute espèce, aussi bien l'ignorant qui jure par son journal, que l'écrivain comblé d'honneurs et auteur de lourds volumes, célèbrent avec lyrisme les progrès de la civilisation. Que de dithyrambes l'Exposition de 1889 inspire-t-elle sur le rapprochement de tous les peuples, sur la supériorité de notre époque, et, au moment où ces fadaises se débitent, les peuples, pris de vertige, élèvent forteresses sur forteresses. Chaque jour les ministres de la guerre viennent demander des crédits pour la formation de nouveaux régiments ou l'accroissement des effectifs; les inventeurs se creusent la tête afin de découvrir des engins de destruction plus perfectionnés, mais comme chaque nation, arrivant aux mêmes découvertes, grève à peu près son budget dans d'aussi fortes proportions, à la fin nulle ne peut se flatter de dépasser les autres dans cette course insensée, leurs chances finissent par s'égaliser, non moins que si elles devaient maintenir leur armée sur l'ancien pied. Toutes arrivent seulement à la ruine, toutes épuisent leurs forces productives dans ces efforts sans cesse renouvelés.

Fruit de la société moderne, puisque jadis les armées se recrutaient par l'engagement volontaire, le service obligatoire accable la terre. Il en déracine les habitants pendant trois ans et les lance dans un milieu qui leur était jusqu'à ce jour étranger; il les habitue à vivre dans une ville, leur en fait goûter les plaisirs, et les plus bas sont trop souvent ceux qui obtiennent le plus de succès. Le séjour de la caserne ne leur inculque pas en revanche l'esprit militaire. Nous trouvant, il y a quelque temps à la campagne, un homme fort au courant des dispositions du pays les traduisait ainsi : « On ne veut pas de la guerre, plus on appelle de soldats à la caserne, moins ils veulent y rester. » Tout en n'acquérant pas la vocation militaire, beaucoup d'entre eux perdent la vocation agricole. Ils ne veulent plus retourner dans leur village qu'ils trouvent trop triste, ils convoitent quelque occupation qui les transformera en citadins.

Et nous ne parlons pas des bras perdus pour la terre; du célibat forcé auquel ils sont condamnés. Or les mariages contractés de bonne heure sont les plus féconds, chacun peut le comprendre même sans les enseignements de la statistique. Ajoutons aussi que certaines maladies rapportées maintes fois de la vie militaire ne contribuent pas à fortifier la race.

Le service obligatoire rencontre un puissant complice dans l'instruction telle qu'elle est donnée aujourd'hui. L'instituteur fait peu de cas des travaux des champs; ses plus brillants élèves, il les destine à des emplois urbains, fort supérieurs à ses yeux. Un agriculteur, c'est un homme de peu! Fi donc! Mais un bureaucrate ou un boutiquier, c'est un monsieur. Surexcitant l'ambition des enfants et aussi des parents, l'instruction mal organisée détourne donc du travail agricole; dans nos études sur les résiniers des Landes, nous avons recueilli de vives plaintes des paysans sur ce point : depuis que leurs filles se livrent à des travaux de couture perfectionnés ou ont contracté l'habitude de lire, elles manifestent de la répugnance pour les travaux des champs auxquels elles se livraient autrefois sans murmurer.

La campagne s'appauvrit encore par la diminution des familles nombreuses; elles deviennent rares surtout à mesure que l'on s'approche de la propriété [1], et là comme ailleurs, nous le verrons plus loin lorsque nous traiterons de la population, le faible accroissement est dû exclusivement aux familles imprévoyantes.

Les chiffres sur ce point abondent, je pourrais en

[1] Voici quelques chiffres extraits de notre monographie du maraîcher de Deuil. On trouve parmi les cultivateurs trois familles ayant quatre enfants ; deux en ayant cinq et trois en ayant six. Les ouvriers se répartissent en moyenne, par ménage, de la manière suivante : cultivateurs, 1,26; journaliers, 1,76; ouvriers de divers corps de métier, 1,52.

Nous pouvons encore citer ces chiffres extraits de la monographie d'un paysan d'un village à banlieue morcelée du Laonnais publiée dans le IVe volume des *Ouvriers des deux Mondes*.

Propriétaires.	1, 25
Cultivateurs propriétaires	1, 49
Ouvriers propriétaires	1, 42
Ouvriers domestiques	2, 25
Ouvriers chefs de métiers.	2, 50
Ouvriers propriétaires indigents.	4, 14

couvrir plusieurs pages. Mais voulant autant que possible en épargner l'ennui au lecteur, j'en rapporte seulement quelques-uns relatifs au département de Seine-et-Oise. Ils mettent en relief l'affaiblissement de la population agricole. D'une manière presque générale, les communes exclusivement rurales et dont la population est inférieure à 600 habitants voient leur population diminuer. Le canton de Marines par exemple qui ne comprend aucune ville, renfermait, il y a cinquante ans, 14,312 habitants ; de nos jours, il n'y en a plus que 12,814. La majorité des communes, 25 sur 40, a participé à cette diminution, quelques-unes dans une proportion désastreuse, par exemple les communes de Noisy-sur-Oise, d'Haravilliers, de Sagy, de Seraincourt ont perdu dans le même espace de temps 122, 100, 175 et 96 habitants. Les mêmes faits sont observés dans d'autres parties du département ; Vandherland dans le canton de Gonesse est tombé de 121 à 57 habitants. Deux autres cantons, ceux de Limay et de Bonnières sur le territoire desquels n'est située aucune agglomération urbaine, ont perdu ensemble 4,401 habitants.

Que le mouvement continue, et d'après les causes qui persistent à agir, les mêmes effets se produiront : dans cinquante ans les hameaux ou petites communes ne renfermeront plus que quelques âmes, si même elles ne cessent d'être habitées. Qui cultivera la terre ? Déjà aujourd'hui la population de ces communes est insuffisante pour faire face à tous les besoins des exploitations rurales. Plusieurs fermes emploient presque exclusivement des ouvriers bretons aux prétentions modestes et d'un maniement facile. A Deuil, les familles de cultivateurs maraîchers appellent à leur aide des ouvriers émigrants, presque tous originaires du département de l'Yonne. Dans beaucoup d'endroits, si les propriétaires ne trouvaient pas au moment de la récolte des travailleurs belges, elle pourrirait sur pied. Les habitants de ces campagnes en viennent à considérer le travail des champs comme une tâche inférieure ; ils rêvent des enfants employés ou institutrices.

Le premier instrument de la richesse, c'est l'homme, et peu à peu la terre en est privée. Un tel fait n'a pas pour cause la transformation du mode de culture, comme en Angleterre où la substitution des pâturages aux céréales a diminué le nombre des bras nécessaires ; il résulte de l'évolution sociale qui s'est accomplie au cours de notre siècle.

Cette évolution n'a pas seulement raréfié la main-d'œuvre, stérilisé les familles de paysans, posé sur la terre le dur poids de lois mal conçues, elle lui a aussi enlevé le propriétaire. Nous n'écrivons pas un traité sur la propriété ; peut-être un jour publierons-nous notre cours sur ce sujet fait à la Société d'Économie Sociale, aujourd'hui nous nous contenterons de rappeler, d'après l'observation, que l'heureux mélange des formes de propriété est la base d'une saine économie nationale. La petite propriété compte cependant des partisans exclusifs; elle seule, à leur avis, aurait la vertu de tirer un utile parti de la terre. Hantés par le sceptre du latifundium, ils voient dans la concentration de la terre la bête à mille pattes. D'autres au contraire se représentent la petite propriété sous les traits d'un paysan routinier, rebelle aux améliorations; ils ne conçoivent l'exploitation de la terre qu'à coups de machines, et la grande propriété constitue pour eux le moyen le plus sûr d'améliorer la culture. Or, les uns et les autres se trompent. Dans une constitution sociale, aucun élément ne saurait prédominer d'une manière absolue, sur quelque terrain que nous nous placions. La science sociale le proclame avec une évidence irréfutable : de même que le sol ne présente pas un aspect uniforme, de même le mode de le posséder et de l'exploiter ne saurait être partout le même. Ici, la petite propriété, comme pour la culture maraîchère, obtiendra seule par son labeur patient le maximum de rendement; là au contraire, dans la culture forestière notamment, la grande propriété supportera mieux un présent peu rémunérateur au profit de l'avenir; elle aura le loisir de se montrer plus prévoyante, moins soucieuse de récolter sur-le-champ le fruit de ses peines.

Bref, le grand propriétaire joue un double rôle : il introduit les améliorations agricoles dont les propriétaires moins fortunés redoutent, non sans raison, les résultats incertains. Dans les temps difficiles, il sert de soutien aux populations qui l'entourent contre les empiétements de la bureaucratie et les oppressions du pouvoir central. Mais ce rôle, les grands propriétaires ne le rempliront que lorsqu'ils ne se seront pas séparés de la terre. Or, un mode d'exploitation en vigueur en donne la facilité aussi bien aux possesseurs de vastes domaines que de petits et de moyens. C'est le fermage.

Au point de vue agricole, le fermage présente un inconvénient que saisirait du premier coup un homme qui ne saurait même pas, comme nos ministres de l'agriculture, distinguer le blé du maïs. Le fermier se montre peu disposé à améliorer une terre sur laquelle il ne fera que passer, et, de son côté, le propriétaire ne manifestera pas un grand empressement à dépenser pour des améliorations un capital dont l'emploi sera confié à une autre personne. Un auteur allemand, M. Thaer, a défini avec finesse la situation différente du propriétaire et du fermier. « Le premier, a-t-il écrit, traite la terre comme une épouse légitime, le second comme une maîtresse[1]. » Envisagé sous le rapport social qui nous occupe plus spécialement, le fermage n'entraîne pas de moindres inconvénients; séparant le propriétaire de sa terre, il le transforme peu à peu en rentier. Ces résultats sont atténués lorsque celui-ci, résidant d'une manière

[1] *Traité d'Économie rurale et forestière*, par Roscher. Traduction de Ch. Vogel, Guillaumin, éditeur.

continue sur son domaine, cultive personnellement une réserve et conserve d'étroites relations avec les populations rurales. Mais le fermage donne des tentations auxquelles bien des propriétaires ont succombé. « Il est doux de ne rien faire, » faisait chanter dans *Galathée*, à son ténor, l'aimable auteur des *Noces de Jeannette*. Il est doux de vivre sans s'imposer aucun labeur, ont pensé beaucoup de propriétaires qui se trouvaient fort heureux de recevoir, à heure fixe, les redevances de leur fermier, tout comme s'ils détachaient un coupon et se présentaient à un guichet. Au moment où les chemins de fer furent construits, la facilité donnée à l'exportation des produits donna une prospérité subite à certaines contrées. Les propriétaires en profitèrent naturellement pour hausser le prix des fermages ; ils eurent ainsi le moyen de faire plus luxueuse figure à la ville, la terre leur parut une précieuse vache à lait, et ils s'habituèrent à lui demander beaucoup sans rien lui donner. Mais peu à peu ces heureux jours s'évanouirent; les chemins de fer, construits en plus grand nombre, égalisèrent leurs effets. Puis vinrent les traités de commerce, la guerre, les charges écrasantes qui la suivirent, l'avènement d'une majorité imprévoyante et prodigue; la poule cessa de pondre des œufs d'or.

Afin de colorer une telle conduite, de sots prétextes avaient été inventés par les citadins, trouvant plus commode de récolter sans travail le produit de la terre que de mettre eux-mêmes la main à la pâte. Un agriculteur se présentait à eux sous la figure d'un homme en sabots, remuant le fumier, ne sachant ni A ni B et ignorant tout procédé de culture, de même qu'aux yeux de certaines personnes, le soudard jurant, buvant et sacrant, constitue le véritable type du soldat. Les paysans se montraient seuls capables de cultiver ; ce n'était pas affaire de « bourgeois ». A eux de flâner dans les villes, de passer la journée au cercle, de devenir fonctionnaires, avocats ou de toucher des rentes. S'ils se mêlaient d'agriculture, ils ne pourraient y faire que piètre figure. Et alors se répandait en même temps cette autre sottise : que les gens impropres à tout étaient bons pour devenir agriculteurs. Oui, on le disait, il faut être doué d'une haute capacité pour noircir une feuille de papier, faire rentrer l'argent dans les caisses de l'État, attendre un avancement qui fréquemment dépend plus de la bonne grâce d'un chef ou du hasard que de sa propre énergie. Mais qu'est-il besoin d'intelligence pour faire pousser du blé ou engraisser des vaches?

Pourtant, bonnes gens, nul ne joue dans la société un rôle aussi élevé que le grand propriétaire. Aujourd'hui, avec les progrès de la chimie agricole, l'agriculture réclame une véritable instruction. Le propriétaire doit, de plus, être animé d'une haute prévoyance, éviter de jouir du présent aux dépens de l'avenir. Véritable patron dans le beau sens du mot, il gouverne des hommes. Par son action bonne ou mauvaise, par ses exemples, il exercera sur eux une influence décisive : il devra les soutenir dans les heures de crise, il les mettra en garde contre les paroles insidieuses des meneurs qui cherchent à les égarer. Une telle mission, si elle est remplie, demande la première de toutes les qualités, celle qui fait l'homme, le caractère. Qu'est-ce à côté qu'un employé, encadré dans une hiérarchie, et qui n'a jamais d'hommes à patronner?

Prétendre que l'agriculture est l'œuvre exclusive de paysans équivaudrait à dire que les usines ne peuvent prospérer qu'aux mains d'ouvriers : ceux-ci auront sans doute des connaissances pratiques plus complètes peut-être que celles des directeurs, mais non la haute instruction scientifique nécessaire aujourd'hui avec les progrès de la mécanique. Du reste les faits se chargent de réfuter un tel préjugé. L'agriculture anglaise a été toujours citée comme une des plus parfaites; elle est dirigée par des hommes appartenant aux classes lettrées, et de même l'agriculteur américain n'a pas réalisé le type de l'agriculteur en sabots cher à nos Français.

Le fermage reste donc chargé de certains méfaits sociaux. Aussi des attaques ont-elles été dirigées contre la légitimité de la rente foncière acquise sans travail, et, entre autres, un écrivain italien, Loria, dans son livre, *la Rendita fonciaria*, publié en 1880, en a fait le bouc émissaire de la société; il la dénonce comme le mauvais génie de l'économie nationale. Les propriétaires se détachent de la terre dans laquelle ils n'ont plus d'intérêt à faire de placements, ils s'agglomèrent dans les villes ; une seule préoccupation dicte alors leur conduite : accroître la rente.

Si la valeur des institutions se mesure à la solidité qu'elles montrent dans les temps de crise, le fermage n'en aurait pas une très haute. C'est sur lui que la crise a le plus durement frappé. Les fermiers n'ont pu soutenir le choc ; beaucoup d'entre eux ont abandonné leur bail sans payer le propriétaire ; ils ne se sont pas saignés aux quatre veines pour une terre sur laquelle ils n'étaient pas sûrs de rester, et, par suite de la concurrence des terres vierges, concurrence que l'ouverture de l'Afrique rendra plus redoutable, la terre n'est plus assez riche pour supporter un double bénéfice : celui du fermier, celui du propriétaire.

Alors ce dernier a été maintes fois contraint de revenir à ses champs qu'il avait désertés ; il a repris le domaine abandonné par le fermier, ou la diminution de ses revenus l'a conduit à abréger son séjour à la ville. Eclairé par l'expérience, il a eu recours dans de nombreux cas, à un ancien contrat pour lequel les économistes n'avaient pas eu assez de dédain : c'est le métayage, institution arriérée, disait-on, bonne tout au plus pour quelques pays pauvres, et qui, au milieu du perfectionnement des méthodes de travail, faisait l'effet de l'arquebuse à mèche en face du fusil Lebel.

Ceux qui ont adopté le métayage ne s'en sont pas mal trouvés; d'après l'enquête de la Société des agriculteurs de France, enquête confirmée par les travaux de M. de Garidel [1], le métayage n'est pas inférieur au fermage sous le rapport du revenu. Il a, en outre, un avantage fort appréciable : lorsque le fermier ne paie pas, le propriétaire ne touche rien; il voit les fruits de la terre lui échapper, tandis qu'au moins, avec le métayage, il est toujours sûr de percevoir une part du produit, le plus souvent la moitié, et, de même, le métayer est assuré d'avoir un toit pour s'abriter; dans les plus mauvais jours, il a encore pour lui la moitié des fruits de la propriété. Combien d'ouvriers industriels, dépourvus de toute sécurité, envieraient une telle situation! Mais surtout, sous le régime du métayage, le propriétaire ne se transforme pas en rentier; attaché à la terre, il demeure attaché en même temps aux populations rurales, avec lesquelles il demeure en étroite communauté d'intérêts. On vit bien quand on vit ensemble, a dit M. Taine, et cet ancien mode d'exploitation, à laquelle notre époque, en dépit de son dédain et de son ignorance du passé, est obligée de revenir, garantit ainsi la paix sociale.

Il s'est, en outre, montré souple et résistant; car il s'adapte aux situations les plus diverses. Il

[1] Voir la *Réforme sociale et le Centenaire de la Révolution*. Le Métayage dans l'Allier de 1883 à 1889, p. 545. Au siège de la Société d'économie sociale.

défriche les terrains stériles, aussi bien que dans des pays riches, comme le Maine-et-Loire et la Mayenne, il s'est prêté à l'heureux perfectionnement des races domestiques. Si le métayage a perdu du terrain, ce n'est donc pas devant les progrès de l'agriculture, mais devant la désertion des campagnes par les propriétaires. Et toujours, depuis qu'il existe, il a mieux supporté les crises que le fermage. Déjà Pline le Jeune écrivait, il y a près de vingt siècles, qu'il ne voulait plus cultiver avec des fermiers, à cause de la crise agricole, parce que ceux-ci ne parvenaient pas à s'acquitter de leurs redevances, mais avec des métayers. Vico n'avait-il pas raison de soutenir que l'humanité tourne toujours dans le même cercle ?

En même temps qu'une lente évolution se dessine dans le mode d'exploitation de la terre, une autre évolution s'accomplit par la fondation des syndicats. Sans doute, beaucoup de ceux qui les ont fondés ne manifesteraient peut-être pas un moins grand étonnement que M. Jourdain, faisant de la prose sans le savoir, s'ils apprenaient que ces simples fondations constituent une date dans notre histoire sociale. Le hasard en a permis l'éclosion : un sénateur ignoré, M. Oudet, qui provoqua un jour l'hilarité du Sénat par une phrase grotesque, stipula, dans la discussion de la loi de 1884, qu'elle devait s'appliquer aux associations agricoles. Nul n'y prit garde, et, à peine la loi était-elle votée, que les agriculteurs, rompant tout d'un coup avec les habitudes d'individualisme dans lesquelles ils semblaient ancrés depuis un siècle, se réuniront en syndicats, sous l'impulsion de quelques hommes dévoués. Ils ne cherchaient, pour la plupart, qu'un intérêt matériel, mais l'importance du fait n'en est pas diminuée. C'était la concentration des agriculteurs en face des marchands d'engrais et de machines. Les premiers, isolés jusque-là, s'unissent afin de tenir tête aux seconds qui, plus puissants que chacun d'eux, parvenaient facilement à les dominer.

Les syndicats ont eu encore un autre résultat. Ils ont rapproché le petit et le grand propriétaire qui jusque-là n'avaient que trop souvent aucun point de contact. Nous connaissons par exemple une région dans laquelle se trouvait une population de vignerons, tous propriétaires. C'était comme un corps fermé à toute influence; ils vivaient côte à côte avec d'autres propriétaires, sans jamais se rencontrer avec eux. Un syndicat a été formé, pour réunir tous les efforts contre les nombreux ennemis dont la vigne est assaillie, et les farouches vignerons commencent à apprécier les services que rend un grand propriétaire, viticulteur fort expert. Les hommes dévoués au bien public retrouveront sur leur voisinage une influence spontanée qu'ils auraient difficilement acquise sans cela, à cause de préjugés enracinés. Constituant un embryon de vie corporative, et par là même représentants désignés des intérêts agricoles, les syndicats ont plus d'une fois élevé la voix, et non sans succès, pour défendre ces intérêts. Un agriculteur réduit à ses propres forces aurait été impuissant à le faire; l'association a décuplé ses forces. S'ils ont libéré la terre du tribut trop fort que prélevait sur elle le marchand, quelques syndicats essaient également de la soustraire à la rapacité du prêteur par l'organisation du crédit mutuel. Aussi, devant ces essais d'association, comprend-on la parole d'un grand orateur : « Le siècle de l'individualisme est fini, celui de l'organisation commence. »

L'évolution sociale a donc chargé la terre de maux nombreux : impôts excessifs, législation oppressive, oubli trop nombreux par la propriété de ses devoirs, service militaire, et tout le mouvement dont nous ne voyons pas encore la fin se résume dans la diminution progressive de la population rurale. La nécessité ramène sans doute quelques propriétaires à la terre. A quel mode d'exploitation se sont-ils adressés pour réparer les maux dont ils souffraient? A un contrat du passé. Cette même nécessité a provoqué l'éclosion spontanée de nombreuses associations agricoles, instrument fécond de paix sociale et aussi de défense, premier retour peut-être d'une vie corporative, mais ce n'est encore qu'une lueur, les maux persistent.

Ames rêveuses, qui aimez à jouer des airs de flûte sur les charmes du vingtième siècle, attendez pour moduler vos morceaux sur un ton plus lyrique que la terre ait recouvré tous ceux qu'elle a perdus et perd encore chaque jour.

CHAPITRE II

L'USINE

L'ouvrier du vieux temps. — L'ouvrier dans l'âge de la houille. — La dislocation de la famille ouvrière. — Le patron. — La guerre industrielle. — Le développement des sociétés anonymes. — La transformation du patronage. — La poussée sociale. — Les lois relatives au travail. — La vogue de l'assurance obligatoire. — La réaction contre l'ordre économique actuel. — Le mouvement corporatif. — Les méfaits de l'industrie. — La journée de huit heures.

Il y a quelques années, traversant la vallée de l'Ariège, nous nous arrêtions au château de Gudanes qui la domine d'une manière si pittoresque. A ses pieds était établie une forge catalane, la dernière de toutes celles qui autrefois étaient disséminées en grand nombre dans le comté de Foix, et encore elle ne donnait plus à son propriétaire qu'un bénéfice insignifiant. Il ne tenait pas moins à la maintenir en activité, et comme moyen d'existence de familles qui, privées de cette ressource, auraient déserté le pays natal, déjà trop dépeuplé, et peut-être aussi comme le dernier débris d'un âge disparu qui ne revivra plus. L'année suivante, dans le centre de la France, aux portes du magnifique château de Meillant, nous voyions les fourneaux éteints de la forge de fer au bois. La compagnie métallurgique qui l'avait prise à ferme avait cessé de l'exploiter avant même l'expiration du bail. C'était, avec une forge voisine, la dernière qui ait été en activité dans une région où elles se trouvaient jadis en grand nombre. Parcourez les pays qui vivaient du tissage à la main; les métiers ne marchent plus.

Il faut avoir vu ces derniers vestiges de l'ancienne industrie pour mesurer la portée de la révolution que la découverte de la houille a opérée dans la vie de l'ouvrier. Autrefois elle s'écoulait au milieu du calme de la campagne. Le haut fourneau ne pouvait consommer d'autre combustible que le charbon extrait de la forêt en quantité naturellement limitée, la main du travailleur était impuissante à donner à la production un essor précipité, d'où l'égalité du travail et la rareté des crises. Les ouvriers n'étaient pas agglomérés en masse; au salaire assuré que le travail industriel leur procurait, ils joignaient les avantages d'une maisonnette entourée d'un jardin ou d'un champ. La forêt leur fournissait le bois de chauffage nécessaire ou le pacage sur lequel ils pouvaient conduire une vache. Le soir, en rentrant chez eux, ils trouvaient bon gîte et bon souper; car la femme n'avait pas été transformée en ouvrière; restée au foyer, elle préparait la soupe, raccommodait les hardes « de son homme », débarbouillait les marmots, moyen le plus sûr de faire régner la paix du ménage. Enfin les agitations politiques ne venaient pas troubler cette existence. Il ne se rencontrait pas de politiciens qui avaient imaginé l'art de se faire des rentes en pleurant sur les misères du peuple et en semant la guerre entre l'ouvrier et le patron.

Mais le flot montant des inventions mécaniques a submergé toute cette organisation sociale. Elle n'a disparu qu'hier, et cependant elle nous semble devant les usines modernes aussi antique que les pataches du vieux temps devant les chemins de fer. Transportons-nous en effet dans un centre industriel ; nous verrons quelle prodigieuse transformation sociale le perfectionnement des méthodes de travail a accomplie.

Il n'y a plus là un haut fourneau situé à proximité d'une forêt. Les petites maisonnettes entourées d'un jardin et qui offrent un aspect si riant, malgré leur modestie, lorsque un gai soleil les éclaire, ont disparu. Le décor est plus sombre. Partout de la fumée, des maisons noires d'apparence morne, des cabarets desquels s'échappe une odeur de boissons frelatées ; plus de verdure. Rien qu'à la seule vue des lieux nous jugeons de la vie de l'homme.

Et d'abord, ce ne sont plus seulement quelques dizaines ou quelques centaines d'ouvriers, mais des milliers, qui se trouvent réunis. L'industrie les a arrachés aux champs : elle ne leur donne que le salaire comme moyen d'existence. Plus de subventions qui leur permettent par exemple de se chauffer l'hiver ou d'entretenir des animaux domestiques. Plus d'industries familiales. Le travail industriel est un maître jaloux, qui ne supporte aucun rival, et subventions comme industries domestiques supposent une organisation où la rémunération du travail est accordée d'après les besoins de la famille, et non pas d'après la quantité de travail fourni.

Plus de propriétés. L'ouvrier n'a rien reçu du passé : ni un foyer, ni une épargne. Les duretés de la vie rendent difficile la constitution d'un foyer; qu'aidé par son patron, il parvienne à en fonder un, ce ne sera qu'une œuvre viagère. La loi en exige la liquidation, et par suite coupe le dernier lien qui unissait les membres de la famille. C'est une génération qui s'évanouit, et la tombe bientôt effacée du cimetière donne l'image de la rapidité avec laquelle s'envole le souvenir du père.

Plus de vie de famille, au moins dans un grand nombre de ménages. Le mari ne voit les siens que quelques instants. La femme est aussi absorbée par l'usine; elle sait exécuter tous les détails d'un objet fabriqué, mais elle n'est plus capable d'être mère ni ménagère. Comme on l'a observé dans des centres industriels, elle ignore l'art d'emmaillotter ses enfants; elle est obligée de s'adresser à une main étrangère pour ravauder une paire de chaussettes; les éléments les plus simples de l'art culinaires lui sont inconnus. La nuit les nécessités du travail l'appellent à la manufacture. Un industriel nous le disait : « Malgré les précautions prises, le travail de nuit est une cause permanente de démoralisation. » En effet, pendant que la mère abandonne le soir le foyer de la famille, que devient le mari, que deviennent les enfants ? Ils courent où ils veulent, sans direction, car dans les familles ouvrières, c'est de la femme que dépend la bonne tenue du ménage. Garçons et filles vont, aussitôt que la loi le permet, à la machine : elle ne dédaigne aucune force, si humble qu'elle soit. Là les jeunes filles sont en proie à des obsessions immorales qu'aucun frein religeux ni légal n'arrête. « Pourquoi se plaindre ? disait une mère à sa fille, toutes y ont passé. — « J'ai vu souvent, écrivait Le Play, dans le cours de mes voyages, la torture morale qu'inflige aux mères pauvres la situation de leurs filles, attirées hors du foyer par la nécessité du travail. » C'est là que se forment les unions irrégulières, si nombreuses parmi les populations industrielles.

Plus de ressort moral. Les fatigues du labeur quotidien, les difficultés de l'existence écrasent l'ouvrier ; pris dans un engrenage, il est soumis à la machine dont il est l'esclave. Il sent qu'il ne tient pas son sort entre ses mains ; les crises economiques le privent brusquement de travail, ou diminuent son salaire, sans que les défaillances ou la régularité de sa conduite soient en jeu.

Et ensuite le travail l'expose a des risques incessants. Un accident éclate tout d'un coup sans que la cause en soit jamais découverte ; il tue ou blesse plusieurs dizaines d'ouvriers; mutilés, ils seront dans l'impuissance désormais de gagner leur pain.

Si l'industrie compte ses morts et ses blessés[1], elle compte aussi ses malades qui succombent obscurément, victimes d'un excès de fatigue ou des affections qu'ils auront contractées pendant leur travail. Les lamineurs, suivant l'expression pittoresque d'un industriel, sont croqués de bonne heure; les houilleurs sont en proie à une indisposition particulière qui leur est souvent causée par l'usage de l'eau provenant des mares des mines, et dans laquelle l'observation a découvert un microbe spécial. En dehors de ces cas même, l'heure du repos sonne toujours plus tôt pour un ouvrier de la grande industrie que pour un artisan; il tombe à la charge de ses enfants, maintes fois incapables de la supporter, ou il doit s'adresser à la charité publique. Combien peu d'ouvriers ont mené une existence industrielle assez régulière pour avoir été en mesure de constituer une réserve qui les tirerait de la misère! « Le spectacle de l'ouvrier laborieux et sans ressources dans sa vieillesse est celui qui m'a toujours inspiré la plus profonde tristesse, » disait un ancien ouvrier, maintenant à la tête d'une grande maison industrielle de la capitale.

Nulle influence morale ne s'exerce sur lui. Le

[1] M. de Molinari s'est à ce propos livré à un curieux calcul. Il a constaté que les risques de morts étaient beaucoup plus grands pour les mineurs que pour les assassins et qu'une compagnie qui aurait à assurer les uns et les autres devrait exiger des premiers une somme plus élevée.

patron dans les usines et manufactures qui emploient un grand nombre de bras le connaît à peine ; l'ouvrier arrive difficilement jusqu'à lui Son véritable chef, c'est le contremaître qui peut provoquer, sinon décider son renvoi. Il lui inflige des amendes contre lesquelles le recours est illusoire. Que l'ouvrier puni se plaigne, son existence devient intolérable. Le contremaître joint maintes fois à sa profession un petit commerce dont il sait habilement user pour tenir les ouvriers sous sa dépendance ; ils seront d'autant mieux traités qu'ils deviendront ses clients. Les sentiments religieux ont disparu de son cœur ; le prêtre est pour lui un étranger, sinon un ennemi. Sa parole n'arrive jamais jusqu'à lui. Une seule le mène, celle du politicien, représenté par le journal qui pénètre dans tous les ménages, ou du cabaretier, grand agent électoral, dont l'influence a succédé à celle du patron ou du propriétaire. Le cabaret recèle de mystérieux attraits pour l'ouvrier, de même que le club pour l'homme du monde. Ce n'est point chez lui que l'ouvrier consommera de l'alcool : il lui faut le cabaret avec son parfum âcre de tabac et de liqueurs fortes, avec son atmosphère enfumée, ses bancs luisants, les propos grossiers qui s'y échangent. Là il oublie pendant quelques instants les rudes difficultés avec lesquelles il se trouve aux prises. « Quoi d'étonnant, nous disait le directeur d'une des grandes usines métallurgiques de l'Europe, si les ouvriers recherchent le cabaret, quand ils ont sué et peiné toute une semaine et qu'ils ne trouvent en rentrant qu'un foyer maussade ! Ils n'ont pas d'autre distraction. »

Un mot résume l'existence des familles ouvrières, l'insécurité. Elles ne reçoivent rien du passé; le présent est plein pour elles de difficultés et l'avenir d'incertitudes. Qui s'approchera des ouvriers éprouvera cette impression, et, pour ma part, je ne l'ai jamais ressentie d'une manière aussi vive qu'en rédigeant la monographie d'un ouvrier de Cockerill. L'anéantissement intellectuel de l'homme écrasé par le poids du labeur et façonné à l'image d'une machine; les luttes poignantes de la femme contre les gueuseries quotidiennes, aggravées à ce moment par l'abaissement du salaire, résultat de la crise économique, ses efforts courageux pour élever ses filles, le récit des méchancetés qu'elle avait à subir de la part d'un propriétaire riche et implacable, la maigre pitance à laquelle elle était condamnée, la désespérance de cette femme n'ayant connu de la vie que les épreuves, n'ayant devant elle aucune perspective heureuse. « Je suis prête, disait-elle, à retourner dans l'autre monde sans que j'aie eu un jour de plaisir. » — Toute cette vie humble, pénible et besogneuse, saisie sur le vif, laisse un souvenir qui se grave pour toujours dans l'esprit.

Le Play a eu véritablement une idée de génie, lorsqu'il a fait de la monographie d'une famille ouvrière la base de la science sociale. Celui qui la rédige voit ainsi la société par le bas; il a sous les yeux la réalité vivante, et non plus seulement des chiffres ou un texte de loi tout sec, et un entretien avec un ouvrier lui apprend plus qu'un pesant traité rédigé par un économiste en chambre qui, écrivant tranquillement au coin de son feu, n'a jamais pénétré dans l'intérieur d'une famille ouvrière. Malheureusement, c'est le cas de la plupart de ceux — et ils sont nombreux — qui discourent sur les questions sociales ; ils préfèrent raisonner qu'observer, tout comme un médecin qui se mêlerait de guérir les maladies du corps humain sans jamais avoir fait d'anatomie. Qu'arrive-t-il ? La plupart dissertent dans le vide.

Nous avons vu ce que l'âge de la houille a fait de l'ouvrier. Jetons maintenant les yeux sur le patron.

Il ne se trouve pas non plus sur un lit de roses. Il a pu jadis réaliser de beaux bénéfices, lorsque la grande industrie prenait son essor ou que pour certaines de ses branches, les constructions, puis l'ouverture des voies ferrées assuraient des débouchés jusque-là inconnus ; à ce moment-là aussi, les tarifs douaniers le mettaient à l'abri d'une concurrence étrangère trop pressante. Mais aujourd'hui une lutte perpétuelle constitue l'existence du chef d'industrie : lutte contre ses concurrents français, lutte contre ses concurrents étrangers, lutte contre la loi, lutte contre l'État, lutte, hélas ! contre ses ouvriers, lutte contre les spéculateurs.

Un patron ne craindrait certes pas la concurrence, si elle était resserrée dans des limites loyales. Mais comment combattre contre de nouveaux chefs d'industrie qui accroissent leur production d'une manière désordonnée, n'envisagent que le bon marché et livrent au commerce des marchandises défectueuses. Du sort de ceux qu'ils emploient, ces derniers n'ont souci. La maxime « Chacun pour soi, » les ayant vivement séduits, ils suppriment toute subvention, pressurent sans pitié leurs ouvriers afin d'obtenir d'eux le maximum de travail avec le minimum de salaire. Ils mettent les autres patrons vis-à-vis de ce dilemme : ou renoncer aux pratiques que ceux-ci considèrent comme le devoir et l'honneur de l'industrie, s'ils veulent suivre le train, ou se condamner à une infériorité désastreuse en restant fidèles à leur passé. Par là s'explique l'attitude des industriels qui demandent à la loi de réprimer certaines coutumes anti-sociales, comme le travail de nuit. C'est sur la demande d'un éminent industriel du Nord, dont nous n'avons pas à taire le nom ici, M. Thiriez, que la Chambre a voté la suppression de ce travail pour les femmes.

Une concurrence même qui n'a pas recours à de telles extrémités n'en rend pas moins l'industrie pénible. Prenons comme exemple la métallurgie : comme elle compte un trop grand nombre d'usines, les gros mangeront les petits. Nous avons également cité dans un autre de nos écrits ce qui s'est passé pour la fabrication des rails.

En outre, des coutumes se sont introduites dans

le monde des affaires qui viennent encore rendre plus difficile la position du chef d'industrie. S'il veut obtenir des commandes, il doit rétribuer certains intermédiaires qui se placent entre le client et le producteur; ils ne donnent l'affaire qu'à celui dont la commission se monte au chiffre le plus élevé. C'est une sorte d'adjudication bien faite pour bouleverser les conditions du marché. Les bénéfices de toute entreprise sont ainsi engagés d'avance.

L'industriel lutte contre ses concurrents français qui supportent au moins les mêmes charges que lui; mais il rencontre à l'étranger des rivaux non moins redoutables, en France d'abord; les produits étrangers en effet passent la frontière et viennent disputer la clientèle. Se préoccupe-t-il de chercher un débouché aux colonies! il se heurte encore à la concurrence étrangère. Elle le poursuit sur tous les marchés où jadis l'industrie française régnait en maîtresse. Les autres nations ou ont appris à nous battre ou ont conservé leur vieille supériorité. Telle l'Angleterre à laquelle sa suprématie maritime, l'expansion de ses familles, son génie industriel assurent la première place, telle l'Espagne qui s'approvisionnait autrefois de textiles à l'étranger et à laquelle ses industries indigènes suffisent maintenant, telle l'Allemagne nouvellement entrée dans la lice avec la confiance que donne la victoire. Elle prend pied au sud de l'Afrique, pénètre en Océanie, et partout son commerce d'exportation s'accroît.

Les Etats-Unis enfin se sont affranchis du tribut qu'ils payaient à l'Europe; leur industrie s'est développée à l'abri de tarifs prohibitifs, et ce sont des ouvriers européens qui leur ont enseigné l'art de vaincre le vieux continent.

Tout n'est pas fini pour l'industriel. Il ne se débat pas seulement contre cette rude concurrence, mais encore il voit une spéculation capricieuse s'abattre sur son dos, et aggraver par ses agissements ses conditions d'existence. Un jour elle se porte sur les cuivres, une autre fois sur les laines ou sur une autre matière première qu'elle parvient à faire hausser subitement, sans que l'industriel ait la possibilité de résister. Ni sa prévoyance, ni son entente des affaires ne le protègent contre ces coups qui détruisent tous ses calculs, il reste désarmé contre eux.

L'Etat fait grand étalage de sa sollicitude pour l'industrie; quelque député pose-t-il au ministre du commerce *une question* sur ce sujet, celui-ci répond que l'industrie est au premier rang de ses préoccupations, qu'elle peut compter sur son énergique appui : les naïfs applaudissent, et le ministre se rassied, convaincu peut-être de la sincérité de ses paroles. Or l'Etat fait à l'industrie, qu'il prétend soutenir, une guerre implacable par la folle exagération des dépenses publiques. Prodigue et besogneux, il a rendu plus lourdes les charges exigées par la liquidation de nos désastres, et par là il a placé l'industrie française dans une situation d'infériorité notable vis-à-vis des industries étrangères, moins écrasées par leur gouvernement. Voici un exemple entre beaucoup : on reproche aux Compagnies de chemin de fer leurs tarifs trop élevés. Mais l'Etat tout le premier a maintenu les droits sur les transports, et lorsque M. Camille Pelletan est venu, au cours de la discussion du budget de 1891, demander la suppression des droits sur la grande vitesse, le ministre des finances s'y est énergiquement opposé; c'était, pour l'Etat, l'aggravation de ses embarras d'argent inextricables. Le Français payant plus d'impôts que ses concurrents, ministres et députés devraient donc porter leur attention de ce côté. Nenni! C'est le point le plus important, c'est le seul dont ils ne s'occupent; le stérile bavardage auquel ils se livrent a altéré chez eux le bon sens. Les uns et les autres accroissent sans cesse des dépenses, et par là portent la responsabilité des difficultés qui assaillent le travail national.

Le gouvernement n'a pas seulement chargé les épaules du travail, d'un budget de plusieurs milliards; il s'oppose à son développement par des lois mal conçues. Ainsi, au nom de l'égalité, la loi militaire soumet au service les jeunes gens établis dans les colonies. Elle entrave donc l'émigration féconde de la jeunesse, et, par cela même, crée d'insurmontables obstacles à l'installation d'un comptoir lointain exposé tout à coup à être privé de son chef. Et cependant ce jeune Français rendrait plus de services en maintenant au loin l'influence française, battue de tous côtés en brèche, qu'en donnant à l'armée une unité de plus. En outre, d'après les déclarations des chambres de commerce dans l'enquête entreprise en 1874, la législation successorale met à notre commerce d'exportation des entraves dont sont affranchis nos rivaux.

L'industriel rencontre encore cette loi, avec ses exigences implacables, lorsqu'il se préoccupe d'assurer la transmission de sa maison. Elle ne lui permet pas de donner à un de ses enfants l'usine et à un autre les valeurs mobilières. Si un mineur se trouve parmi les héritiers, les difficultés s'accumulent, les formalités se multiplient. Comme nous l'avons vu dans le chapitre précédent, hommes de loi et agents du fisc saisissent cette bonne occasion pour puiser à pleines mains dans la bourse de la famille.

Aussi devant les rigueurs du Code cherche-t-il un refuge dans la forme de société, objet de la tendresse du législateur, c'est la société anonyme. Elle envahit toute l'industrie; l'impossibilité pour un patron d'assurer l'avenir de la maison à laquelle il a attaché son nom, lui remet les affaires qui ne dépassent pas les forces d'une famille, tandis que la nécessité d'une concentration de capitaux que ce patron ne pourrait seul fournir lui confie la direction des grandes usines, leur outillage absorbant maintenant des millions.

Là le patron disparaît. La responsabilité n'est plus qu'un vain mot. Le patron, serait-ce le directeur qui, vivant au milieu des ouvriers, est le maître apparent de l'exploitation? En aucune manière. Le directeur joue le rôle d'un agent, d'un fonctionnaire révocable. Il n'a devant lui qu'un avenir *tout* personnel; ses vues se bornent donc au présent, elles ne le dépassent pas.

Mais seraient-ce les administrateurs qui pourraient être considérés comme les patrons de l'usine? Pas davantage. Une dizaine de messieurs se réunissent toutes les semaines ou tous les mois autour d'un tapis vert; ils entendent un rapport dont le rédacteur éloigne avec soin toute mauvaise nouvelle et fait délicatement ressortir l'habileté de la gestion. Ils opinent du bonnet, touchent des jetons de présence et puis s'en vont. Quel autre rôle actif seraient-ils du reste en mesure de jouer? Ils n'ont pour la plupart dans les sociétés industrielles aucune compétence. Ils ne se mêlent pas au personnel qu'ils ne voient que de loin, quelquefois même jamais, puisque dans plusieurs sociétés industrielles le siège social ne se trouve pas au lieu de l'exploitation.

Alors ce seraient les actionnaires qui constitueraient les véritables maîtres? Théoriquement oui. Mais de même que les administrateurs, ces singuliers patrons gagnent ou perdent sans travail. Si l'affaire est en voie de prospérité, ils touchent des dividendes. Si elle décline, ils ne touchent plus rien;

dans l'un comme dans l'autre cas, ils ne sont obligés à aucune relation avec les ouvriers dont les bras font fructifier leur capital. Leur sort leur inspire de bien légères préoccupations; ils voient dans l'affaire à laquelle ils s'intéressent l'argent, et non les hommes.

Les actionnaires combattent à l'abri d'une forteresse; ils ne risquent que leur mise, tandis que le patron, au contraire, lutte en rase campagne; s'il ne réussit pas, sa fortune tout entière est dévorée. La société anonyme, en outre, est exempte des incertitudes que les liquidations périodiques imposent aux maisons patronales. Elle trouve donc pour se perpétuer des facilités que le législateur a refusé « à la plus légitime, à la plus bienfaisante des associations, la famille ».

Enfin la paix est maintes fois troublée à l'atelier. Le maître, trop souvent, paie le salaire à l'ouvrier, et se croit quitte à son égard. Aux yeux de l'ouvrier, il n'est plus alors qu'un employeur, triste expression qui exprime le fait matériel; elle tend à chasser toute idée morale entre les rapports de patron à ouvrier, et par là elle accentue l'antagonisme social.

Tel est esquissé, dans ses grandes lignes, l'état actuel de l'industrie; il est sorti de la transformation économique accomplie à la fin du siècle dernier, et aussi des idées fausses qui ont été lancées par Turgot et Adam Smith. Ces idées ont infecté toute la société; elles ont déchaîné la guerre en faisant croire aux prétendus bienfaits d'une liberté illimitée et en abaissant le travail humain au rang d'une marchandise. Sous ce régime les ouvriers deviennent des prolétaires, les patrons subissent une guerre implacable, les associations de capitaux s'emparent de l'industrie.

Mais quel régime a jamais été assuré de l'immortalité; à peine a-t-il régné quelques années que déjà une lente évolution commence à se dessiner. Nous voyons aujourd'hui s'effondrer cette conception sociale qui avait trouvé sa plus parfaite expression dans la loi de l'Assemblée Constituante, proscrivant le droit d'association et imposant par la force l'individualisme. Une large brèche est faite dans l'édifice; elle s'agrandit tous les jours.

D'abord si absolu qu'ait été son règne, le nouveau régime n'avait jamais pu faire table rase du passé, considérant le patronage comme un des fondements de la paix sociale; le torrent qui, à la fin du siècle dernier, a détruit l'ancienne organisation du travail ne l'avait pas emporté tout entier. D'admirables types s'en sont conservés en France; et je sais peu de rôle plus noble que celui du patron, donnant le pain quotidien à de nombreuses familles ouvrières, les soutenant dans leurs mauvais jours, les faisant parvenir à la propriété du foyer, leur procurant la sécurité du lendemain, tout cela au milieu de la bataille, sous le feu de l'ennemi.

Cependant l'évolution qui s'accomplit, se manifeste déjà dans la transformation du patronage. Le patron du vieux temps, c'est un homme qui vit au milieu de ses ouvriers, les connaît chacun par leurs noms, eux et leur famille, les tutoie, s'occupe d'eux quand il le juge nécessaire, mais n'emprisonne jamais les manifestations généreuses de sa bonne volonté dans un article de règlement ou les revêt d'une forme précise. Comment aujourd'hui assurer ces relations amicales avec des milliers de travailleurs? Comment un chef d'établissement saura-t-il même mettre souvent le nom sur chacun d'eux! Le patron ne mène plus la même existence que ses ouvriers, et surtout les dispositions de ceux-ci se sont modifiées. Le suffrage universel les place sur le même pied que leurs maîtres, ils entendent exalter sans cesse leurs droits, et ne voulant plus être traités en petits garçons, ils prétendent voir clair dans les institutions créées en leur faveur, sinon les meilleures intentions risquent fort de demeurer stériles. Dans nombre d'usines, l'administration de ces institutions a été exclusivement confiée aux ouvriers; contrairement à un préjugé très répandu, ils ont déployé de remarquables capacités administratives.

Le patronage s'est donc transformé, et par là même il a perdu de son efficacité; ce qui faisait sa force, c'étaient les rapports personnels. A ces rapports se sont substitués des règlements, des tarifs. Il a pris en un mot une tournure administrative, et par conséquent il n'a pas autant rapproché les cœurs.

On a fait beaucoup d'étalage de l'Exposition d'économie sociale. Ailleurs, nous avons rendu hommage à l'idée qui l'avait inspirée et aussi mis en relief ses lacunes, car elle a montré la vie sociale de l'industrie par le haut, tandis qu'elle n'apparaît sous son vrai jour que si nous l'étudions par le bas, par la famille de l'ouvrier d'après la méthode monographique; elle a placé seulement sous nos yeux des chiffres disposés avec une réclame savante. Aussi en sortant des salles de l'esplanade des Invalides, nous n'étions pas plus avancés qu'auparavant sur l'effet des institutions dont nous n'avions sous les yeux qu'un compte rendu tout sec.

Qu'on n'accuse pas de pessimisme ceux qui doutent de l'efficacité absolue des efforts tentés sous cette forme, et ils ne peuvent l'être sous une autre. Les faits justifient nos craintes. Une société qui avait exposé à l'esplanade des Invalides dépense chaque année pour ses institutions patronales plusieurs centaines de mille francs, elle n'en a pas moins subi de terribles grèves; d'autres exemples pourraient être cités. La vérité est que trop souvent dans les sociétés où domine la préoccupation du dividende, les ouvriers ne participent guère aux largesses des années prospères, tandis au contraire que les années maigres se traduisent pour eux par une diminution de salaire, ou par le renvoi d'un certain nombre des leurs. Ensuite, et c'est là le plus grand danger des Sociétés anonymes, l'actionnaire n'inspire aucun respect, les ouvriers trouvant dur de voir leurs salaires diminués, afin qu'un Monsieur qui ne les a jamais vus, puisse continuer à vivre tout à son aise sans s'imposer aucune peine. Nous l'avons également observé plus d'une fois, les ouvriers n'ont qu'une médiocre confiance dans la générosité de la compagnie à laquelle ils appartiennent, et qu'ils voient si souvent déployer tant de parcimonie. Aussi est-ce une idée enracinée chez eux que tous ces sacrifices sont prélevés sur leurs salaires. M. Gibon, un des hommes qui honore le plus d'industrie française par l'élévation de ses vues et son généreux dévouement à la classe ouvrière, se faisait l'écho de ces sentiments en constatant dans son dernier ouvrage [1] que les ouvriers auraient préféré que les sacrifices consentis par les sociétés industrielles portassent sur le salaire plus que sur des institutions diverses.

La patronage administratif laisse aussi subsister les rigueurs du règlement, contre l'application inique duquel les ouvriers ne trouvent que difficilement recours. S'ils se plaignent, le contremaître qui leur inflige une amende, leur fait durement expier leur réclamation imprudente. Voici un exemple entre beaucoup d'autres. Une grève a éclaté l'année dernière à Paris parmi les chauffeurs de la Compagnie du gaz. Or la cause initiale de cette grève aurait été le petit fait suivant, raconte le journal *le Temps* : « Il y a quelques semaines,

[1] Les *Accidents du travail dans l'industrie*, Guillaumin, édit.

un chauffeur ayant à se plaindre d'un régisseur, aurait porté ses doléances à la direction. La direction aurait répondu qu'elle n'entrait pas en relation avec ses ouvriers et aurait renvoyé le plaignant; à qui? précisément au régisseur avec lequel il avait déjà des relations tendues. »

Qu'un jour des meneurs, profitant de cette irritation, viennent souffler aux ouvriers des paroles de guerre, qu'ils leur dépeignent en termes enflammés l'iniquité d'un régime social où ils sont exposés à de telles vexations, où la richesse jouit de tous les droits sans n'être plus tenue à aucun devoir, qu'ils se disent leurs chaleureux défenseurs, animés pour eux d'une immense pitié, ces ouvriers se rangeront derrière eux; ils les suivront aveuglément jusqu'à la grève, c'est-à-dire jusqu'à la misère, jusqu'à la faim.

Sous cette influence, une forte poussée sociale se produit, et chaque jour elle devient plus violente. Les candidats de gauche, ayant épuisé tous les filons où ils pouvaient trouver des voix, se sont rejetés du côté des réformes sociales; le mot socialiste devient à la mode, comme le faisait remarquer récemment M. le comte d'Haussonville; tel qui ignore même la constitution d'un atelier, se prend d'une belle passion pour les lois sociales, en imagine même, et comme ils ne pêchent qu'en eau trouble, ils exaltent les espérances de leurs clients, ils leur font des promesses qu'ils se savent incapables de tenir, ils les excitent à marcher en guerre contre les patrons qu'ils chargent des plus noirs desseins. Peu leur importent les conséquences ! ils arrivent par ce moyen : si un langage contraire amenait le succès, ils le prendraient peut-être tout aussi bien.

L'influence du politicien bourgeois commence toutefois à décroître auprès des ouvriers ; se méfiant de lui, ils préfèrent être représentés par des ouvriers mieux au courant de leurs besoins. C'est là une représentation professionnelle que nous ne saurions trouver mauvaise. Les Anglais désirent que les ouvriers aient des représentants au Parlement. Pourquoi n'en serait-il pas de même en France ? Ils peuvent donner des indications plus précieuses que des écrivains ou avocats tout farcis de grands mots. Le suffrage universel existe, sachons ne pas nous effrayer de ses conséquences

Le mouvement social se caractérise d'un mot : les ouvriers veulent que des droits leur soient reconnus. Dans la constitution sociale du moyen âge, chacun avait dans la société des droits et des devoirs parfaitement délimités : deux sentiments la dominaient, la solidarité et la stabilité. Les hommes de théorie qui ont bâti l'édifice de la société moderne, ont rejeté ces deux préoccupations : ils ont fait un pays divisé et instable. Les ouvriers ont le sentiment des maux que leur cause cette instabilité ; ils en appellent à la protection de la loi, et non pas seulement à la bonne volonté du maître qui les emploie.

Les lois sociales ont mis en rumeur toute la gent

plumitive et économique; elles ont amené de vives controverses, qui étonneront fort nos arrière-neveux. Le Français se plaît aux idées absolues, il n'envisage les questions que par un seul côté, et inscrit alors chacune avec une étiquette déterminée. Il divise ainsi les personnes qui traitent de la question du travail en deux fractions : les partisans de la liberté et les partisans de la contrainte. Or je ne connais personne qui soit partisan d'une liberté absolue, sauf quelques rares intransigeants de l'économie classique ; je ne connais non plus personne, en France du moins, qui réclame une réglementation absolue du travail jusque dans les plus minutieux détails. Une question de mesure, et encore une question bien mince, sépare le plus souvent ceux que les fantaisistes inscrivent sous des drapeaux opposés.

Prenons par exemple les catholiques classés sous l'étiquette de partisans de la liberté : MM. Claudio Jannet, Keller, hommes éminents à tous égards et dont le nom respecté évoque le souvenir d'un dévouement infatigable toujours mis au service des grandes causes. Or ces hommes, que l'on range sous la bannière de la liberté absolue, demandent l'intervention de la loi pour assurer le respect du repos hebdomadaire, réclament avec non moins de chaleur et de raison la protection du travail des enfants, des femmes, la mise à l'abri d'une partie du salaire contre les revendications des créanciers. C'est M. Keller qui a pris le premier à la Chambre l'initiative d'une législation protectrice des ouvriers; il s'est même déclaré partisan de la réglementation du travail des adultes. Un écrivain, qui attaquait avec vivacité certains projets sur la réglementation du travail, déclarait que cette opposition cesserait, si en France des abus comme des journées de 14 ou 15 heures, étaient en fréquent usage. Où se trouve alors la question de principe? Il y a peu de temps se tenait à Angers un congrès qui se proposait de rompre en visière d'une manière éclatante avec les doctrines appelées interventionnistes, puisque les *istes* sont à la mode, doctrines dans lesquelles la majorité du congrès voyait un grand danger. Or nous lisons dans le texte des propositions qui résument les opinions de la majorité des congressistes les lignes suivantes :

« L'intervention de l'Etat dans les affaires privées devient légitime au cas seulement où le droit de quelqu'un est violé ou se trouve en péril grave et manifeste; comme si la moralité du travailleur était mise en danger, notamment par un travail de nuit exécuté dans certaines conditions ou si sa vie était menacée par les agissements d'un tiers, ou s'il était incité à violer la loi divine, ou si des ouvriers se trouvaient forcés de travailler un nombre d'heures manifestement supérieur à celui que librement ils eussent accepté, si d'ailleurs ils n'ont pas, dans l'exercice du droit d'association le moyen de défendre leurs intérêts. »

Les partisans les plus déterminés de l'intervention législative auraient signé cette proposition ; ils ne se sont jamais appuyés sur d'autres motifs, n'ont jamais demandé plus. Que devient alors la négation absolue du droit de l'Etat d'intervenir dans le contrat de travail? N'est-ce pas la preuve qu'il n'y a pas une question de principe engagée, mais de fait! Ce droit du reste, l'Etat l'a toujours pratiqué au nom de sa mission spéciale qui consiste avant tout à réprimer les abus. Dans aucune société, un régime de liberté absolue n'a été pratiqué. Il n'a régné qu'à une époque, c'est depuis la fin du siècle dernier jusqu'à la première partie du XIXe siècle; Le Play a constaté qu'en Angleterre, il avait abaissé l'humanité jusqu'à la bestialité [1], et partout le patronage, l'association, la contrainte légale sont entrés en jeu.

A propos de la protection légale des enfants, ce sont des faibles, observe-t-on, et par conséquent l'Etat remplit à leur égard le rôle naturel de tuteur.

Mais ces enfants appartiennent à une famille, leur protectrice naturelle ; en imposant des limites au travail des enfants, l'État n'intervient pas seulement dans l'usine; il contrecarre encore la puissance paternelle.

Contre l'interdiction du travail de nuit, quelques bonnes gens, économistes en chambre, ont imaginé un argument folâtre; alors qu'ils ne laisseraient ni

[1] *Les Ouvriers Européens*, t. III, p. 351.

leurs femmes ni leurs filles se soumettre à un tel régime, ils le représentent comme une idylle. De méchantes langues seules peuvent lui trouver des inconvénients. Ces honnêtes personnes me rappellent les millionnaires qui, au milieu du luxe, ne se refusant aucun plaisir, s'indignent parce que des ouvriers joignant avec peine les deux bouts ne parviennent pas à constituer une épargne ou se donnent une innocente distraction.

« Le travail de nuit est contre nature, — il « ruine les santés, — il est une cause active de « perversion morale, — il brise les liens de famille « — il crée au patron qui s'y livre des facilités de « concurrence par la livraison plus prompte des « produits et une notable diminution des frais gé- « néraux; — à l'encontre du travail de jour, il ne « paie pas d'impôts, — il ne peut manquer dès « lors de se généraliser, s'il n'est interdit, — gé- « néralisé, il amènera une surproduction énorme, « qui se traduira pour les ouvriers en chômages « périodiques :

« Le travail doit donc être interdit dans les in- « dustries textiles. »

Qui tient ce langage? Un ouvrier? non. Un publiciste? non. Un homme peu au courant de l'industrie? Pas davantage. Ce sont des patrons « importants » de Roubaix appartenant à l'Association catholique des patrons du Nord, dans une pétition où ils réclament, la fixation du maximum de la journée de travail à dix heures, l'interdiction du travail de nuit et la garantie du repos dominical.

Dans la désorganisation actuelle de l'industrie, « les lois écrites sont d'une impérieuse nécessité, » a dit Le Play [1], elles arrêteront certains maux, qui frappent durement la famille ouvrière, mais n'attendons pas d'elles la cessation de l'antagonisme entre patrons et ouvriers. Il prendra fin lorsque les uns et les autres se réuniront autour d'une cause commune. Jusque-là les lois ne constitueront que des palliatifs.

Parmi les mesures proposées, une est fort en vogue aujourd'hui, c'est l'assurance obligatoire par le gouvernement. L'Allemagne semble avoir fait une découverte non moins grande que celle de Christophe Colomb, et la faveur allant toujours plus aux victorieux qu'aux vaincus, c'est sur son exemple que beaucoup cherchent à se modeler, s'extasiant devant ses verrues et ne soufflant mot de ses qualités. Les théories allemandes obtiennent le même succès que les sophismes de nos philosophes français il y a un siècle. Elles font tourner beaucoup de têtes.

Or, nous avons quelque raison pour nous méfier de l'influence intellectuelle de l'Allemagne, non certes pas par un sot chauvinisme; mais cette influence s'est jusqu'à ce jour exercée d'une manière funeste. Au XVIe siècle, elle a fait la Réforme. Au XVIIIe siècle, ses philosophes ne s'étaient pas en-

[1] *Les Ouvriers Européens*, t. III, p. 352.

tourés de tels nuages qu'à travers les nébulosités de leurs systèmes ne perçât une doctrine destructrice des idées traditionnelles. Kant, Hegel, Fichte n'ont guère causé de moindres ravages dans les esprits que Luther, quoique leur langage offrît peu d'attraits pour les masses qu'avaient soulevées deux siècles auparavant les appels débordants de passion du moine révolté.

Les théories du socialisme de la chaire ne nous inspirent pas plus de confiance; il en est du reste de fort étranges en vogue de l'autre côté du Rhin. Un professeur d'économie politique, et des plus qualifiés, s'applaudissait récemment du système qui augmentait le rôle de l'Etat, parce qu'ainsi un ouvrier serait moins longtemps attaché à la même usine. La justesse d'une théorie ne se mesure pas toujours à son succès. Que d'erreurs ont soulevé un enthousiasme qui, comme un feu de paille, s'éteignait quelques années après. Il en sera sans doute de même du système allemand, aujourd'hui panacée universelle, mais qui recèle autant de dangers qu'il prétend guérir de maux.

Bientôt l'empire allemand comptera plus de dix millions d'assurés, il ne peut leur servir qu'une maigre pension, et toute cette masse de pensionnés dirigera alors ses regards vers le gouvernement, le rendra responsable de son sort, sollicitera une augmentation de pension; ses suffrages sont d'avance acquis à ceux qui la lui promettront. On se flatte d'obtenir des fonds réunis pour le service des pensions aux vieillards et aux invalides un intérêt plus élevé que celui retiré par les caisses d'épargne, mais déjà, malgré ces prévisions optimistes, l'empire est obligé d'augmenter les impôts, et il frappe les objets de consommation, c'est-à-dire qu'il reprend d'une main aux ouvriers ce qu'il leur donne de l'autre; sinon il se trouverait en face d'un déficit croissant.

Et encore une administration sévère gère en Allemagne les finances publiques, elle se garde contre les folles tentations de dépenses. Mais en France aucune vue d'ensemble ne préside à la gestion financière; chacun tire de son côté, peu importe l'avenir aux yeux de ceux qui nous gouvernent. Déjà l'Etat a mis la main sur tous les fonds qui doivent lui être confiés : qu'il reçoive encore de nouvelles sommes, il ne résistera pas à la tentation de s'en servir. Ce sera l'accroissement du déficit, et avec lui, la ruine, l'augmentation des impôts. En outre un tel système emprisonne dans un moule uniforme les initiatives individuelles. Associés, les hommes peuvent faire mieux. Quel gouvernement par exemple aurait procuré des avantages aussi considérables que les Trades-Unions à leurs membres? Au mouvement qui se dessine aujourd'hui en faveur de l'association, le pouvoir central va barrer le chemin par ses règlements bureaucratiques, si un tel système se généralise. Or, le premier service qu'il pourrait rendre aux ouvriers, ce serait de débarrasser le droit d'association des lisières dans lesquelles il l'enferme, de donner aux syndicats la faculté de posséder. Il seconderait ainsi la réaction contre l'ordre économique, régnant depuis un siècle, mieux qu'en imposant un régime uniforme à des situations diverses.

Les associations ouvrières revêtent les formes les plus diverses, syndicats professionnels, sociétés d'épargne, sociétés de secours mutuels qui réunissent plus d'un million de membres, sociétés coopératives de consommation. Le quatrième Etat veut combattre en masse. De leur côté les patrons commencent, eux aussi, à se lasser du culte jaloux qu'ils rendaient à l'individualisme. Ils réunissent leurs efforts sous des formes variées; les uns instituent de véritables bureaux de statistique et de renseignements, comme le comité des Houillères de France, les autres s'unissent afin de constituer des caisses de retraite, notamment les Compagnies houillères du bassin de la Loire. D'autres enfin sentant que la victoire appartiendra fatalement aux grosses usines, concentrent la production afin de présenter à l'ennemi un front de bataille plus solide, tels les verriers du Nord, les fabricants de fonte du bassin de Longwy qui ont renoncé à toute concurrence entre eux. Un seul comptoir les représente.

Ailleurs patrons et ouvriers, au lieu de séparer leurs efforts, les réunissent. Tantôt ce sont les patrons qui, comprenant les exigences nouvelles du patronage, fondent un syndicat mixte avec leurs ouvriers, tantôt ce sont les patrons et les ouvriers appartenant à des usines diverses, comme à Roubaix, qui créent un syndicat central, établissant des institutions de prévoyance et se soutenant d'autant mieux que les participants sont plus nombreux. La composition du conseil syndical indique le rapprochement des classes; il est formé d'un syndic patron, d'un syndic employé et d'un syndic ouvrier par usine. A Lyon, une union corporative de la fabrique lyonnaise a surgi spontanément, elle renferme les trois éléments qui entrent dans toute industrie, une corporation de soierie, une corporation d'employés, une corporation d'ouvriers tisseurs.

Ainsi se dessine un mouvement corporatif, qui ne copie pas les formes du passé, elles ont disparu pour toujours avec lui, mais il s'inspire d'un besoin d'association professionnelle dont l'histoire atteste la permanence. L'évolution revient donc à un principe ancien, que des fausses théories avaient en vain essayé de déraciner : elle l'applique selon des formes nouvelles, c'est là le secret de toute évolution heureuse.

Ce mouvement s'accentuera-t-il ? Les associations de capitaux, aujourd'hui maîtresses de l'industrie, se verront-elles détrôner par des associations de personnes faisant du travail le maître, et du capital le serviteur? ou en d'autres termes le quatrième Etat saura-t-il se substituer aux patrons et recueillir tous les bénéfices, mais aussi supporter tous les risques de l'industrie, multiplier les sociétés coopératives de production? Jusqu'ici ces sociétés ont paru en petit nombre, bien que quelques-unes aient obtenu des succès qui ne permettent pas de désespérer de leur avenir. Dans la grande industrie, une usine renommée, celle de Guise, nous montre les ouvriers propriétaires de l'usine. Sauf une part qui va être bientôt remboursée, c'est à eux que reviennent les bénéfices, les instruments de travail leur appartiennent donc. Le salaire assure la subsistance de la famille. La durée des journées de travail ne dépasse pas neuf à dix heures en moyenne, et la production n'a jamais souffert de ce chiffre qui paraîtrait trop peu élevé à beaucoup d'industriels. Administrée enfin par un gérant et un conseil entre les mains desquels l'autorité est fortement concentrée, l'usine ne redoute aucune comparaison avec celles appartenant à un patron ou à une société anonyme. Quelques établissements se sont inspirés de principes analogues, notamment la fabrique de papiers d'Angoulême fondée par M. Laroche-Joubert, dans laquelle les ouvriers possèdent une part de propriété, mais celle-ci a encore conservé un caractère patronal. Jusqu'à ce jour, une telle organisation a trouvé peu d'imitateurs.

L'effort des ouvriers se tourne plutôt vers un abaissement des heures de travail et un relèvement du salaire ou vers les associations de secours sous toutes leurs formes que vers la coopération de production : les hasards de la vie industrielle les effraient. Les ouvriers anglais agissent de même. Ils préfèrent maintenir le patron en le dominant, que se mettre à sa place.

L'industrie en réalité a entraîné trois faits dangereux. Séparant des masses d'ouvriers de la terre, elle les a condamnés à ne plus vivre que d'un salaire exposé à toutes les crises économiques. Elle a disloqué la famille. Elle a édifié d'immenses fortunes sous les yeux d'ouvriers toujours misérables. Tout le mal est venu de ces trois causes; l'agitation ouvrière a pris sa source là. Trois éléments devront concourir à remettre l'ordre dans la société profondément désorganisée, tels qu'à toute époque ils sont toujours entrés en jeu; le patronage, l'intervention de la souveraineté, l'association. Seul un des trois demeure impuissant. L'initiative privée demeurera toujours une des grandes forces sociales; mais elle seule ne peut résoudre toutes les difficultés. Partout l'Etat a dû intervenir pour protéger les enfants contre un travail abusif, et aujourd'hui encore les industriels qui veulent pratiquer leurs devoirs, réclament l'intervention de la loi pour interdire le travail de nuit que multiplie l'initiative de concurrents dominés par le désir du gain. A l'Etat incombera la mission de protéger tous les droits, de réprimer les abus, de venir au secours des faibles, et de son côté l'association, avec ses formes les plus variées, saura atténuer les maux de la concurrence pour les patrons comme pour les ouvriers, donner à ceux-ci les avantages matériels et moraux que sans elle ils ne sauraient se procurer.

A l'âge de la houille, nos arrière-neveux verront-ils succéder l'âge de l'électricité qui, distribuant la force motrice à domicile, ne forcera plus la famille ouvrière à se séparer? La science ne répond pas encore d'une manière affirmative à cette question. Malgré tous ses progrès, il est douteux que, notamment pour la construction des grandes machines, elle ramène à leur foyer ceux que l'industrie a exilés.

Une évolution, avons-nous dit, se dessine du côté des ouvriers, et nous ne comprendrons le sens de ce mouvement qu'en sachant nous débarrasser des idées de classe, des préjugés au milieu desquels nous avons vécu. Trop souvent nous n'envisageons les questions que par le côté qui nous touche, et ne nous rendant pas compte qu'elles ne présentent pas pour tous le même aspect, nous opposons à nos adversaires des arguments d'une portée nulle sur eux. Il y a en effet un abîme entre les sentiments des ouvriers et des « bourgeois, » ils vivent côte à côte, mais ils ne se comprennent pas, nous l'avons plus d'une fois remarqué en nous entretenant avec des ouvriers.

Nous nous représentons aussi ces derniers comme incapables d'administrer des intérêts sérieux; livrés à eux-mêmes, ils ne sauraient que gaspiller. Sans parler même des Trades-Unions qui ont mis en relief des administrateurs hors ligne, nos sociétés coopératives ont attesté que leurs membres ouvriers ne le cédaient en rien sous le rapport de l'aptitude administrative à ceux aux yeux desquels ils passent pour des enfants imprévoyants.

Dans bien des centres industriels couve une sourde irritation qui, semblable à la lave s'échappant du volcan par quelques fissures, se trahit par de subites explosions, comme les manifestations du 1er mai. Les ouvriers s'irritent d'autant plus des difficultés de leur existence besogneuse, que les patrons vivent souvent au milieu du luxe, et le président d'une association catholique de patrons du Nord attribuait même à cette cause les scènes de désordre dont une ville industrielle de la région avait été, à la surprise générale, le théâtre ce jour-là. A une des séances de la Commission de la Chambre chargée de rédiger un projet de loi sur les heures de travail, avaient comparu des patrons et des ouvriers de Tourcoing. Leurs dépositions étaient terminées, lorsqu'un des ouvriers se leva. « Ce n'est pas tout ça, dit-il en substance, il y a un certain nombre d'années, les grands-pères de ces Messieurs,—et il se tourna vers les patrons,— étaient ouvriers et pauvres comme nous, aujourd'hui ils ont des millions, des palais, se prélassent dans de beaux équipages, tandis que nous qui leur avons fourni le moyen de gagner leurs millions sommes toujours aussi gueux. Eh bien! ce n'est pas juste. » Cet ouvrier avait fait toucher le fond même de la question sociale, le contraste entre la misère et la richesse, le manque de proportion entre le salaire des uns, disent les ouvriers, et le gain des autres.

Je ne sais qui a lancé les huit heures de travail; c'est là un mot d'ordre merveilleux pour les ouvriers de la grande industrie, bien entendu, car la réglementation du travail rencontre une défaveur très marquée chez les artisans. Il se comprend sans discours. Il n'annonce pas un complet bouleversement du régime économique; il promet l'allégement du labeur, il fait entrevoir pour les ouvriers sans travail le moyen de s'en procurer plus facilement. La journée du 1er mai prouve quel écho il a trouvé dans tous les pays.

Ce n'est pas avec des mots et des négations que ce mouvemement sera arrêté, que le chemin sera barré à la fois au socialisme révolutionnaire et aux envahissements de l'Etat. L'histoire le montre, le moyen d'empêcher une évolution de devenir une révolution, c'est de donner satisfaction à des revendications légitimes, c'est de ne pas s'enfermer dans une résistance systématique, c'est de savoir accorder de bonne grâce ce qu'on vous arrachera par la force. Et encore la force avec laquelle le mouvement est lancé lui fera-t-il, nous le craignons, dépasser le but. Il sautera par-dessus les réformes nécessaires pour se précipiter vers les solutions chimériques.

CHAPITRE III

LE MAGASIN ET LE BAZAR

Le magasin d'autrefois. — La création des bazars. — Leur influence morale. — Les acheteurs et les employés. — La décadence du commerce de détail. — Sa véritable cause. — Une nouvelle forme de commerce. — Les sociétés coopératives. — Résistance des magasins.

Si l'usine a tué le petit atelier, si la houille a opéré dans le monde industriel une transformation radicale, le monde commercial n'a pas été témoin d'une révolution moins profonde. Sur les ruines du magasin s'élève le bazar.

Qu'est-il devenu le magasin du vieux temps ? Il était entre les mains d'une famille, tenant souvent à honneur de le transmettre à ses enfants, lorsque la loi ne contrariait pas ses efforts. Les employés menaient la même existence que la famille, mangeaient à sa table, couchaient sous le même toit. Patrons et employés se regardaient comme de futurs confrères. Le rêve de ceux-ci était de s'établir jeunes, de se marier de bonne heure ; ils devenaient maîtres à leur tour, c'est-à-dire indépendants. Le magasin comptait sur une clientèle avec laquelle il entretenait des relations amicales. N'étendant pas ses affaires au delà d'un certain rayon, il avait plus recours pour attirer les chalands aux séductions de l'étalage qu'aux promesses du prospectus. Chaque magasin ne vendait qu'un seul genre ; s'il s'adressait directement au producteur, il n'était pas assez fort pour lui faire la loi. Le commerçant ne dominait pas le fabricant.

Mais ce type s'en va chaque jour. De même que les petites usines luttent avec peine contre les puissants établissements, de même les magasins perdent chaque jour le terrain que gagnent les bazars. Un homme d'une intelligence commerciale allant presque jusqu'au génie, M. Boucicaut, en a le premier conçu l'idée. Ce simple négociant dont il n'y a pas bien longtemps encore, on voyait l'humble boutique, théâtre de ses débuts, a deviné une évolution dont il a été le premier agent et qui a exercé sur toute la société une profonde influence.

La transformation des communications a de toutes manières facilité, sinon amené la création des grands magasins ; elle leur a permis des approvisionnements rapides, aussi bien que des expéditions non moins rapides en province, la poste leur donnant en outre le moyen d'envoyer à prix très réduit des échantillons dans toute la France. En même temps les chemins de fer jetaient tous les ans à Paris un plus grand nombre de provinciaux, avides de contempler la grande ville ; ils avaient l'habitude d'en recevoir des gouvernements tout faits ; ils prirent celle de lui demander robes et nouveautés.

Comment résister à la tentation qu'offrent les bazars ? Tout cela est arrangé avec tant d'art ; les demoiselles de magasin ont si gentilles façons. Du comptoir des gants on passe aux modes, des modes à celui des confections ; à côté des tapis, l'ameublement. Bref, on peut entrer nu dans un grand magasin et en sortir habillé de pied en cap, muni de tous les objets nécessaires à un ménage, voire même de jouets d'enfants et de livres. Les Anglais savent faire plus grand : aussi Whateley[1], à la fois le Louvre, le Bon Marché et le Printemps de Londres, a-t-il la réputation de fournir même des cercueils ; un jour qu'à la suite d'un pari on lui avait demandé un éléphant blanc, il le procura, dit-on, juste le temps de le faire venir de Siam. Nos grands magasins n'en sont pas encore arrivés au commerce des éléphants ; ils se contentent de faire celui des chevaux.

Nés d'une transformation économique, les bazars ont à leur tour, par un mouvement de réaction, créé des mœurs qui existaient à peine avant eux. L'art avec lequel les étalages sont disposés, les dessins qui ornent les prospectus stimulent la furie des acheteuses ; elle est portée au paroxysme par d'autres procédés dans lesquels éclate l'art du grand

[1] Plusieurs incendies ont éclaté dans le magasin de Whateley ; on les attribue à la malveillance, aucune compagnie d'assurance n'a-t-elle aussi voulu couvrir ses risques.

détaillant : expositions à toutes les saisons, liquidations pour soldes, mise en vente d'objets neufs qui créent des besoins factices. Les jours d'expositions et de liquidations, l'hystérie de l'achat est portée au paroxysme ; une foule de tout sexe et de toutes conditions se bat aux portes du bazar, se presse dans les galeries, assiège les comptoirs, et une telle vue rappelle les baraques foraines où, après le boniment du pitre, on voit les badauds électrisés s'y précipiter. Ce jour-là, le bon marché atteint des proportions stupéfiantes, les porte-monnaie se vident avec entrain, et on s'excuse de cette prodigalité, en se disant qu'après tout, les objets qui, examinés chez soi avec plus de sang-froid, auront perdu l'attrait brillant de l'étalage, seront rendus. Cette facilité des rendus dont les grands magasins voudraient aujourd'hui se débarrasser, a certainement contribué à leur vogue. En réalité, le bazar déploie un artifice que le magasin de détail n'a jamais pratiqué au même degré. L'acheteuse se met en route pour ne faire qu'une seule acquisition, et elle revient munie d'objets qu'elle n'aurait jamais eu la possibilité de se procurer, sans ces prix provocants et cet entassement de marchandises dans le même local. Le bon marché conduit à la dépense.

De plus, par le renouvellement des costumes féminins à chaque saison, le grand magasin a eu l'art de rendre les exigences de la mode plus impérieuses. Jadis, par exemple, une jeune fille faisait, au moment de son mariage, l'acquisition d'un châle qui se portait pendant toute la vie ; elle le transmettait à ses enfants. Aujourd'hui, le règne du châle est fini ; il a été détrôné par les confections dont la forme varie au caprice intéressé des oracles de la mode.

Une telle influence ne s'exerce pas seulement dans les villes, elle s'étend jusque dans les villages les plus reculés : à la Seo d'Urgel, petite ville des Pyrénées, située sur le versant espagnol, et à laquelle on n'accède qu'à cheval ou à dos de mulet, nous avons trouvé un jour des catalogues du *Printemps*. L'envoi des prospectus illustrés promène les exigences de la mode, surexcite la coquetterie féminine, aiguise le désir de paraître, écueil contre lequel se brise la vertu de tant de jeunes filles, ne pouvant, avec des ressources modestes, y donner pleine satisfaction.

De même que les grandes manufactures, les grands magasins amènent la concentration d'un personnel nombreux des deux sexes, et la promiscuité n'engendre pas là des résultats moins funestes que dans l'industrie. Les jeunes filles sont exposées à de nombreuses tentations ; elles sont soumises à un travail aussi pénible que les ouvrières, et l'année dernière encore, un règlement barbare les condamnait à rester debout, en dépit des accidents qu'il pouvait engendrer.

Une généreuse pétition de femmes du monde a intercédé en leur faveur ; les directeurs des grands magasins leur ont promis satisfaction. Je ne jurerais pas cependant que par-ci par-là quelque inspecteur, entiché de vieux errements, ne leur interdit de s'asseoir. De plus que l'ouvrière de l'industrie qui s'habille comme elle peut, la demoiselle de magasin est astreinte à une mise soignée, sinon coquette ; elle a sans cesse sous les yeux le spectacle tentant de la richesse et du luxe. La famille se constitue aussi difficilement pour elle ou pour le commis que pour les ouvriers. Ni les uns ni les autres ne peuvent en effet espérer parvenir à la position indépendante de chefs de métier. Employés ils sont, employés ils resteront, de même que le rêve du patronat est interdit aux ouvriers. Pour les uns comme pour les autres, la vie de famille existe à peine. Le travail prend le mari le matin ; il le rend à sa famille le soir, à l'heure où le poids du labeur ne lui laisse d'autre préoccupation que le désir impérieux du repos. Le père, et la mère aussi, si elle est employée, deviennent incapables d'élever leurs enfants ; ceux-ci même constituent une gêne.

Il faut l'ajouter, *le Bon Marché* s'est préoccupé du sort de ses employés, il a créé plusieurs institutions en leur faveur, et même il s'est transformé : de maison patronale, il est devenu une maison coopérative, aux mains d'un certain nombre d'employés, investis ainsi de la propriété des instruments de travail. Jusqu'ici cette transformation n'a pas diminué la prospérité de l'établissement. Mais lui et encore plus les autres, pressés de suivre les fluctuations d'une vente capricieuse, ne peuvent assurer à ceux qu'ils emploient le bienfait d'engagements permanents. Un certain nombre d'employés sont congédiés, lorsque la vente se ralentit.

Et pendant ce temps les magasins de détail voient se rétrécir le cercle de leurs opérations. Derrière leurs vitrines parées encore avec art, s'accomplissent des drames poignants. Leurs clients les abandonnent, quelque anciennes que soient les relations qui les unissaient. Rien n'égale du reste la férocité du client. Pour un sou, il se détachera d'un vieux fournisseur : qu'un marchand libre penseur avéré par exemple vende à un peu meilleur compte que son voisin catholique, les coreligionnaires de ce dernier se précipiteront chez l'autre. Gênés par une concurrence toute-puissante, les commerçants, surtout ceux qui habitent les environs des bazars, ne réalisent plus aucun bénéfice : ils ne parviennent même à se maintenir à flot que par des billets indéfiniment renouvelés; le jour où le banquier les leur refuse, ils sautent. Beaucoup, après avoir combattu contre la pauvreté, se lassent de ces années de lutte et d'angoisse; ils ferment ce magasin qu'ils avaient un jour l'intention de transmettre à leur fils, comme nous le disait un marchand de parapluies, voisin du *Bon Marché*. D'autres éclatent en plaintes amères contre les rivaux devant lesquels ils baissent pavillon : ce marchand du faubourg Saint-Germain par exemple qui, dans des prospectus annonçant sa liquidation, lançait l'anathème « au monopole » des grands magasins, cause de sa ruine. En province, le commerce n'a pas moins de peine à se maintenir, surtout le commerce dit de nouveauté. Dans tel chef-lieu de département situé à soixante lieues de Paris, la destinée d'un magasin de ce genre marque bien l'évolution commerciale qui s'est opérée depuis la création des chemins de fer. Il y a plus de vingt-cinq ans, son directeur se retirait enrichi, les bazars n'étaient pas nés; son successeur fit difficilement ses affaires; les bazars commençaient leurs envois en province. Il se retira à temps, mais celui qui lui succéda fut obligé de fermer et de demander un emploi au Louvre; il ne put le céder à personne, la concurrence de plus en plus meurtrière des bazars l'avait tué.

Mais cette évolution ne marque-t-elle pas un progrès économique par le bon marché incontestable dont profite la masse des consommateurs? N'est-ce pas un acheminement vers une meilleure organisation du commerce? Un ancien négociant, fort expérimenté, a contesté ces avantages économiques. Pour lui, le consommateur ne trouve aucun bénéfice à acheter dans les bazars, ils s'approvisionnent aux mêmes sources que leurs concurrents; les uns et les autres supportent des frais généraux aussi élevés. La différence ne porte donc que sur les apparences, et il en cite comme exemple les chemises :

« Autrefois nos ouvriers portaient volontiers des chemises de grosse toile dure et écrue, qui ne s'assouplissait et ne blanchissait qu'après de nombreuses lessives. Aujourd'hui ils trouvent toutes confectionnées, au prix de 3 fr. 75 ou 4 francs, des chemises de coton, bien coupées, bien apprêtées et qui, en apparence, *habillent bien*. Pour les premières, le marchand, qui vendait la toile, prenait un honnête bénéfice; l'ouvrière, qui les confectionnait, avait un salaire équitable. Sur les secondes, il faut, pour arriver à créer un article d'un bon marché stupéfiant, que l'ouvrière accepte un salaire insuffisant et que fabricant et marchand renoncent à tout bénéfice[1]. »

Nous ne contestons pas l'exemple; mais le bon marché n'est souvent qu'une illusion, et nul ne saurait nier cependant que les grands magasins ne vendent des produits d'excellente qualité à des prix très réduits. Comment parviennent-ils à se tirer d'affaires? D'abord par l'extension de leurs opérations; ils peuvent donc se contenter d'un bénéfice plus restreint sur chacune d'elles. Ensuite, comme le disait le négociant que nous venons de citer : « L'art du grand détaillant consiste à faire porter ses bénéfices sur les marchandises qui se vendent sans tapage et qui se vendent sans que l'acheteur y prête attention. »

Enfin, et c'est là un fait qui échappe à l'attention du gros public, les grands magasins ne peuvent vendre à de tels prix qu'en payant moins le fabri-

[1] *Réforme sociale* du 1er avril 1883.

cant. Vendre à très bon marché, rémunérer le travail d'une manière très large, et en même temps réaliser de gros bénéfices, c'est là un problème aussi insoluble que celui de la quadrature du cercle.

Par leur puissance, les grands magasins disposent d'un véritable monopole; ils tiennent donc les manufacturiers, fabricants de draps ou de soieries, fabricants de toiles ou de tissus de coton; ceux-ci sont obligés de subir leurs exigences, au risque de voir leurs produits rester dans leurs fabriques. Ils s'en vengent trop souvent en livrant des produits de moindre qualité. On vit sous le règne de la camelote. « Aujourd'hui notamment on manipule si bien la soie, qu'un kilogramme de cette matière arrive à produire 3 kilogrammes d'étoffe. Les nouveaux procédés de teinture et d'apprêt donnent à un tissu une épaisseur qui fait complète illusion.[1] » Le *Bulletin des soies et soieries* faisait dans son numéro du 16 mars 1887 l'aveu suivant : « Il n'existe plus nulle part de soierie chargée. »

Les femmes ou les orphelinats qui font les travaux de confection pour les grands bazars, travaillent à des prix dérisoires. Une femme, travaillant chez elle depuis le matin jusqu'au soir, s'estimera fort heureuse si, pour prix de ce labeur acharné qui à la longue use ses forces, elle récolte un salaire d'un franc. Dans notre société de lutte et de division, les avantages de l'un ne s'obtiennent qu'au détri-

[1] *La révolution économique* par Jules Domergue, p. 42.

ment de l'autre; le consommateur se réjouit, mais le travailleur souffre. Or, je le crois, la société a un grand intérêt à ne pas voir le travailleur réduit à merci; que les dames paient leurs falbalas quelques francs de plus, ou même les autres quelques sous de plus leurs chemises ou leurs cravates, peu lui importe, elle n'est pas atteinte dans ses forces vives.

Les grands magasins, disons-nous, disposent d'un véritable monopole. En effet puisque le commerce vit sous le régime de la concurrence illimitée, les plus forts s'emparent de la place, et une fois là ils dictent leurs conditions aux autres. Aussi dans chaque genre, les grands magasins sont-ils parvenus à la prééminence. Dans l'épicerie, notre époque prétentieuse dit les produits élémentaires, c'est Potin, dans les objets de ménage, *la Ménagère*, mais le fait est plus marqué dans les nouveautés avec le *Bon Marché*, le *Louvre* et, quelques longueurs derrière, le *Printemps*. Ces magasins ont mis en relief, il importe de l'ajouter, des hommes d'une forte volonté, d'une remarquable intelligence. Les ministres paraissent, ce qu'ils sont du reste, de biens petits personnages pour le talent d'organisation à côté de leurs directeurs, d'un des gérants actuels du *Bon Marché*, M. Plassard, pour ne citer que celui-là.

Cette évolution commerciale ne s'est pas accomplie sans protestations; depuis plusieurs années déjà, bien des projets ont été imaginés afin de lui couper les ailes ; ils se sont heurtés contre les dispositions de l'opinion publique. La mesure qui les atteindrait, disait tout récemment M. Plassard devant la commission de la Chambre des députés, amoindrirait dans la même proportion la situation de milliers d'employés qui méritent autant la sollicitude du législateur que les petits commerçants : ceux-ci tombent en effet victimes d'une transformation économique, comme les diligences devant les chemins de fer, les petits ateliers devant les grandes usines, et le législateur n'a pas la puissance de triompher de la force des choses. Au moins, ajoutent les petits commerçants, devrions-nous combattre à armes égales, et une patente devrait frapper les grands magasins par chaque branche de commerce qu'ils exercent, puisqu'ils ont accaparé tous les genres, portant un égal préjudice à tous les commerçants.

Toutefois, depuis que les doctrines de liberté illimitée ont prévalu dans notre régime économique, la délimitation des commerces n'existe plus. Chacun par conséquent peut en réunir plusieurs, sans que la loi y trouve à redire ; les négociants qui protestent contre les grands magasins accusent un peu tardivement les inconvénients d'un régime qu'ils avaient célébré comme une des précieuses conquêtes de notre époque, tant qu'ils n'y avaient trouvé que des bénéfices. Quant aux charges fiscales dont les menacent leurs adversaires, les bazars se défendent en faisant remarquer que l'égalité est déjà violée à leur détriment. Dans sa déposition devant la commission du budget, M. Honoré, administrateur gérant du *Louvre*, se servant des éléments fournis par les adversaires des grands magasins, a établi que ceux-ci avaient sur leurs bénéfices une charge de 8, 60 p. 100 et les petits une charge de 2 p. 100 seulement. Ce n'était pas là, ajoutait-il, qu'il fallait chercher la cause de leur gêne, mais dans l'encombrement du commerce. Les petits magasins se sont multipliés au delà des besoins réels de la consommation, et la concurrence qui devait amener le bon marché a au contraire amené la cherté, sans que les négociants y aient trouvé leur profit.

Prenons comme exemple deux grands commerces alimentaires, la boulangerie et la boucherie. Les boulangers dont le nombre était jadis limité peuvent maintenant s'établir où et quand ils veulent : le nombre des clients qu'ils servaient a donc diminué, et avec lui le chiffre de leurs affaires. En même temps, l'amour du luxe les a contraints, dans les grandes villes, à couvrir leurs magasins de glaces, de belles tables de marbre, et tout ce clinquant ne leur a pas fait gagner un sou de plus Qui paie les frais de cette installation et de cette dissémination ? Le consommateur. Le boulanger est obligé de maintenir ses prix à un certain taux : il ne s'enrichit pas. Le temps où il devenait bourgeois, après s'être créé une petite fortune, est passé pour lui, et encore plus pour les bouchers.

Ceux-ci achètent bon marché, tandis qu'ils vendent cher[1]; beaucoup d'entre eux cependant se ruinent et sont obligés de liquider à temps pour éviter la faillite. Où va l'argent? Dans les frais généraux. Trop nombreux, chacun d'eux n'a plus qu'une clientèle insuffisante. Il est obligé de maintenir ses prix à un niveau élevé. Ecoutez le consommateur, il se plaint; retournez-vous du côté du boucher, il gémit : l'un et l'autre n'ont pas tort. Il y a donc un vice d'organisation responsable de cette situation, et le premier, comme le signalait M. Honoré, c'est l'encombrement.

Mais en signalant ce fait, celui-ci mettait en cause, peut-être sans s'en douter, quelques-uns des plus grands faits de la société actuelle; les campagnes se dépeuplent au profit des villes dont la population s'accroît sans cesse, et, par suite d'un sot préjugé, un marchand vaut plus qu'un paysan, qu'un ouvrier. Aux yeux de beaucoup, le commerce anoblit en quelque sorte, tandis que le travail manuel vous rejette dans la plèbe obscure; de là cette foule de petits négociants.

Aussi le directeur du Louvre, calculant le taux dont la marchandise est grevée avant de passer

[1] *Le Journal d'Agriculture pratique* du 13 octobre 1887, relate une expérience très intéressante faite par l'administration hospitalière d'Angers. Elle a voulu elle-même acheter sa viande à la foire, et le prix lui en est revenu pour l'année 1887 à 1 fr. 10 « bœuf 1 fr. 05, veau 1 franc, mouton 1 fr. 30 ». Le lycée, tenu au système des adjudications, a payé 1,55, et le public en moyenne 2 francs le kilo.

dans la main du consommateur suivant le magasin auquel il a recours, a-t-il déduit que sur 100 millions de marchandises achetées, les consommateurs peuvent économiser 19 millions par une meilleure organisation commerciale : pour lui, les grands bazars ne sont eux-mêmes qu'une étape intermédiaire dans la voie du progrès.

Quelle sera cette étape? Sous quelle forme une meilleure organisation du commerce se manifestera-t-elle? Les faits répondent à cette question ; ils nous montrent dans les essais de sociétés coopératives le commencement d'une nouvelle évolution commerciale. L'acheteur supprimera le commerçant et prendra pour lui le bénéfice que ce dernier réalise.

L'Angleterre s'avance d'un pas résolu dans cette voie. La graine semée par les fameux pionniers de Rochdale qui ont mis si souvent en verve les économistes, a germé.

Une *Union coopérative* fédérait, au 31 mars 1888, 817 sociétés avec 990,000 affiliés, et, comme les Trades-Unions, elle avait à sa tête un grand conseil exécutif. Au congrès d'Ipswich, tenu au mois de juin 1889, on y a constaté le fonctionnement de 1,500 associations distributives ou productives; le nombre des travailleurs pratiquant la coopération a passé de 200,000 en 1868 à 999,428, soit un million, et le quantum des ventes de 200 millions de francs à 918; le capital, actions, fonds de réserve, dépôts de sociétaires, dépasse 200 millions.

Les sections de l'Union coopérative d'Angleterre

et du pays de Galles ont un centre commun dans la Société coopérative de vente en gros (Wholesale) de Manchester qui, à son tour, se subdivise en deux branches, l'une à Londres, l'autre à Newcastle-on-Tyne. L'Ecosse a commercialement un centre indépendant. Nous ne voulons pas abuser des statistiques qui mettent généralement le lecteur en fuite.

Quelques chiffres donneront cependant une idée des développements du marché en gros et de la puissance commerciale de ces Sociétés. Depuis sa création, jusqu'au 28 mars de cette année, le chiffre total des ventes a été de 1,053,736,425 francs.

Outre ses agences de Londres et de Newcastle, le magasin de gros possède d'autres bureaux à Liverpool, Leeds, Bristol, Goole et Garston, en Angleterre; à Cork, Limerick, Tipperary, Kilmallok, Waterford, Tralee et Armagh, en Irlande, à New-York, en Amérique; et sur le continent d'Europe à Copenhague, à Calais, Rouen et Hambourg. Quatre navires à vapeur lui appartiennent, et de plus sa fortune comprend 2,291,348 francs en terre et 4,237,435 francs en constructions.

Les fonctionnaires ont créé aussi entre eux une Société coopérative qui, comme celles-ci, a fondé un magasin en gros et soustrait par conséquent au commerce plusieurs milliers d'acheteurs. Le mouvement est lancé; l'esprit d'association de nos voisins lui imprimera de plus en plus une vigoureuse impulsion.

A côté de ces opulentes associations, les sociétés coopératives de France font encore petite figure, un peu comme un rentier modeste à côté d'un puissant banquier. Cependant elles seront peut-être un jour en mesure de se mesurer avec leurs voisines d'outre-Manche, si nous en jugeons par la rapidité avec laquelle s'accentuent leurs progrès. Hier les Sociétés de consommation étaient considérées comme une entreprise hardie, quelque peu téméraire. Aujourd'hui elles se multiplient sur tous les points du territoire. Elles prennent même conscience de leur force.

Ce sont d'abord des ouvriers de la grande industrie qui les ont fondées, soit seuls, soit avec l'aide de leurs patrons, par exemple à Anzin, à Commentry, à Trith-Saint-Léger, au Val-des-Bois, à Roubaix, à Saint-Quentin, etc., etc. Des monceaux de chiffres ont été publiés sur chacune de ces Sociétés; ils ne sauraient trouver leur place ici. Un fait donnera une idée des avantages qu'elles procurent à leurs membres.

L'ouvrier roubaisien, membre de l'Association coopérative, se trouve dans la même situation que si on avait relevé son salaire pour trois cents jours de travail environ, de 37 centimes et demi par jour, et cela sans que l'industrie ait été grevée d'une charge nouvelle.

L'achat au comptant est devenu la règle de la plupart de ces sociétés; elles ont par ce moyen réussi à mettre l'ouvrier à l'abri des abus du crédit et des dettes qui, une fois maîtresses d'un homme, ne le lâchent plus : une partie de son salaire est retenue, voilà une famille dans une misère de laquelle elle aura bien de la peine à sortir. Mais l'achat rigoureux au comptant n'est pas toujours possible pour des familles chargées d'enfants, et ceux qui s'indignent, lorsqu'il y est fait quelques dérogations, nous rappellent les gens avisés gourmandant les pauvres de ne pas réaliser d'épargnes. Alors plusieurs fondateurs de Sociétés coopératives ont annexé une banque de prêts qui donne aux acheteurs besogneux le moyen de conserver les bénéfices de la Société.

D'autres se sont formées entre personnes que les liens du travail n'unissaient pas d'une manière aussi étroite, aussi bien à la campagne qu'à la ville, notamment dans l'ouest de la France, dans les Deux-Sèvres, à l'Ile de Ré, à Angoulême, à Ruelle, à Cognac, à Montmoreau, etc., etc.; elles ont abordé un terrain sur lequel le commerce de détail semblait ne redouter aucune invasion, la boulangerie, et sauf quelques embarras au début et quelques échecs, elles ont obtenu un réel succès. A Angoulême par exemple, la boulangerie coopérative possède aujourd'hui des immeubles valant près de 60,000 francs, quatre fours perfectionnés, des bureaux, des magasins d'approvisionnement et de vente, des logements pour la gérance, une salle de conseil, etc., etc. Ces boulangeries ne vendent pas seulement à un cours légèrement inférieur à celui des boulangers, mais elles procurent encore un autre avantage non moins précieux à leurs membres ; elles leur distribuent sous forme de dividendes tous les bénéfices de la Société, de telle sorte qu'elles leur apprennent les bienfaits de l'épargne. En même temps comme elles ne sont pas assujetties au payement d'une patente, elles luttent avec une évidente supériorité contre les boulangers qu'une concurrence aussi redoutable place dans une situation difficile.

Fatigués de subir les exigences des bouchers, les agriculteurs veulent à leur tour entrer en lice. Ils ont créé déjà plusieurs boucheries coopératives dont quelques-unes fonctionnent ; les échecs inhérents à toute entreprise nouvelle ne sauraient les décourager, et l'union des Syndicats agricoles prête un puissant concours aux agriculteurs auxquels de dures leçons ont appris les bienfaits de l'association.

D'un autre côté encore vient une nouvelle menace pour le commerce de détail ; une vaste association coopérative a été récemment organisée pour les employés du ministère de la guerre, et pour tous les officiers.

Toutefois si utile que paraisse ce but, il paraît bien mesquin à un groupe de partisans déterminés des sociétés de consommation. Transformer le commerce, garder pour soi les bénéfices que prélèvent les commerçants, se constituer des pensions de retraite avec ces économies inespérées, question de boutique. Combien ne vaut-il pas mieux faire de la société coopérative de consommation, à la fois la préface et l'agent d'une transformation de toute la société?

M. Gide, esprit original, écrivain incisif, s'est fait l'apôtre de cette conception du rôle des sociétés coopératives. Plein de tendresse pour les consommateurs et de commisération pour les duretés du sort qui les oblige à subir les exigences des marchands, il veut que désormais les premiers soient tout. Mais ils ne sauront acquérir cette forte situation qu'en multipliant de puissantes sociétés coopératives de consommation. Une fois en possession de cet instrument, ils feront disparaître les vieilleries économiques, telles que la propriété individuelle.

Le plan de campagne, d'après le savant professeur, comprend trois étapes :

« Se réunir entre elles, faire masse, prélever sur leurs bénéfices le plus possible pour fonder de grands magasins de gros et opérer les achats sur une grande échelle, voilà la première étape.

« Continuer à constituer, par des prélèvements sur les bénéfices, des capitaux considérables et avec ces capitaux se mettre à l'œuvre pour produire directement et pour leur propre compte tout ce qui est nécessaire à leurs besoins en créant boulangeries, meuneries, manufactures de draps et de vêtements confectionnés, fabriques de chaussures, de chapeaux, de savon, de biscuit, de papier, voilà la seconde étape.

« Enfin, dans un avenir plus ou moins éloigné, acquérir des domaines et des fermes, et produire directement sur leurs terres le blé, le vin, l'huile, la viande, le lait, le beurre, les volailles, les œufs, les légumes, les fruits, les fleurs qui constituent la base de toute consommation, voilà la dernière étape. »

Le programme, on le voit, ne manque pas de grandeur. C'est la transformation économique de toute la Société, c'est l'anéantissement de la propriété individuelle faisant place désormais à la propriété collective. D'après les auteurs de ce plan, tous les maux qui naissent aujourd'hui d'une guerre économique acharnée s'évanouiraient.

Jusqu'ici aucun fait ne nous autorise à croire que les sociétés coopératives semblent d'humeur à jouer ce rôle fort séduisant sur le papier; les transformations économiques de l'avenir laissent froids la plupart de leurs membres. Avant de faire disparaître la propriété individuelle, ils veulent d'abord, avec les bénéfices de leurs Sociétés, augmenter la leur.

Bref, de tous les côtés, le commerce de détail voit se dresser devant lui des ennemis. Les grands magasins lui enlèvent la clientèle aisée, les sociétés coopératives la clientèle ouvrière. Il ne se laisse pas cependant égorger sans résistance. Dans certaines villes, il forme des associations contre les grands magasins; les coiffeurs de Paris notamment se voyant enlever la vente de la parfumerie, ont créé une société comptant près de six cents adhérents, soit le tiers des coiffeurs de la Seine, pour acheter les marchandises en aussi grande quantité que les grands magasins et bénéficier, par conséquent, du même rabais. Les fondateurs de cette société, appelée Cercle syndical patronal des coiffeurs de la Seine, veulent grouper tous les coiffeurs en une vaste fédération : Troyes, Reims, Lille, Nantes, Clermont-Ferrand, Tours, Bordeaux, Toulouse, Amiens et Rouen ont déjà donné leur adhésion. Le commerce de détail demande encore au législateur des augmentations de patente contre ses adversaires, ou l'assujettissement à la patente de ces magasins dans toutes les villes où ils ont un représentant, comme dans la banlieue de Paris. Toujours reclamées, il est vrai, ces mesures sont toujours ajournées.

Des plaintes ont été adressées au ministre contre les sociétés coopératives. Mais nous ne savons par quel hasard, elles ont eu pour fondateurs, sauf dans les usines, des républicains plutôt que des conservateurs, quoique le petit commerce se compose en grande partie de fidèles de la République opportuniste ou radicale. Elles ont presque exclusivement pour clients des ouvriers. Cela les préservera des atteintes du législateur qui se contentera sans doute du rôle de témoin devant l'évolution commerciale en train de s'accomplir, avec la faveur d'une grande partie du public, mais au prix de réelles souffrances pour certains négociants.

CHAPITRE IV

L'ENNEMI DU TRAVAIL. — L'AGIOTAGE

L'agiotage dans le passé. — Sa condamnation doctrinale. — Les derniers arrêts rendus contre lui à la veille de la Révolution. — Sa pleine liberté aujourd'hui. — Les grandes sociétés financières. — Richesses fictives. — Absorption de la fortune publique. — La terre et l'argent. — Les accaparements. — Les marchés à terme. — Les spéculations sur les sucres. — La réaction contre l'agiotage.

L'ennemi du travail, c'est-à-dire l'agiotage, le gain réalisé sans labeur, lève hardiment la tête. Aucune barrière n'arrête plus ses agissements. Pendant longtemps les doctrines sévères de l'Eglise sur l'usure, universellement acceptées, l'avaient contenu. L'argent, disait cette doctrine, ne peut être assimilé à une autre marchandise. Improductif par lui-même, il ne vaut que par son détenteur; par conséquent, celui qui prête et stipule un intérêt fait un contrat dont tous les avantages seront pour lui, puisqu'il réalisera un bénéfice sans aucun labeur. L'Eglise n'envisageait pas seulement la question au point de vue doctrinal, elle avait prévu les désastres économiques qu'engendrerait le libre commerce des métaux précieux. Innocent IV notamment justifiait la défense de l'usure par les raisons suivantes : « On défend l'usure d'une manière générale, parce que s'il était permis de la recevoir, on verrait en dériver des maux de tout genre. Les hommes ne cultiveraient plus la terre, excepté quand ils ne pourraient plus faire autrement, et de là résulterait une disette si grande que les pauvres mourraient de faim. »

Telle fut la doctrine de tout le moyen âge, elle barrait le chemin à l'agiotage. Mais au XVIe siècle, elle reçut un rude coup aussi bien des circonstances que des nouvelles idées répandues. La découverte de l'Amérique imprimait une vigoureuse impulsion au mouvement commercial, en même temps que la Réforme, semant l'esprit de nouveauté et de révolte, ébranlait l'enseignement traditionnel. Aussi Calvin, devinant sans doute l'heureux parti que le protestantisme allait retirer de la possession des richesses mobilières, s'était-il prononcé contre l'interdiction du prêt à intérêt. L'usure en outre ne se présentait plus sous la forme hideuse d'un prêteur rançonnant un malheureux plongé dans le dénûment, du prêteur à la petite semaine en un mot ; mais c'étaient de grandes affaires qui ne pouvaient s'entreprendre sans les capitaux auxquels il était nécessaire, affirmait-on, de donner une rémunération. L'interdiction du prêt à intérêt paraissait leur constituer un obstacle insurmontable. Pleins de respect encore pour la parole de l'Eglise, les catholiques n'osaient pas renverser le principe. L'esprit subtil des théologiens leur fournit un moyen de le tourner au moyen des titres externes. C'était ouvrir la porte en ayant l'air de la fermer. Le principe était sauvé; mais les exceptions admises le rendaient inapplicable dans la plupart des cas, sinon dans tous.

La doctrine cependant n'était pas morte tout entière; elle avait gravé dans les esprits une profonde répugnance pour la spéculation, le gain sans travail. Lorsque l'agiotage fit une bruyante et soudaine irruption avec le système de Law, il souleva une énergique réprobation dans les rangs du clergé. Malgré la force du courant, plusieurs curés n'hésitèrent pas à stigmatiser du haut de la chaire la puissance nouvelle qui se levait. Au moment où le système atteignait son apogée, une grande réunion d'ecclésiastiques et de savants théologiens se tint chez l'évêque de Boulogne à ce sujet; elle fut unanime à se prononcer non seulement contre l'agiotage, mais encore contre le commerce des actions.

Dans la lutte qu'elle avait entreprise, l'Église avait trouvé un utile appui auprès des Parlements et des grands jurisconsultes, notamment de Domat au XVIIe siècle et au siècle suivant de Pothier et de d'Aguesseau. La magistrature avait alors horreur de l'agiotage; aujourd'hui son humeur s'est adoucie, elle malmène le pauvre qui vole un pain, mais elle est pleine de tendresses pour le spéculateur qui dérobe des millions.

L'œuvre la plus forte qu'inspira le système fut

le *Mémoire sur le Commerce des actions*, par d'Aguesseau, une des belles figures parlementaires de l'ancien régime[1]. Ce mémoire ne se recommande pas seulement par la fermeté austère des principes, mais encore par la précision avec laquelle le vieux chancelier dépeint les effets de l'agiotage. Reprenant la thèse de saint Thomas, il pose ce principe :

« La convenance personnelle qui dépend non de la chose en elle-même, mais de la situation où se trouve l'acheteur, ne vient pas du vendeur ni de sa marchandise; elle vient uniquement de la part de l'acheteur, et par conséquent le vendeur, à qui elle n'appartient pas, ne saurait la mettre à prix, parce qu'il ne peut vendre ce qui n'est pas à lui. »

Il ajoute encore ces paroles, condamnation sévère de tous les jeux de bourse : « La folie des hommes ou un désir aveugle et insensé de s'enrichir n'est pas une cause qui puisse être le fondement d'un engagement légitime. C'est participer à l'agiotage d'autrui que d'en recueillir le fruit. Il n'y a donc pas de juste profit, en profitant de l'artifice ou de l'injustice d'autrui. Le haut prix des actions ne saurait être exempt d'injustice, et quiconque les vend à ce prix est injuste. » S'ils étaient rappelés aujourd'hui, de tels principes effaroucheraient peut-être plus d'une conscience qui croit gagner le ciel

[1] Nous avons donné une analyse complète de ce mémoire presque ignoré dans l'*Association catholique* du 15 mars 1886.

tout en spéculant sans vergogne. Avec eux, tout le commerce des actions s'écroule.

D'Aguesseau ne se confine pas sur le terrain des purs principes où l'esprit risque peut-être de perdre pied. Il décrit les résultats de la thèse opposée comme si une longue observation lui eût appris à les connaître. L'agiotage, représente-t-il, exerce sur tous les esprits une tentation quasi irrésistible ; il crée une classe funeste, « les agioteurs n'étant que des gens oisifs, riches pour eux-mêmes et stériles pour l'Etat ou plutôt véritablement nuisibles à la société où ils ne servent plus qu'à faire enchérir à l'excès les fruits de la nature et les ouvrages de l'art, et c'est commettre une imprudence de la part du pouvoir que d'introduire un nouveau genre d'industrie qui, sans peine, sans travail, sans application laborieuse, donne plus de richesses en un moment que les voies naturelles et ordinaires n'en donneraient en une année, et souvent même en un siècle. » Bouleversement des fortunes, progrès du luxe, augmentation du coût de la vie, démoralisation, tels sont les résultats de l'agiotage. Ces lignes datent de plus d'un siècle, le spectacle des événements contemporains semble les avoir dictées. Elles prouvent quelle trempe l'ancienne éducation, et aussi une forte tradition, donnaient aux esprits ; avec notre attirail pédagogique, nous avons l'esprit moins sain.

Malgré la perturbation qu'il avait jetée dans la société, le système de Law n'en avait pas ébranlé les couches profondes. Après lui, l'agiotage sommeille, mais peu à peu il cherche à sortir de sa léthargie. On a dit que les dernières années de l'ancien régime offrirent sous ce rapport un spectacle analogue à celui qui s'étale sous nos yeux. Non certes, car les communications plus difficiles ne permettaient pas comme aujourd'hui le drainage de l'argent; le bas de laine constituait son refuge habituel, en outre il n'existait pas de grandes sociétés financières dont nous allons voir tout à l'heure le rôle prépondérant. La propriété foncière, la famille plus stables opposaient une barrière à la force de l'agiotage. Enfin la royauté qui s'était un instant laissé séduire par les promesses éblouissantes de Law, était vite revenue à ses anciennes traditions.

Sous le règne de Louis XVI, à la veille même de la Révolution, elle se préoccupe de mettre un frein aux agissements de l'agiotage : « Il met au hasard, dit un arrêt du Conseil royal, les fortunes de ceux qui ont l'imprudence de s'y livrer, détourne les capitaux de placements plus utiles et plus favorables à l'industrie nationale, excite la cupidité à poursuivre des gains immodérés et suspects, substitue un trafic illicite aux négociations permises. » Afin de le prévenir, l'arrêt déclare nuls tous les marchés qui n'entraîneront pas livraison ou dépôt réel d'iceux. Une amende de 2,400 livres frappera ceux qui contreviendraient à ses dispositions.

Peu de temps après nouvel arrêt qui ajoute aux

prohibitions précédentes celle de faire à l'avenir aucun marché d'effets ayant cours à la Bourse dont la livraison se trouverait différée au delà d'un terme fixé d'après ce qui s'observe dans les plus grandes places de commerce des pays étrangers, c'est-à-dire au delà de deux mois. De plus, les marchés devront être revêtus de la signature de l'agent de change à peine de nullité et d'interdiction.

Le flot de la spéculation montait en même temps que celui des idées nouvelles. Mais le pouvoir ne se décourage pas. Le 24 juillet 1787, il rend encore un arrêt.

Entre autres dispositions, cet arrêt interdit aux journaux et papiers publics de publier le cours des effets. Le même condamne les agioteurs « aux remords, à la honte et aux malheurs qu'entraînent tôt ou tard des spéculations auxquelles une extrême avidité ne permet pas de mettre des limites. » Aujourd'hui les agioteurs ne sont guère abandonnés qu'à leurs remords. Cette peine n'en décourage aucun. Y en a-t-il même qui en éprouvent? On retrouve dans cet arrêt comme un dernier écho des condamnations sévères portées pendant tant de siècles contre l'usure. Mais la Révolution allait porter à la tradition un coup encore plus grave que la Réforme. Les dernières barrières qui arrêtaient l'agiotage étaient brisées.

Aujourd'hui il est déchaîné, rien ne le contient. Qui arrêterait ses coupables agissements? La condamnation morale prononcée contre le principe qui l'inspire. L'Eglise s'est tue depuis de longues années; devant les transformations économiques, elle tolère ce qu'elle condamnait autrefois, et dans l'administration de leurs Etats, les Souverains Pontifes, tout comme les autres gouvernements, ont eu recours à des placements, à des emprunts; les congrégations ont fait de même; leur exemple apaise tout scrupule de conscience chez les catholiques. Les économistes qui attaquent le principe même de l'intérêt ne peuvent donc que se placer sur le terrain social.

La loi? L'agiotage sait passer à travers ses mailles peu serrées ou la bienveillance des magistrats adoucit pour lui les peines, si peu sévère que le législateur se soit montré. Il ne tombe sous le coup de la loi que lorsqu'il échoue dans ses entreprises, et encore! Réussit-il par les procédés les plus coupables à entasser millions sur millions, la justice le salue avec respect. Par exemple, dans l'affaire de l'accaparement des cuivres qui a amené la chute du *Comptoir d'escompte*, et avec lui la ruine de tant de pauvres gens, on n'a poursuivi que les administrateurs témoins de la défaite; ceux qui, s'étant retirés à temps, avaient encaissé les bénéfices, ont été respectés. Il fallait, il est vrai, sauvegarder M. de Rothschild. La République ne saurait se brouiller avec ceux qui la font vivre, comme les jeunes gens avec les usuriers qui subventionnent leurs prodigalités.

La considération? Aux yeux du monde, ce n'est

pas le crime qui fait la honte, mais l'échafaud. Une cohue brillante se pressera dans les salons d'un voleur qui aura soutiré des millions à de malheureux actionnaires, aura pratiqué à coup de fausses nouvelles des spéculations désastreuses pour des industriels. Vient-il à se ruiner, on jette la pierre à ce pelé, à ce galeux, tout ce beau monde lui dit : Raca.

L'impôt? Encore moins. Le fisc, à l'humeur si âpre, le respecte; le spéculateur peut réaliser les gains les plus scandaleux, sans tomber sous ses coups. « L'homme qui travaille, disait M. Keller, dans un discours fortement pensé, prononcé l'année dernière à la clôture de l'Assemblée des catholiques, agriculteur, industriel ou commerçant, est accablé de charges, de risques et d'impôts. L'agioteur a tous les privilèges, toutes les immunités et il n'y a point de bornes aux bénéfices scandaleux qu'il se procure. Néanmoins quand il s'agit d'impôts sur le revenu, c'est toujours sur le rentier, très digne d'intérêt, qu'on prétend faire retomber le fardeau. »

Aussi l'agiotage s'en donne-t-il à cœur joie; le travail ne connaît pas d'ennemi plus dangereux en dépit des naïves déclamations qui se débitent autour de nous; les jeux de Bourse, pratiqués sur une plus vaste échelle qu'ils ne l'ont jamais été, les marchés où l'un vend ce qu'il n'a pas et où l'autre achète ce qu'il ne peut se procurer, tout cela, disent les habiles ou les badauds, c'est la prospérité, c'est la richesse — oui la richesse de quelques-uns.

Le développement de la finance porte d'abord au travail un coup indirect. Elle tire de lui les capitaux. Par la publicité dont elles disposent, par l'appui intéressé qu'elles trouvent dans la presse, par la création des journaux financiers à prix très réduit et qui pénètrent partout, par les prospectus alléchants qu'elles répandent, les sociétés financières arrivent à détenir une part importante de la fortune publique. Nous empruntons le calcul de cette part au *Journal des économistes*[1], où se chantent dans tous les numéros des hymnes à la Bourse. La statistique remonte, il est vrai, à 1881, nous ignorons si depuis le même calcul a été fait ; elle trouvait alors pour 44 sociétés françaises et pour 7 sociétés étrangères installées à Paris un capital nominal de deux milliards et demi, représentant un versement de 1,206 millions dont 962 pour les sociétés françaises et 244 pour les sociétés étrangères. Puis supputant les sommes qu'elles possédaient à titre de dépôts, l'auteur de l'article arrivait à un chiffre d'un milliard, ce qui porterait donc à plus de deux milliards l'énorme capital enlevé au pays, à l'agriculture, à l'industrie, à toutes les affaires modestes, mais faites au grand jour. Le krach a fait disparaître plusieurs de ces sociétés, mais les autres, débarrassées de cette concurrence, n'en sont devenues que plus fortes, et d'un autre côté l'avilissement de la propriété rurale dit assez haut que les capitaux se détournent de la terre.

[1] *Journal des Économistes*, 4e série, t. XIV, nº de juin 1881.

Les sociétés ne peuvent trouver un emploi régulier d'une telle masse d'argent; sans agiotage, elles ne vivraient pas, et surtout au moment où se produit une baisse de l'intérêt. Agiotage d'abord à la Bourse sur les valeurs mobilières, sur leurs propres actions; elles déterminent par là un puissant courant qui, comme un fleuve impétueux, finit par entraîner tous les capitalistes; agiotage ensuite sur les valeurs immobilières. Elles se ruent sur les constructions de maisons, et elles modifient violemment par là les conditions du travail; les ouvriers, attirés par la perspective de hauts salaires, s'agglomèrent dans une ville; puis le travail cesse peu à peu, et ils ne sauront plus retrouver le chemin du village, ni de la petite ville qu'ils ont abandonnés.

Cela ne suffit pas encore à l'activité des sociétés financières; elles recherchent les affaires étrangères, d'où exportation des capitaux, et comme conséquence, affaiblissement de la fortune nationale, souvent au profit de nos ennemis. De grands établissements de crédit portent même des noms étrangers pour mieux affirmer leur caractère cosmopolite, Banque Franco-Egyptienne, Banque Ottomane, Banque de Paris et des Pays-Bas. Que de millions français jetés et quelquefois engloutis, en Italie, en Honduras, au Mexique et maintenant à Panama!

Mais tous les admirateurs de l'évolution qui s'est accomplie au pas accéléré depuis un demi-siècle surtout, tracent des tableaux flatteurs pour notre amour-propre de l'accroissement de l'influence française due à cette exportation de notre or, et même avant 1870, il s'y joignait d'attendrissantes tirades sur la fraternité des peuples due à ce généreux échange de métal. Hélas! que sont devenues ces rêveries peu innocentes, puisqu'elles aboutissaient à railer notre richesse. Les peuples ont soigneusement gardé ce que nous leur avons donné; mais notre influence ne s'en est pas accrue, elle a suivi le sort de notre fortune militaire, et dans les pays même où nous avons prodigué nos capitaux, le commerce français n'a pas maintenu la place qu'il occupait autrefois. En revanche, l'internationalisme financier, développé par les fils d'Israël, a accru encore leur puissance, elle s'est naturellement implantée dans un état social qui laisse à l'agiotage les ailes libres; ils en retirent tout le profit.

Et de tous ces capitaux détournés du travail, que reste-t-il souvent? Rien. Cette fortune d'apparence colossale représente une valeur fictive. Les contes de fées revivent parmi nous, nous sommes dans un palais enchanté, où comme les fumeurs d'opium, nous nous laissons bercer par les rêves les plus séduisants. L'or ruisselle devant nos yeux éblouis, nous bâtissons châteaux et palais, nous voyons notre bourse se gonfler, et tout à coup le réveil arrive. Au lieu du brillant métal, qu'avons-nous entre les mains? Du papier. Le Comptoir d'escompte passait pour la société la plus solide de Paris, c'était, suivant l'argot financier, un placement de tout repos; ses actionnaires n'ont plus entre les mains que du papier. Le Panama avait excité un enthousiasme auquel se mêlait un chauvinisme monétaire; un milliard cinq cents millions, c'est-à-dire une somme supérieure aux intérêts de la dette énorme qui pèse sur la France, y a été englouti. Que possèdent ses souscripteurs? Du papier.

Mais enfin, il y a eu de l'argent versé, des louis, des pièces de cinq francs, l'or ne s'est pas envolé en fumée, des doigts crochus ont su le retenir. Un jour nous nous entretenions avec des ouvriers fort irrités d'avoir perdu l'ouvrage que leur procurait une forge de fer au bois désormais éteinte; on leur expliquait que cette industrie ne pouvait plus supporter la concurrence des forges au charbon, et on leur donnait même quelques détails sur la crise économique, sur la raréfaction de l'argent. « Cet argent, disaient-ils, où va-t-il? Les pièces de cent sous ne se perdent cependant pas; qui les ramasse? » — Quelques spéculateurs gros et avisés. Dans l'affaire des cuivres, plusieurs se sont ruinés, mais ceux qui ont su se retirer à temps, ont réalisé d'immenses bénéfices. Ils ont pompé les épargnes de milliers de familles, et dans leurs poches, le gain acquis d'une manière malhonnête ne va pas stimuler le travail; il alimente de nouvelles spéculations. Aussi M. Keller, dans le discours dont nous avons déja cité quelques extraits, était-il autorisé à prononcer ces paroles trop vraies :

« Que du moins le gouvernement protège la sainte liberté de l'épargne, et, quand un ouvrier, à la sueur de son front, est parvenu à économiser 500 francs, 1,000 francs, qu'il sache où les placer. Ah ! l'embarras est grand aujourd'hui, et l'on se demande, dans notre grand pays de France, où sont les affaires honnêtement conduites ; et, quand on voit les princes de la finance acheter à la fois le concours de tous les journaux pour faire chanter leurs louanges, celui des puissants du jour pour s'assurer l'impunité, puis attirer à eux des centaines de millions pour les précipiter dans un gouffre dont on ne voit pas le fond ; quand on voit des centaines d'émissaires qui parcourent librement les campagnes pour y colporter des valeurs sans nom, quand on voit le patrimoine du petit, de l'ouvrier, du domestique, du modeste employé devenir la proie de ces flibustiers, on comprend qu'ils reculent devant les sacrifices qu'impose l'économie, car ils se demandent ce que deviendra leur argent. »

D'une manière générale, l'agiotage coûte au travail, et même le développement de la fortune mobilière a contribué à détourner de l'agriculture beaucoup de propriétaires. Combien leur paraît-il plus aisé de détacher un coupon tous les trois mois que de diriger une exploitation agricole où ils auront à lutter contre toutes les difficultés avec lesquelles la propriété rurale se trouve aux prises, et de plus, s'ils ont souci de leur devoir, à soutenir ceux qu'ils emploient ! Avec les placements mobiliers, ils n'ont pas à s'inquiéter d'autrui; ils vivent sur eux-mêmes. Que deviennent les autres? Peu leur importe. Chacun pour soi. En outre, la création de nombreuses sociétés augmente dans une large proportion les emplois bureaucratiques; ils offrent de multiples tentations aux ruraux qui aspirent à devenir des citadins.

Notre grand roi Henri IV, avec une clairvoyance merveilleuse, avait prédit ces conséquences du développement de la finance dès le commencement du XVIIe siècle :

« Nous avons reconnu, au doigt et à l'œil, disait-il dans un édit de juillet 1601, par lequel il réduisait le taux des rentes au denier seize, que les rentes constituées au denier dix et douze ont esté en partie cause, tant de la ruine de plusieurs bonnes et anciennes familles, soit pour avoir été accablées d'intérêt et souffert la vente de tous leurs biens, à personnes trouvées insolvables, qu'empêché le trafic et le commerce de la marchandise qui, auparavant, avait plus de vogue en nostre royaume qu'en aucun autre de l'Europe, et fait négliger l'agriculture et manufacture, aymans mieux, plusieurs de nos sujets, sous la facilité d'un gain à la fois trompeur, vivre de leur rente en oisiveté parmy les villes, qu'employer leur industrie avec quelque peine aux arts libéraux, ou à cultiver et approprier leurs héritages; ce qui pourrait, à la longue, occasionner quelques renoncements en cet Estat monarchique, que les usures et grandes dettes ont fait par le passé en plusieurs Républiques. »

Je ne sache pas non plus que l'agriculture ait eu à se louer du Crédit agricole organisé par de puissantes sociétés financières, telles que le Crédit foncier. Il avait été créé pour diminuer la dette hypothécaire de la France, il l'a au contraire accru. Son taux d'emprunt avait été calculé, disait-on, sur une base très légère ; erreur ! son taux usuraire lui fait aspirer le suc de la terre. Tout propriétaire rural qui, sans disposer d'un grand revenu, emprunte au Crédit foncier, arrive presque sûrement à se ruiner, et cela parce qu'avec un revenu variable il doit acquitter une redevance fixe. Aussi le Crédit foncier est-il devenu propriétaire de nombreux immeubles dont il se trouve fort embarrassé. Nous commençons à comprendre pourquoi tant de constitutions sociales se sont préoccupées de mettre la terre à l'abri des abus du crédit ; si on la lui livre, ils la dévorent.

Sur le terrain industriel comme sur le terrain du commerce, les agioteurs ont eu plus beau jeu encore avec les accaparements et les marchés à terme fantastiques. L'industriel et le commerçant sentent tout à coup leur situation modifiée ; ils ne peuvent pas plus se défendre contre cet ennemi invisible et subit qu'un passant contre une pierre qui lui tomberait du ciel. Nous ne reviendrons pas sur l'affaire des cuivres, le type le plus complet de la spéculation à notre époque. Proportions gigantesques et folles de l'accaparement médité, spoliation d'actionnaires trahis par leur Conseil d'administration, hausse d'une matière première employée dans l'industrie, gêne de celle-ci, coup opéré sur les actions qui, lancées à 800 francs, tombent à 0, quasi-impunité de ceux qui ont exécuté ce brigandage, rien ne manque au tableau, et par une coïncidence heureuse, la scène s'est produite l'année du centenaire de 1789; c'était une véritable leçon de choses sur les conséquences des doctrines économiques proclamées il y a un siècle.

D'autres opérations du même genre s'accomplissent avec moins de fracas, et aussi plus de profit pour leurs auteurs, par exemple l'accaparement des laines opéré par une grande banque juive. En une semaine la laine augmenta de plus de 1 franc par kilo [1]; les industriels éprouvèrent une gêne fort dure, et la répercussion se fit sans doute sentir sur les ouvriers. « Le bénéfice ainsi réalisé fut immense; quelques dépêches télégraphiques expédiées dans les deux hémisphères, avaient suffi à le réaliser. » Un autre jour le caprice des agioteurs se porta sur le blé. Quelques armateurs du Havre, raconte-t-on, ont dû renoncer à faire des transports de blé d'Amérique en France parce qu'un spécula-

[1] Prix de la laine avant l'opération : Prix après l'opération :

La Plata....	4 fr. 25 le kilo.	5 fr. 50 le kilog.
France......	4 fr. 50 —	5 fr. 25 —
Australie....	5 fr. 25 —	6 fr. 50 —

Association catholique du 15 janvier 1889. *Le Commerce*, par M. Milcent.

teur juif, aussi connu sur le turf de Longchamps[1] que sur celui de la Bourse, prétendit accaparer ce genre de commerce. Il leur faisait éprouver des pertes considérables en provoquant la baisse à l'arrivée des navires. Un autre syndicat se forma pour accaparer le blé; une suspension momentanée du droit de 3 francs devait lui permettre de lancer son blé à bon compte et de le vendre à haut prix.

L'industriel, et avec lui l'ouvrier, car ce qui frappe le premier atteint aussi le second, n'est pas seulement victime de ces agissements éhontés de la spéculation, mais le consommateur doit aussi payer un lourd tribut à ces bandes de malandrins dorés sur toutes les coutures. M. Jules Domergue a signalé dans un livre nourri de faits, la *Révolution économique*, les spéculations opérées par les raffineurs sur les sucres; sa qualité de secrétaire du Syndicat des sucres lui donne une compétence exceptionnelle.

« Au mois d'octobre 1889, écrit-il, la fabrication est partout commencée, et la spéculation a déjà dressé ses batteries. Elle a fait annoncer par les statisticiens à sa solde une récolte de betteraves surabondante : on ne saura que faire du sucre produit! La raffinerie, après avoir ainsi préparé son terrain, déclare aujourd'hui à la fabrication

[1] Il est à remarquer que les grandes écuries de courses tendent de plus en plus à devenir la propriété des grands financiers juifs ou autres.

qu'elle ne peut lui payer le brut que 29 francs le roux 88, et 32 fr. 65 le blanc n° 3. Le sucre en pain, qu'elle extrait de ces deux sortes de sucre brut, lui reviendra donc, impôts et frais de raffinage compris, à 93 francs les 100 kilos. Or, à combien nous le vend-elle à nous, consommateurs? Pas à moins de 108 fr. 80. Le bénéfice du raffineur est donc de près de 15 francs par 100 kilos, alors que le producteur-fabricant qui a payé sa betterave de 30 à 35 francs lui a sûrement vendu à perte sa matière première.

« Ainsi donc, à supposer que l'année 1889-90 soit réellement, comme on l'annonce, une année d'abondance pour la betterave, elle devrait être une année de bon marché pour le consommateur et de bon profit pour le producteur. La logique des économistes veut qu'il en soit ainsi. Eh bien! dans la pratique, c'est tout le contraire qui arrive. Cette année d'abondance devient une année de cherté pour le consommateur. Par contre, l'intermédiaire, le spéculateur, font de gros bénéfices[1]. »

Les fabricants de sucre, si malmenés par les raffineurs, ne sont pas autre chose que des agriculteurs. Ils extraient le sucre des betteraves qu'ils possèdent, en même temps qu'ils en achètent à d'autres agriculteurs, et dans les départements du Nord, cette culture industrielle constitue une précieuse ressource pour la terre si éprouvée. C'est

[1] La *Révolution économique*, p. 300.

donc sur celle-ci que retombent les agissements des spéculateurs.

Entre tous les flibustiers de l'agiotage, les raffineurs méritent du reste une mention spéciale. Formant un groupe petit par le nombre, mais puissant par les millions dont ils disposent, ils tiennent fortement le terrain qu'ils exploitent. Gare à l'imprudent assez hardi pour s'y aventurer, il aurait le sort des brigands qui osent opérer dans un territoire réservé à une bande, la ruine lui ferait expier une telle audace. Les raffineurs parisiens, unis comme larrons en foire, ont à peine permis aux raffineries de province de vivre. Celles-ci ne le peuvent qu'en vendant exactement au même prix. Voudraient-elles s'émanciper de ce joug, qu'aussitôt les raffineurs parisiens jetteraient sur le marché une masse de marchandises vendues au-dessous du cours; ils écraseraient leurs concurrents qui devraient, pour vivre promettre d'être désormais bien sages. Deux traits complètent le tableau. Les ouvriers des raffineries parisiennes comptent parmi les plus désorganisés. Une loi a soumis les raffineries à l'exercice; le gouvernement s'est toujours bien gardé de la faire exécuter.

Les autres denrées de grande consommation n'échappent pas non plus à une spéculation qui provoque la fluctuation des cours.

Voici par exemple le tableau des opérations faites sur les cafés en 1887; « il en résulte qu'il a été négocié dans les bourses à terme :

Au Havre et à New-York. . . .	45,185,000 balles.
A Hambourg.	7,133,000 —
A Anvers	478,000 —
Soit au total.	52,795,000 balles.

Comme la production totale du café sur la terre s'élève en moyenne à 10 millions de balles par année, la spéculation a vendu cinq fois plus de café qu'il n'en existe. Donc les 4/5 des transactions commerciales ont été des transactions fictives.

Si on calcule d'autre part les sommes sur lesquelles il a fallu opérer pour négocier 52 millions de balles de café qui font environ 3 milliards de kilos, on arrive à la somme de 6 milliards 500 millions de francs. En comptant à 1 1/2 les provisions d'achat et de vente, les spéculateurs ont payé aux commissionnaires environ 100 millions. Cette somme énorme est retombée en définitive sur les consommateurs qui sont en fin de compte les véritables acheteurs et pour lesquels les prix ne sont plus en rapport avec la valeur réelle des marchandises[1]. »

Des spéculations non moins folles ont été tentées sur les warrants des marchandises déposées dans les docks. Escomptant un accaparement à venir, les agioteurs jouent sur des quantités fictives. On achète la production pour un an, pour deux ans, on conclut un marché à terme que l'on cède aussitôt et qui passe de mains en mains, jusqu'à ce qu'un

[1] *Association catholique* du 15 janvier 1889. Article cité.

jour la corde tendue à l'excès se casse. Le dernier spéculateur se ruine peut-être, mais les autres ont eu un sort plus heureux, les conditions du travail et du commerce ont été bouleversées, conséquence finale, l'enchérissement des produits nécessaires à la vie. Un économiste, M. André Cochut, a mis ce point en lumière dans un remarquable article qu'a publié *la Revue des Deux-Mondes*, certes peu suspecte de socialisme : « Si les affaires sont creuses et stériles, dit-il, si les revenus qu'elles créent fictivement n'apportent aucun contingent à la somme des produits échangeables, les prix s'élèvent dans la mesure où les revenus de création nouvelle développent les pouvoirs d'achat[1]. » Le même auteur dans la même Revue, signalait encore la liberté illimitée du commerce des métaux précieux, comme une des plus grandes causes de perturbation économique.

La domination abusive de l'agiotage sur le travail commence à être dénoncée par les esprits les plus divers. « Aujourd'hui, écrit M. G. de Laveleye, dans le *Moniteur des Intérêts matériels*, le capital monopolise la production et prétend la régler en même temps ; il devient acheteur et vendeur général et fixe les prix que la consommation doit payer, tout comme il dicte sa volonté aux producteurs. »

Les chambres de commerce anglaises ont protesté contre les scandaleux agissements de la spéculation ;

[1] *Revue des Deux-Mondes* du 1er décembre 1883.

l'année dernière, au vingt-neuvième congrès annuel de leur association sur la proposition de la chambre de Bradford, un ordre du jour a été adopté tendant à déclarer « que le nouveau système d'association gigantesques pour la création de monopoles menace de désorganiser certaines de nos industries et de nos branches de commerce les plus importantes, et cette chambre a même demandé à l'Association des chambres de commerce du Royaume-Uni de nommer une commission spéciale pour considérer la possibilité d'arriver à des prescriptions législatives, ayant pour objet d'empêcher la liberté de coalition en vue de surélever artificiellement le prix des objets de consommation et d'usage général [1] ».

M. Brunetière, dans un article écrit à propos de la *France juive* dont il repoussait du reste la thèse, observait sans détours que les grandes fortunes de la Bourse et de la spéculation, ne se constituent pas par l'intelligence ou le travail, mais par l'audace assurée de l'impunité [2]. Cette impunité constitue un des faits les plus scandaleux de notre état social. Que quelques ouvriers se mettent en grève, aussi-

[1] Correspondance d'Angleterre de l'*Économiste français* du 30 novembre 1889.

[2] Nous lisons dans le même article les lignes suivantes : « Je voudrais bien que l'on m'expliquât la Bourse et la spéculation, ce que la fortune représente de légitime quand elle n'est plus la conquête et le fruit du travail et de l'économie, comment et tout d'un coup les millions peuvent entrer par dizaines dans une seule poche sans sortir d'un grand nombre d'autres. » — *Revue des Deux-Mondes*, t. LXXV. Année 1886. N° du 1er juin, p. 699.

tôt on s'indigne; on les dénonce comme des malfaiteurs, des trouble-fêtes, des insensés; si quelqu'un d'entre-eux, peu façonné aux douces manières, se jette sur un compagnon qu'il veut enrôler de force, il est appréhendé au corps, traîné en prison, et d'une voix courroucée, le substitut requiert contre cet ennemi de la société l'application de la loi. Mais que des spéculateurs dévorés par la soif de l'or, ruinent plusieurs milliers de petites gens, détruisent les conditions du travail, rendent plus dure l'existence des hommes sans lesquels aucune société ne saurait vivre, ils sont assurés de l'impunité, et lorsque l'éclat du scandale ou le cri de l'opinion publique sortent la justice de sa torpeur, elle a soin de ne prendre que les moins coupables, ceux qui ont échoué; la richesse couvre les autres. « On ne saurait pourtant admettre que les capitalistes, par des coups de pure spéculation, aient plus de droits que les travailleurs, par les révoltes et les grèves, à troubler le jeu régulier des lois économiques dans des vues de lucre et le profits personnels. » Ainsi s'exprime non certes pas un socialiste, mais M. le duc de Noailles dans son beau livre de *Cent ans de République* où il montre un esprit politique de premier ordre [1]. M. Juglar, économiste classique et partisan très déterminé de la liberté commerciale, signalait, dons son instructif ouvrage sur les *Crises indus-*

[1] IIe volume. p. 338 — Calmann Lévy, édit.

trielles et commerciales, la hausse des prix enflée par la spéculation, comme une des principales causes de ces crises qui jettent une violente perturbation dans toute la société.

En vain se flatterait-on de l'illusion chimérique que la société n'a pas à souffrir de l'appropriation progressive de la fortune publique par une bande d'agioteurs, qu'elle ne ressent pas l'influence de menées qui causent un trouble matériel et moral aussi grave. Non, sachons ne pas nous repaître de ces mots creux, ainsi que nous le faisons depuis un siècle. M. Koller, et on ne saurait lui adresser le reproche d'exagération, comme on le lance quelquefois à ceux qui ne veulent pas admirer le Veau d'or comme le dernier mot de l'évolution sociale, M. Koller, dis-je, a eu un mot profond, lorsqu'il a montré dans le développement de l'agiotage une des premières causes du socialisme.

La fortune édifiée sans travail et au détriment du travail, c'est le chancre d'une société.

LIVRE II

LA VIE PUBLIQUE

CHAPITRE PREMIER

LES GOUVERNÉS

L'oppression des électeurs souverains. — Plus de liberté dans la gestion des intérêts domestiques. — La guerre contre la charité. — Les lisières du droit d'association. — Le régime municipal. — L'illusion de la justice. — L'intervention du gouvernement dans les élections. — Les fraudes. — Le mouvement contre le régime d'asservissement.

Les gouvernés sont proclamés souverains. D'après les logiciens, cette souveraineté ne rencontre aucune limite. Elle crée le droit, disent-ils; il n'y a d'autre justice que celle qu'elle proclame, d'autre pouvoir légitime que celui qu'elle élève un jour. Le passé ne compte pour rien. Elle est théoriquement maîtresse de changer les institutions du pays, sauf une restriction qui a son prix. La République est placée au-dessus de la volonté populaire; si le peuple se prononçait un jour contre elle, ce vote, témoignant de l'égarement de son esprit, serait considéré comme nul et non avenu, et les partisans de la souveraineté populaire la plus absolue, la traitant comme une aliénée, ne se feraient pas faute de lui imposer un conseil judiciaire qu'ils s'appelleraient naturellement à composer.

Pourquoi une partie de la nation est-elle seulement reconnue apte à exercer la souveraineté, puisque les femmes qui ont, elles aussi, des droits et des intérêts à défendre, n'ont pas la permission d'élever la voix ? Comment une génération se reconnaît-elle le droit d'engager une génération à venir, et par cela même de restreindre la souveraineté de celle-ci ? Comment une partie du pays, ayant des coutumes correspondant à certaines conditions économiques, les imposera-t-elle à une autre région qui ne sera pas soumise aux mêmes conditions d'existence ? Ce sont là des points délicats sur lesquels les théoriciens restent quelque peu muets.

Nous prenons un étranger tombé d'un pays lointain et ignorant nos us et coutumes. Il entend parler du peuple souverain, il le voit un jour appelé à déposer dans une boîte un carré de papier sur lequel un ou plusieurs noms sont inscrits ; il se représentera certainement ce souverain comme jouissant d'une pleine liberté dans la gestion de ses intérêts domestiques et professionnels, les premiers de tous, — avant de politiquer, il faut vivre, — comme entouré d'une grande déférence par le pouvoir qu'il a élevé. Mais il ne tardera pas à être plongé dans un profond étonnement, lorsqu'il verra le souverain traité comme le sujet le plus asservi.

Père, celui-ci n'est plus libre, s'il appartient à une condition modeste, de choisir le maître de ses enfants. L'instruction est déclarée obligatoire, et dans toutes les communes de France une école publique doit exister. Qu'une école créée depuis longtemps réponde aux besoins de l'instruction, que tous les pères en veuillent le maintien, la loi ne s'occupe pas de la volonté des familles; elle prescrit d'une façon impérative et aveugle. Une école publique sera donc créée, et lorsque les parents ne sont pas assez fortunés pour subvenir, à la fois, à l'entretien forcé de l'école de l'Etat et aux dépenses que réclame l'école libre, ils se résigneront alors à n'avoir plus les maîtres dans lesquels ils placent leur unique confiance.

Chrétiens, ils voudront sans doute que leurs enfants reçoivent une éducation religieuse, qu'ils aient pour maîtres des instituteurs religieux préparés par une vie de sacrifice à imprimer profondément dans l'âme de l'enfant le respect de la loi de Dieu. La loi humaine se met encore en travers de cette légitime aspiration; elle proscrit le catéchisme de l'école, comme un mauvais livre, tout maître ou maîtresse qu'un inspecteur surprend en train de l'enseigner est réprimandé ni plus ni moins que s'il tenait des propos immoraux. Toute école publique, de plus, est de par la loi confiée à des laïques; c'est rendre impossible l'enseignement des congréganistes dans les communes de médiocre importance. Seules les familles riches, en mesure de donner à leurs enfants les précepteurs de leur choix, échappent à ces dures prescriptions, mais la loi ne laisse aucune liberté aux pauvres.

Ni la volonté des pères de famille, ni la volonté également formelle de la majorité d'une commune ne comptent aux yeux de l'Etat; il s'empare même par la force d'une propriété privée léguée avec la clause formelle qu'elle sera affectée à une école congréganiste pour y installer une institutrice laïque; il se moquera de l'avis du conseil municipal, et si la population proteste, il la fera charger par des gendarmes auxquels cette escarmouche contre des femmes et des pères de famille vaudra des décorations, non moins que s'ils avaient pris part à de glorieux faits de guerre. Des critiques vives et justifiées sont-elles adressées contre la brutalité d'une telle spoliation? le ministre monte au Capitole comme s'il avait sauvé l'Etat, et la majorité lui décerne un vote admiratif. Quelques députés modérés de la majorité, rougissant d'un pareil acte, déposent alors un projet dont la timidité répond bien à leur courage. Aux termes de ce projet, le gouvernement serait autorisé — non pas devrait — à surseoir aux laïcisations d'écoles de filles, lorsque ce sursis momentané serait réclamé par les conseils municipaux. L'indignation éclate parmi les membres de la majorité. « Quoi, s'écrient-ils, laisser les conseillers municipaux maîtres des laïcisations, les consulter sur ce point et tenir compte de leurs avis! ce serait la suppression du pouvoir central! Comment un conseil municipal pourrait-il être compétent sur une question d'enseignement? » En d'autres termes comment des pères de famille pourraient-ils être consultés sur des questions qui les intéressent? Ils doivent s'effacer, quand il s'agit de leurs enfants, devant la volonté d'un bureaucrate.

Plus tard, lorsque l'enfant arrive à l'âge où commencent les études classiques, la famille a le droit de choisir une école. Toutefois cette liberté de l'enseignement n'est qu'une illusion. L'État demeure le maître des programmes; nulle carrière ne s'ouvre si on ne passe par ses fourches caudines. Le même système est appliqué à l'enseignement supérieur : liberté en théorie, domination de l'État en fait.

Des Universités libres existent, mais ce nom même leur est refusé par la loi; elles n'ont pas le droit de faire passer des examens, de décerner des grades, l'État se reconnaît seul le droit de rédiger des programmes. Tous les esprits doivent donc être coulés sur le même moule. En réalité, il tient en lisière aussi bien l'enseignement supérieur que l'enseignement primaire.

Les citoyens, au point de vue de l'instruction, sont traités comme des incapables.

L'État pèse par ces moyens de tout son poids sur la formation de l'âme de l'enfant, le premier acte de la famille. Il pèse non moins fortement sur le dernier acte de la famille, la distribution de la fortune.

Le père est là encore aux yeux de la loi un mineur, de même que la famille tout entière. Ne se contentant pas d'une prescription générale, la loi trace le mode de composition des lots. Elle établit une série de formalités vexatoires. Elle tient en meilleure odeur les hommes d'affaires que les membres de la famille. Elle pousse même la méfiance à ce point qu'elle préfère ruiner cette famille plutôt que de la laisser maîtresse des intérêts domestiques, et de fait tous les jours ces formalités dépouillent de pauvres gens. Car sur le terrain de l'enseignement, comme sur celui du partage des biens, ce sont les familles de modeste condition qui supportent le plus durement les conséquences de notre législation. Elle est affamée d'égalité; en fait, cette passion d'égalité aboutit à opprimer surtout les petits, à faire passer leur patrimoine dans les caisses du fisc.

La liberté du père subit donc de graves atteintes dans le gouvernement de la famille, bien que, d'après l'histoire, une forte autorité paternelle soit la base de toute société stable. Mais lorsque, sortant de la sphère de la vie domestique, le père se propose en vue d'une entreprise quelconque de se réunir avec d'autres citoyens, jouit-il de cette liberté dont il est dépouillé chez lui? Non, le souverain est sur ce terrain encore soumis à une réglementation étroite.

Qu'il veuille s'associer en vue d'un plaisir, comme par exemple fonder un cercle, l'autorisation de l'administration est nécessaire. Si elle la refuse, le cercle ne sera pas fondé, chacun restera chez soi. Plusieurs personnes, mues par un intérêt plus élevé, se proposent-elles de venir au secours des nombreuses misères auxquelles l'Assistance publique est impuissante à apporter un soulagement; c'est là un noble but, elles devraient trouver pleine liberté pour l'atteindre. Mais l'État se méfie de ces généreuses aspirations; il craint sans doute que nul citoyen ne sache faire la charité; il se croit investi d'une omni-science, aussi les entraves sont-elles multipliées contre l'initiative privée, appliquée à la charité. Un malfaiteur ne serait pas plus suspect.

Si une œuvre ou un particulier, par exemple, envoie un mandataire pour récolter des aumônes, l'État considère que le produit de ces quêtes, faites sans autorisation, doit lui revenir. Un avis du Conseil d'État du 24 mars 1880[1] pose la doctrine d'une manière brutale à l'occasion d'un recours du préfet de la Somme. Quelques citoyens avaient été mécontents du fonctionnement d'un bureau de bienfaisance officiel; ils avaient cru pouvoir être libres de former un bureau indépendant qui distribuerait des fonds par ses seuls soins. Mais aussitôt le préfet intervint; d'après la théorie administrative, le bureau de bienfaisance seul est considéré

[1] Cité par M. Léon Béquet, conseiller d'État, dans son livre l'*Assistance publique*.

comme le mandataire des pauvres. S'il remplit mal sa tâche, tant pis pour eux.

Lorsqu'une fête de charité est organisée, l'État prélève 25 p. 100, alors que la taxe des pauvres est seulement de 10 p. 100. Aucune loterie de charité, si modeste qu'elle soit, ne peut être légalement organisée sans autorisation. Souvent, comme le fait s'est récemment passé, l'administration exige une part importante de la recette, et cela sans qu'aucun texte de loi ne lui en donne le droit. Mais qu'on refuse de céder à ses exigences, la loterie n'aura pas lieu.

La charité ne s'exerce pas seulement par des dons, des quêtes ou des loteries, elle se manifeste d'une manière encore plus efficace par des fondations charitables. Or, les âmes généreuses qui veulent avoir recours à ce moyen sont tenues en étroite lisière. L'État intervient en vertu de l'article 291 du Code pénal aux termes duquel vingt citoyens ne peuvent s'associer, dans un but quelconque, sans autorisation; il est le maître de la donner comme de la retirer selon son bon plaisir. Ceux qui s'associent pour soulager les pauvres, sans l'assentiment de l'administration, s'exposent à des poursuites correctionnelles.

Si rigoureux qu'il soit, le Code pénal n'a pas néanmoins paru à l'administration restreindre d'une manière suffisante la charité privée. L'autorité administrative soumet à l'autorisation des fondaions charitables, même créées par une seule personne. Qu'on ne se représente pas ces fondations comme possédant enfin une véritable liberté; elles vivent, mais elles ne peuvent posséder ni recevoir des legs et dons. Pour cela, elles ont besoin d'une déclaration d'utilité publique, accordée par le conseil d'État, sur la proposition du ministre de l'intérieur, et après un long délai; une fois qu'il l'a accordée, le conseil d'État est libre de la retirer sur l'initiative du gouvernement, et son autorisation est toujours exigée pour l'acceptation des legs. Une fabrique n'a pas le droit de recevoir pour les pauvres; elle est tenue de porter son legs au bureau de bienfaisance.

Aucun recours n'existe contre ces décisions; les établissements charitables sont à la merci de l'administration. Le pouvoir de celle-ci va même plus loin : elle prétend exercer une véritable tutelle sur les comptes de ces fondations, et au besoin contrôler leur gestion.

Ces mesures n'épuisent pas l'hostilité de l'État. Des associations religieuses existent; elles se proposent une noble mission : soigner les malades, recueillir les orphelins, abriter les derniers jours des vieillards que la désorganisation des familles urbaines laisse le plus souvent sans ressources. Que fait l'Etat à leur égard? Les favorisent-ils? Ce serait trop lui demander. Les laissent-ils vivre librement? Pas davantage. Ils ne songent qu'à les dépouiller au moyen d'impôts écrasants, outre le droit de main-morte.

On avait imaginé déjà contre elles un impôt frappant 5 p. 100 de leur revenu, et cet impôt supposait que les Petites Sœurs des pauvres réalisaient des bénéfices. Aujourd'hui, avec l'aide d'une administration fiscale, toujours experte dans l'art de la spoliation, le gouvernement imagine un droit d'accroissement qui considère a la mort d'un membre de l'Association tous les autres membres comme héritiers d'une fortune que le défunt ne possédait pas, et cedroit de plus devra être payé autant de fois que la maison comptera d'établissements. Il aboutira à la ruine des maisons hospitalières, c'est-à-dire que des malheureux seront privés des secours qu'ils n'auraient jamais obtenus, en dehors de cette charitable intervention. Et les députés chauds amis du peuple — en paroles — qui proposent cet impôt sur la charité, se gardent bien de réclamer un impôt sur les jeux de Bourse ; ils frappent tout plutôt que la fortune mal acquise et corruptrice. Afin que rien ne manque au tableau, le même gouvernement, impitoyable contre la charité, fait de temps en temps annoncer qu'il prépare un projet de loi sur l'Assistance publique. Mais qu'au lieu de cette hypocrite commisération, il rende d'abord à la charité privée pleine liberté ; ce sera le meilleur projet qu'il puisse présenter ; toutefois une idée aussi simple ne lui viendra jamais. Laisser les âmes charitables obéir à leurs généreux instincts, sans que le gouvernement leur serve de Mentor, quelle proposition subversive à ses yeux !

La liberté religieuse est de même entravée sous ses formes les moins compromettantes. L'ouverture d'une chapelle ne met certes pas la puissance publique en péril ; elle rend un véritable service aux populations éloignées d'une église paroissiale. Cependant nul ne peut ouvrir une chapelle sans l'autorisation préfectorale, et afin d'affirmer son droit, l'administration ira jusqu'à faire tuer des jeunes filles, coupables de prier dans une église, sans en avoir demandé la permission. Si un catholique fonde un ordre religieux, il s'expose à le voir un jour dispersé par la force armée. A-t-il plus modestement laissé un legs de 8 ou 10 francs à la fabrique, pour que des messes soient dites à son intention après sa mort, le conseil municipal est appelé à émettre un avis. Une âme pieuse avait légué à l'église du Sacré-Cœur de Montmartre une modeste somme de 10,000 fr., le ministre a refusé d'en autoriser l'acceptation.

L'homme religieux ou charitable n'est donc pas traité plus favorablement que le chef de famille. Les uns et les autres marchent tenus par l'Etat. Qu'ils se consolent, ceux qui veulent défendre leurs intérêts professionnels se heurtent également aux prescriptions d'une loi tracassière. Depuis la loi de 1884, les syndicats d'ouvriers, de patrons, soit séparés, soit mixtes, d'agriculteurs peuvent se fonder librement. Toutefois la liberté de posséder et d'acquérir a été partout considérée comme le complément nécessaire de la liberté d'association. Une association qui ne possède pas est sans avenir et sans solidité ; elle ne devient forte, comme une famille, qu'en s'attachant au sol. Or, les syndicats peuvent posséder une salle pour se réunir et y suivre des cours. Mais toute autre possession immobilière leur est interdite.

« Si dans tous les pays libres, a dit l'homme éminent dont nous avons déjà cité les paroles au chapitre précédent, l'association a le droit d'acquérir et de posséder, la conséquence c'est que l'homme qui meurt puisse consacrer sa fortune à soutenir des associations ou des œuvres utiles, qu'il puisse à son choix fonder une caisse de secours, une école, une université, un hospice, une église, ou enrichir de ses dons une corporation ouvrière. Or, ce droit, nous ne l'avons pas. Il est permis de dissiper sa fortune en plaisirs honteux, en folies d'un jour ; il est défendu de l'employer à faire le bien après sa mort. »

Et, je l'ajoute, tandis que la liberté de se réunir et de posséder est mesurée avec tant de parcimonie aux personnes, elle est au contraire accordée à pleines mains aux capitaux. Ceux-ci, en adoptant la forme de la société anonyme, peuvent acquérir des immeubles en aussi grande quantité qu'ils le veulent ; des quartiers entiers de Paris sont aux mains de Sociétés de ce genre ; la loi n'y trouve rien à redire. Qu'un syndicat professionnel au contraire achète une modeste maison, la loi s'émeut ; elle interdit un tel acte, comme si l'État allait trembler sur sa base. Des personnes ayant des intérêts professionnels à défendre, par exemple les professeurs de l'enseignement libre à Paris, avaient voulu profiter des dispositions de la loi de 1884, le parquet leur fit savoir que si leur syndicat ne se dissolvait pas de lui-même, il les poursuivrait. Ailleurs, en Suisse, en Allemagne, en Amérique, en Angleterre, en Turquie même, ils auraient joui d'une telle liberté. En France, non ! Et cependant ceux qui refusent le droit d'association proclament le peuple le maître absolu.

Le citoyen trouve-t-il dans la vie publique plus d'occasions d'exercer son initiative ? Suivons-le sur ce terrain.

Dans la plus grande partie de la France la propriété collective a disparu ; elle n'a pas seulement l'avantage de constituer une précieuse ressource pour les familles peu aisées auxquelles elle fournit du bois de chauffage ou donne le moyen d'entretenir des animaux domestiques, sans que les crises agricoles puissent compromettre ces avantages ; mais, administrée par les intéressés, elle les habitue à une action commune ; elle leur apprend le maniement des affaires ; elle leur inculque l'esprit d'association, c'est un véritable apprentissage de la vie publique. C'est ainsi que les paysans des cantons primitifs de la Suisse ont puisé dans l'Allmend leur sagesse politique ; ils n'ont pas la tête farcie des grands mots dont nous sommes grisés, car l'administration des Allmenden qui constituent la base de leur existence, leur a inculqué le sens pratique ; elle les a mis en garde contre toute proposition subversive. Plus d'un homme politique aurait des leçons à recevoir de ces simples paysans.

Notre organisation communale ne fait pas non plus l'éducation politique. Un jour la commune élit un conseil municipal ; celui-ci à son tour choisit un maire, et puis les électeurs n'ont plus aucun rôle à jouer. Ailleurs, les pouvoirs locaux appellent beaucoup de citoyens au maniement des affaires. A Londres, par exemple, avant la nouvelle réforme qui du reste n'a pas fait table rase de l'ancienne organisation, plus de cinquante mille personnes étaient occupées dans des comités ou conseils. La Russie comprend elle-même tout un ensemble d'assemblées qui mettent un grand nombre de personnes en mouvement : assemblées de la noblesse, assemblées territoriales, assemblées de district, ces deux dernières avec leurs délégations, conseils cantonaux, conseils municipaux qui nomment des comités exécutifs, assemblées d'habitants. On sait le pouvoir dont sont investis les conseils municipaux et les assemblées d'habitants ; ils opèrent même le partage périodique des terres. Il existe, en outre, à l'étranger, en Angleterre comme en Prusse, dans les pays soumis à des régimes politiques différents, des administrations collectives. De tels comités ont disparu en France. Les communes de l'ancien régime appelaient un plus grand nombre d'hommes à la gestion des affaires publiques. Dans les villes, une assemblée, composée des délégués, corporations et habitants, se prononçait sur les questions importantes, et si cette organisation, avait subi des modifications au XVIIIe siècle, les communautés rurales n'en avaient pas moins gardé leurs assemblées.

Aujourd'hui, une fois que le conseil municipal est élu, la minorité lui est livrée pieds et poings liés. Le referendum a été pratiqué l'année dernière dans quelques communes; il a donné d'excellents résultats. Aussi le ministre de l'intérieur s'est-il empressé de le déclarer illégal. Une proposition a été déposée à la Chambre, afin de lui donner place dans la loi municipale; la majorité en a même refusé la prise en considération. Y pensez-vous! disaient crument les adversaires de cette proposition, appeler les habitants d'une commune à se prononcer sur les intérêts qui les touchent directement. C'est une folie; ils ne sauront pas discerner le vrai du faux, ils se prononceront à tort et à travers; il faisait beau entendre ces députés, tous de la gauche, tous ayant écrit des proclamations redondantes sur la souveraineté populaire, traiter l'électeur comme un imbécile, comme un incapable, uniquement parce qu'ils craignaient lui voir condamner les folies laïcisatrices ou le gaspillage des conseillers de gauche. Les communes de l'ancien régime jouissaient cependant d'un tel droit. Mais là se reconnaît le système moderne. Il accorde à chacun le droit de se mêler des affaires des autres, mais il lui refuse le droit de gérer les siennes.

Au moins ce citoyen traité comme un mineur trouve-t-il une protection contre les actes arbitraires du pouvoir ? Peut-il être assuré d'être mis à l'abri des incursions d'un agent de police ou d'un sous-ordre administratif qui l'expulserait de sa propriété. Si dans ce cas il s'adresse à la justice civile, il a devant lui des fonctionnaires, et non des magistrats. Le gouvernement en effet les tient sous sa coupe. Il ne les révoque pas, cela est vrai ; mais leur avancement est tout entier dans sa main. Un juge manifeste-t-il des velléités d'indépendance, il le laisse mourir dans le même petit tribunal s'il ne l'envoie pas à l'extrémité de la France. Jadis, même avec le système qui met un pouvoir absolu entre les mains du garde des sceaux, la magistrature présentait quelques garanties ; elle se composait en grande partie d'hommes attachés à leur province, propriétaires ruraux pour la plupart, insensibles aux séductions de l'avancement, de telle sorte que le pouvoir n'avait pas de prise sur eux. Autre qualité fort précieuse pour le justiciable : ils connaissaient les coutumes du pays où ils étaient appelés à rendre la justice, et plus d'une fois ils firent fléchir la rigueur de la loi écrite devant les vieux us qui réglaient depuis des siècles la vie des familles. La cour de Bourges, par exemple, sauva l'antique communauté des Jault, menacée de dissolution par un procès. Avec les nouveaux magistrats, étrangers aux coutumes du pays où ils n'ont pas racine, la loi écrite triomphe. Ce fait inaperçu le prouve une fois de plus, la répercussion des mouvements politiques se manifeste dans toutes les parties du corps social.

Cette ombre de magistrature effraie pourtant les gouvernants par son ombre d'indépendance. Qu'auraient-ils dit des anciens Parlements sur les membres desquels le pouvoir n'avait ni droit de nomination ni droit de révocation ? Ils lui retirent la connaissance de toutes les affaires dans lesquelles l'Etat est intéressé. Après avoir dénoncé la justice administrative, comme une marque de tyrannie, les républicains l'ont soigneusement gardée ; elle leur a évité plus d'une fois l'ennui d'être pris la main dans le sac. C'est une des plus jolies mystifications du régime politique moderne, dit libéral.

Que le gouvernement donc chasse un citoyen de chez lui ou l'arrête sans cause, celui-ci, dans la naïveté de son âme, appelle à son secours la justice ; il s'imagine qu'elle est faite pour protéger les citoyens lésés, ayant lu sans doute les belles tirades en l'honneur de la disparition de tous les privilèges depuis la Révolution. Le voilà donc devant le tribunal, encadré, suivant le cérémonial voulu, de deux robes noires surmontées d'une toque, l'une noircissant le papier timbré et muette, l'autre n'écrivant pas, mais parlant, l'avoué et l'avocat. Aussitôt le gouvernement, par la bouche de son représentant, le membre du parquet, demande au tribunal de se déclarer incompétent. Si celui-ci passe outre le gouvernement oppose alors un déclinatoire d'incompétence, c'est-à-dire que les tribunaux ordinaires sont dessaisis. Il y a-t-il conflit prolongé sur ce point entre la justice civile et l'administration, la question est soumise au tribunal des conflits qui départage, c'est-à-dire au gouvernement lui-même. Le ministre de la justice le préside, après avoir trié sur le volet une partie de ses membres, et dans toutes les affaires importantes, ce tribunal se prononce en faveur de la compétence de la justice administrative ; le plaignant est renvoyé devant elle.

Mais quels magistrats ! Au premier degré il trouve devant lui, sous le nom de conseil de préfecture, des fonctionnaires tout courts, révocables ad nutum, sans que le gouvernement en ait aucun compte à rendre. Beaucoup de conseillers de préfecture de plus débutent dans la carrière ; ils redoutent qu'un acte d'indépendance ne leur vale une mauvaise note, qui les suivra dans toute leur vie administrative. D'autres sont placés dans de petits chefs-lieux de départements ; ils soupirent après une ville plus importante, et si dans l'affaire qui leur est déférée, ils se prononcent contre le préfet, adieu alors l'avancement. Ils restent perpétuellement conseillers de troisième classe, dans le plus piteux des postes.

Après le conseil de préfecture qui, bien entendu, lui donne tort, l'infortuné justiciable en appelle au conseil d'Etat. Le conseil d'Etat, quoique nommé par le gouvernement, fait de loin quelque illusion; on croit y voir la tournure d'un tribunal auguste. Et, en effet, sous l'Empire, le conseil d'Etat rejeta souvent des propositions du gouvernement, chères à l'empereur, même lorsque celui-ci le présidait, et sans que ses décisions provoquassent la colère du pouvoir plus respectueux de son indépendance. Les politiciens aujourd'hui ne veulent comme serviteurs que des valets; ils les rencontrent tels qu'ils les souhaitent. Le conseil d'Etat confirme donc neuf fois sur dix la décision du conseil de préfecture, et le plaignant est obligé bon gré mal gré de se résigner à son sort. Il aura été volé, arrêté, expulsé de son domicile, et comme dans une société barbare où règne le droit de la force, nulle justice ne s'ouvre devant lui. L'infortuné justiciable, s'il est doué de quelque sens politique, ne manquera pas de penser que les révolutions sont bien inutiles; elles laissent debout tous les mêmes abus.

La justice administrative, il est vrai, apparaît encore à certaines personnes comme une arche sainte, le support du gouvernement; si elle disparaissait, le gouvernement, obligé de répondre de ses illégalités, deviendrait impossible. Illusion naïve! La justice administrative n'a prévenu la chute d'aucun des pouvoirs qui ont cru s'abriter solidement derrière ce bouclier de papier.

Le citoyen ne dispose plus que d'une ressource,

c'est de crier très fort dans la presse ; il en a toute liberté ; mais les cris que poussent les journaux ne lui rendent pas le droit de gérer ses affaires, droit dont il est totalement dépouillé.

Aujourd'hui l'éducation politique se fait par les journaux, c'est-à-dire par les mots. La presse, de plus, distrait les esprits des affaires extérieures, des questions importantes pour concentrer leur attention sur les incidents tumultueux de la vie publique. Des réformes sociales nécessaires, c'est à peine si elle s'en occupe. Mais des luttes de deux partis que ne sépare au fond aucune différence de principe, des discours creux de politiciens en renom, tournant toujours dans le même cercle, elle remplit ses colonnes. Aussi les conséquences de cet état d'esprit s'aperçoivent-elles dans les manifestations publiques. Tel ouvrier par exemple qui vit pauvrement dans un modeste foyer dont il peut être expulsé du jour au lendemain, exigera des candidats une déclaration sonore en faveur de la séparations de l'Eglise et de l'Etat ou de la suppression d'une seconde Chambre dont il n'a que faire, et il ne lui demandera pas de se prononcer sur les réformes destinées à améliorer sa dure existence ; tel autre se passionnera en faveur de la liberté ; il s'indignera à la pensée des poursuites dirigées contre un journal ou un homme politique, mais il ne saura réclamer la liberté d'association, la liberté du foyer, la première de toutes.

Le souverain a un jour cependant de souveraineté, celui où il vote pour l'élection des députés. Mais nous le remarquons d'abord, notre régime ne conçoit que l'électeur tout nu ; il lui enlève tous ses titres ; l'électeur n'est plus ce jour-là ni agriculteur, ni industriel, ni commerçant ; il est un homme politique. Des intérêts professionnels qui forment la vie d'une nation, il n'est plus question. Par quel prodige parvenir à une représentation de ces intérêts divers et souvent opposés ? Les villes ne réclameront peut-être pas le même régime économique que les campagnes. L'industriel aura souvent des intérêts opposés à ceux de l'agriculteur. Les commerçants ne s'entendront pas avec les producteurs. Mais la loi ne s'est pas souciée de ces diversités ; elle ne voit dans la société que des individus.

Que peut donc représenter le nom choisi dans de telles conditions ? Un courant passager d'opinion, mais pas plus, et cela ne suffit pas. Pour un intérêt représenté, tous les autres sont sacrifiés.

Toutefois cette souveraineté éphémère retrouve encore devant elle la toute-puissance du gouvernement qui l'écrase. C'est lui qui, par ses agents, prépare les listes électorales ; le recours contre les inscriptions ou radiations est porté devant le juge de paix, fonctionnaire à la dévotion du ministre, transformé en agent électoral. C'est lui qui, avec ses nuées de fonctionnaires, grands et petits, conduit la bataille, a recours aux manœuvres les plus éhontées, fait falsifier les procès-verbaux, comme le ministre de l'intérieur l'a cyniquement avoué.

Aucune lecture sous ce rapport n'est plus instructive que les dossiers des dernières élections dont quelques-uns ont été publiés par les candidats de l'opposition qui avaient succombé devant la fraude, la pression et la violence. M. Leroy-Beaulieu notamment a raconté les élections qui ont eu lieu à Lodève en 1889 et en 1890[1]; il nous reporte aux beaux jours de la Révolution, alors que les jacobins annonçant tout haut leur intention formelle d'être seuls élus, arrangeaient les élections en conséquence. Lors de l'élection du 22 septembre 1889, M. Leroy-Beaulieu était élu à 14 ou 20 voix de majorité. Que font les partisans du candidat officiel? Ils n'ont point recours à des procédés compliqués, ils se contentent de substituer à des bulletins blancs des bulletins au nom de M. Ménard-Dorian, candidat officiel, et l'on procure par ce moyen à ce dernier une majorité de soixante voix.

Proposant le renvoi du dossier au ministre de la justice, le rapporteur de cette élection à la Chambre disait :

« Puisse cette mesure avoir pour résultat, par l'action immédiate de la justice, de découvrir les auteurs de faits dont la *réalité* et le *caractère criminel* n'ont plus besoin d'être démontrés. »

Bien entendu, la justice resta dans la somnolence, elle aurait dû poursuivre des conseillers généraux,

[1] *Un chapitre des mœurs électorales en France*, 1888, 1889 et 1890, par Leroy-Beaulieu. — Chaix, édit.

le sous-préfet, le préfet et le ministre de l'intérieur. Cette scandaleuse élection est annulée, le candidat proclamé député ayant été obligé de reconnaître lui-même les fraudes; le 27 avril les électeurs sont de nouveau convoqués. Comment procurer une majorité au candidat officiel qu'on savait battu d'avance, si les élections s'accomplissaient loyalement? Les fraudeurs imaginèrent un autre tour, non moins sûr comme résultat. 400 amis de M. Leroy-Beaulieu furent rayés des listes électorales, et 400 individus étrangers à l'arrondissement, mais payés par le candidat ou l'administration, furent inscrits, et le tour fut joué.

Dès le mois de février 1890, M. Leroy-Beaulieu, ayant appris de quelle façon étaient dressées les listes électorales, écrit, pour les en prévenir, au préfet et au ministre de l'intérieur. Préfet et ministre font la sourde oreille.

Les électeurs, pour obtenir leur inscription, ont recours aux huissiers. Ceux-ci se promènent de commune en commune pour faire aux magistrats municipaux des sommations; les maires ne bougent pas, ils ont des ordres supérieurs!

Les protestations se multiplient, les autorités ricanent et n'en tiennent aucun compte; les pétitions affluent, elles rejoignent dans les paniers administratifs les lettres de M. Leroy-Beaulieu. Toutes les règles, fait remarquer celui-ci, ont été violées. La commission raye des électeurs d'office, alors qu'elle ne doit statuer que sur la demande d'électeurs; elle les raye en masse, alors qu'elle ne doit procéder que par décisons individuelles, et avec des motifs spéciaux à chaque électeur; enfin comme la loi l'exige, elle s'abstient de signifier aux électeurs rayés leur radiation, de telle sorte qu'ils ne pourront protester en temps utile. Enfin des falsifications de bulletin ont été opérées. Quels recours existent contre de tels abus de pouvoir? Aucun, le gouvernement fait ce qu'il veut, et les électeurs, les candidats volés ne peuvent que se plaindre. C'est le règne de la force.

Nous avons tenu à narrer tout au long cette curieuse élection, parce qu'elle met vigoureusement en relief avec quelle désinvolture le gouvernement traite la souveraineté des électeurs. Que de perles nous aurions à cueillir dans d'autres dossiers, notamment dans celui d'un arrondissement voisin à Saint-Pons, où après avoir dressé les procès verbaux à huis-clos, le sous-préfet parvient à procurer une majorité de neuf voix au candidat qu'il fallait faire élire. Ailleurs le candidat opposant est attaqué chez lui; il dépose une plainte. et lorsque après une instruction nonchalante, l'affaire vient devant le tribunal, celui-ci considère le plaignant comme responsable de ces désordres, parce qu'il avait attaqué pendant la période électorale, « soit le gouvernement légal du pays, soit le candidat qu'avaient plusieurs fois désigné les suffrages de ses concitoyens ».

Là ne s'arrête pas encore l'intervention du gouvernement. Les suffrages des électeurs en effet n'ont pas seuls le pouvoir de transformer le candidat en député. Le gouvernement, représenté par le préfet, a le droit de dire son mot. C'est à l'administration qu'il appartient en dernier ressort de se prononcer sur la validité de certains bulletins contestés, de vérifier les procès-verbaux, de proclamer les élus. Or, elle ne se gêne en aucune manière pour rectifier des choix déplaisants par quelques manœuvres habiles. Le procédé a été employé avec succès fréquemment, et aux élections de 1889 comme au cours de cette année, des préfets zélés ont écarté, grâce à d'heureux stratagèmes, des élus qui paraissaient gênants, par exemple en déclarant élus des candidats qui ne l'étaient pas, ou en imposant un ballottage, alors que le candidat de l'opposition était régulièrement nommé [1]. Un fonctionnaire fait ce qu'il veut du vote des électeurs.

Les conséquences de l'évolution sociale, qui a trouvé sa suprême expression dans le régime fabriqué de toutes pièces par la main puissante du premier consul désireux d'avoir un instrument commode à manier, ces conséquences qui n'avaient pas échappé à son génie perçant, l'histoire de ce siècle les accuse d'une manière saisissante. Le gouver-

[1] On peut citer comme typique l'élection de M. Aymer de la Chevalerie au conseil général dans la Vienne. Le préfet a trouvé le moyen de l'escroquer en faisant déclarer un ballottage alors que le candidat était régulièrement élu et en menant au scrutin des électeurs qui n'avaient pas le droit de voter. Voir la *Gazette de France*, du 9 août 1890.

nement peut tout, par ce qu'il ne rencontre devant lui que des individus sans cohésion, dont il prétend guider tous les pas; mais cette force apparente dissimule mal la faiblesse incurable dont il est atteint. Touchant à tous les intérêts, il soulève contre lui une opposition qui n'existerait pas s'il se renfermait dans ses attributions. Il ne doit compter sur aucun appui, puisque la société ne renferme que des grains de poussière qui voltigent au vent des révolutions. Traitant cette société comme une matière inerte, la loi l'a fabriquée, la pétrit encore; elle n'a d'autre but que d'annihiler les éléments organiques qu'elle renferme, d'installer à la place de cellules vivantes, élaborées par la nature, l'action mécanique de l'État.

Cependant les gouvernés essaient aujourd'hui de se ressaisir, et un mouvement dont l'avenir nous découvrira la portée se dessine. Nous l'avons vu à propos du travail, les associations qui se forment de toutes parts, du côté des agriculteurs, des ouvriers, des consommateurs, ont forcé la main au Parlement; il a été obligé d'abandonner la loi de 1791 sur les associations, base de tout un système social vermoulu. C'est autant de gagné sur l'Etat plus il rencontre devant lui des associations vivantes, moins il a de prise sur les individus. Tout l'effort de la majorité au pouvoir depuis 1876 s'est porté contre l'enseignement, mais les attentats qu'elle a commis contre la liberté sur ce terrain ont eu pour résultat inattendu, peut-être chez leurs promoteurs, de réveiller les pères de famille. Ils s'étaient reposés sur l'Etat du soin de distribuer l'instruction à leurs enfants. Aujourd'hui l'Etat les opprime ; il fait de l'instruction une arme de parti, et aussitôt les familles s'associant ont repris une tâche dont elles s'étaient déchargées. Elles comptent sur elles-mêmes, sur leurs sacrifices plutôt que sur le budget public ; elles s'émancipent de la domination des pédagogues et cuistres. L'expérience les convainc d'une vérité qu'elles avaient méconnue : à la famille revient une part prépondérante dans l'éducation.

D'autres fétichismes s'ébranlent, ainsi celui de la division administrative que la Révolution, traitant la France comme un pays conquis, lui avait imposée ; elle avait pensé par ce moyen faire du pays une table encore plus rase, et l'administration avait soigneusement maintenu entre les départements une séparation complète. C'étaient des petites cases où il était interdit de communiquer de l'une à l'autre, tout effort commun entre elles semblait une menace contre la sûreté de l'Etat. Que de niaiseries acceptées comme autant de vérité par un esprit public faussé, avons-nous entendu et entendons-nous encore. La France avait puisé, disait-on, dans cette organisation « que l'Europe nous enviait » une force incomparable ; toute distinction avait disparu entre les habitants des diverses parties de son territoire : plus de Bretons, plus de Provençaux, plus de Gascons, rien que des Français. Ces pauvres gens n'oubliaient qu'une chose : l'histoire. Elle nous apprend que l'attachement à la mère-patrie a été d'autant plus fort qu'il s'incarne dans les traditions, dans les coutumes de la province, de la commune, du foyer. Cette prétendue force ne nous a pas empêché de perdre l'Alsace que la France avait conquise, alors que cette merveilleuse réforme n'avait pas été accomplie, et quant à l'union tant célébrée de la nation, qu'en ont fait les divisions politiques aiguës au milieu desquelles s'use notre vitalité, s'altère notre patriotisme?

Aujourd'hui les départements démembrés des anciennes provinces, essaient de se rejoindre. Les Assemblées provinciales tenues, en 1889, sur tous les points du territoire, ont révélé la vitalité persistante de l'esprit provincial dans certaines régions, notamment dans la Franche-Comté. A travers les couches administratives qui semblaient devoir l'étouffer, il reparaît dans toute sa vivacité, comme les statues antiques que nous trouvons enfouies sous terre, se dressent devant nous dans tout leur éclat, une fois qu'elles sont débarrassées des graviers ou amas de terre qui les défiguraient. Que le législateur le leur permette, plusieurs provinces sont prêtes à revivre.

Et fait curieux, qui indique la force de ce changement des idées, les législateurs qui à la Chambre proposent une reconstruction administrative de la France, ce ne sont pas des députés de la droite, mais des membres de la gauche, même fort accentués. A la dernière Chambre, un député de la

Haute-Loire, M. Dupuy, appartenant à la gauche, se prononçait en faveur de la création de syndicats départementaux en termes excellents :

« Pour l'organisation départementale, disait-il, nous arriverons sans doute à voir se grouper des unités qui, aujourd'hui, vivent isolées, se maintiennent dans un état d'abstraction et d'insuffisance notoires. La France n'aurait rien à perdre si ces départements pouvaient reprendre quelque chose de la vitalité, de la réalité, du caractère concret des institutions et des groupes régionaux que les départements ont remplacés, caractère concret que les découpures administratives que nous subissons depuis un siècle nous ont fait perdre. »

Une objection banale reproche à la vie provinciale de compromettre l'unité du pays. M. Dupuy répond avec une parfaite justesse :

« L'idée d'unité et d'uniformité, remarque-t-il, sont contradictoires. Ainsi les organes ont le sentiment complet de leur fonctionnement et de leur développement, tandis que l'uniformité peut coïncider avec une existence incomplète, végétative, insuffisante, comme nous le voyons dans les départements, lorsqu'il s'agit d'en venir à quelque grande création, à quelque grande institution. »

Dans cette Chambre-ci, deux députés de la gauche viennent de faire plus; ils ont déposé des propositions de loi, et au mois de juillet, les journaux annonçaient que M. Bertrand, député de la Marne, venait de présenter à la Chambre des députés un rapport concluant à la prise en considération de la proposition de M. Hovelacque, député de Paris, ancien membre du conseil municipal et d'une teinte rouge foncée.

Cette proposition a pour but de procéder au remaniement complet de nos divisions administratives ; le territoire de la République serait divisé en dix-huit départements (France continentale et Algérie). Ces départements auraient pour chefs-lieux les villes suivantes : Lille, Rouen, Rennes, Nantes, Bordeaux, Toulouse, Montpellier, Marseille, Lyon, Dijon, Nancy, Reims, Paris, Le Mans, Tours, Limoges, Clermont-Ferrand et Alger. Dans chaque département le pouvoir exécutif central serait réprésenté par un commissaire national. Ces départements porteraient le nom moderne, mais en réalité ce serait la résurrection des provinces sous une forme nouvelle.

M. Bertrand déposait également un rapport concluant à la prise en considération de la proposition de M. Beauquier, député du Doubs, tendant à inviter le gouvernement à présenter, avant le 1er janvier 1891, un projet de réduction du nombre des circonscriptions administratives de la France, notamment des départements.

Les vices de notre système communal commencent à être sentis plus vivement qu'ils ne l'avaient été jusqu'à ce jour ; les folles dépenses que l'Etat impose aux communes ont ouvert les yeux, et plus d'un, ébloui jusqu'ici par le prestige souverain de l'État dans lequel il voyait un maître infaillible, pense que ce tuteur si prompt à morigéner les autres aurait lui-même fortement besoin d'être mis en tutelle. Les essais de referendum tentés avec succès l'année dernière marquent aussi une heureuse protestation contre la toute-puissance dont les conseils municipaux, élus peut-être à une voix de majorité, sont investis pendant quatre ans.

Mais il n'y a encore là que les indices d'une évolution.

Le système quoique ébranlé n'est pas abattu. En réalité, le gouverné français, proclamé souverain, est de tous les citoyens de l'Europe le moins libre de gérer ses affaires, le plus asservi par ses maîtres, et celui qui leur paie le plus fort tribut.

Quels sont ces maîtres ? nous allons le voir.

CHAPITRE II

LES GOUVERNANTS. — LES POLITICIENS

La nouvelle couche politique. — L'art de piper les électeurs. — La nouvelle conception du pouvoir. — Le déclin du régime parlementaire. — L'absence de représentation professionnelle. — L'absolutisme des députés. — Un chef d'État manchot. — L'oppression des minorités. — Le mouvement contre les politiciens.

Les maîtres, ce sont d'abord les politiciens.

Une évolution dont le cours s'est précipité depuis 1870 leur a donné le pouvoir : à partir de 1876, c'est-à-dire depuis le jour où la République est tombée entre les mains des hommes de gauche ils le tiennent tout entier. Il n'y a pas que des politiciens de haut vol, députés, sénateurs ou ministres ; ils pullulent à tous les étages des conseils électifs. Cette nouvelle classe politique, ce n'est plus la couche élevée qui jusque-là avait occupé les fonctions électives, ce n'est pas encore le peuple ; non, elle se recrute parmi les petits propriétaires, les marchands de bien, les experts, les médecins sans clients, les avocats de mur mitoyen. Ils en savent assez pour ânonner dans un conseil général ou pour devenir dans une assemblée politique le séide muet d'un politicien de marque, véritable chef de bande; leur médiocrité de plus ne donne guère prise à l'envie.

Sans doute, en face de cette invasion, les anciennes classes n'ont pas lâché pied; elles font encore bonne mine dans les Conseils généraux comme à la Chambre, bien que tous les efforts gouvernementaux soient dirigés contre elles, notamment contre les grands propriétaires terriens. L'administration les bat en brèche; ses agents, le cabaretier leur déclarent la guerre; la presse les dénonce comme les ennemis du peuple, on exploite contre eux l'envie toujours facile à éveiller, et cependant ils ont maintenu dans certaines régions une position très forte.

Le premier art du personnage, son premier moyen de succès, c'est le maniement d'une langue particulière, et surtout de quelques grands mots, tels que progrès, civilisation, liberté qui, n'ayant pas de sens précis, ouvrent à l'imagination de l'électeur de larges horizons ou deviennent le symbole énigmatique d'une religion nouvelle. Ils savent non moins habilement colorer d'un beau mot les plus odieuses entreprises. Assurer la liberté de la conscience, cela veut dire violenter la conscience, imposer au père de famille l'école laïque, priver le mourant pauvre des consolations de la religion; quand on entend parler du respect que l'Etat doit exiger de l'Eglise, n'ayez aucun doute sur les intentions de ce mielleux candidat, il médite de restroindre la liberté religieuse. C'est ainsi que, sous la Révolution, faire tomber les têtes s'appelait établir la liberté, et les jacobins se disaient assurer le respect de la sincérité électorale lorsqu'ils tombaient à coups de trique sur les modérés qui se présentaient au scrutin.

La corruption du langage amène la corruption des idées ; elle fausse l'esprit qui devient incapable de distinguer la vérité de l'erreur, et tel croira naïvement qu'un régime de liberté consiste dans l'oppression de la liberté d'enseignement, de la liberté de la charité, dans le refus du droit d'association. Nous lisions un jour dans un journal de gauche modérée le compte rendu de la discussion qui s'engagea au Sénat sur l'affaire de Vicq. L'auteur qui n'a donné dans sa vie privée aucun signe d'aliénation, terminait son article en célébrant la victoire du ministère comme la sauvegarde d'une conquête démocratique. En quoi un régime qui foule aux pieds la volonté des conseils municipaux et des pères de famille, tous d'une modeste condition, qui permet de faire charger une foule inoffensive par des gendarmes, peut-il être appelé démocratique ? Ne le demandons pas à l'auteur ni à tous ses semblables : un bandeau d'impénétrables sophismes voile leur intelligence. Certes il se rencontre à Charenton des gens qui ont la raison moins égarée.

Le politicien sait, avec non moins d'habileté, exploiter deux sentiments qui sommeillent au fond du cœur humain : l'envie d'abord, l'orgueil ensuite. La tragédie classique a décrit l'art avec lequel les flatteurs savent s'emparer de l'esprit des rois. Nos maîtres ne déploient pas moins d'artifice. Ils exaltent la sagesse populaire, ils proclament que dans sa souveraineté elle peut tout, qu'il n'y a d'autre droit que l'expression de sa volonté, tout en soumettant le peuple au régime d'asservissement que nous venons de décrire, et l'esprit public est tellement abusé que nul songe à s'indigner d'une contradiction aussi choquante entre les actes et les paroles.

C'est aux Etats-Unis, on le sait, que le politicianisme s'épanouit, dans toute sa splendeur; il accompagne partout le régime républicain, et il forme là une classe dominante qui garde sévèrement les avenues de toutes les assemblées, de manière à rendre jaloux la nôtre. Il lui rendrait également des points pour les perfectionnements qu'il a introduits dans l'art de la flatterie. Les politiciens Yankees se déprécient eux-mêmes, afin de faire mieux ressortir la supériorité de l'auditoire devant lequel ils parlent. Des hommes les plus éminents des deux partis ne dédaignent pas ce moyen, dit un écrivain, M. Bushin, qui avait pris dans la *Nineteenth Century* la défense de la démocratie américaine fort maltraitée par sir Henri Maine. « En parlant d'un sujet tel que la circulation monétaire, pour instruire le peuple, les orateurs habiles ont grand soin de répudier toute prétention à en savoir plus que leurs auditeurs. Le discours est fait de façon à paraître, autant que possible, une simple énonciation de choses qui sont aussi familières à l'auditeur qu'à l'orateur. Rien n'est plus fatal à un orateur qu'une apparence de savoir supérieur, sur un sujet quelconque. Les orateurs de la nuance démagogique poussent cette précaution à l'extrême et affectent souvent l'ignorance, en parlant des faibles moyens qu'ils ont eus de s'instruire pendant leur jeunesse, et de l'extrême difficulté qu'ils ont éprouvée pour apprendre même le peu qu'ils savent[1]. »

Nos candidats ne sont pas encore arrivés à cet excès d'humilité ; plus férus d'une phraséologie creuse que les Américains, ils croient tout résoudre avec quelques formules.

Les promesses sont encore un des appâts les plus sûrs pour piper l'électeur ; et ces promesses ne sont pas seulement des promesses collectives comme le font par exemple les candidats anglais ; le pouvoir central disposant d'un petit nombre de places, ils ne peuvent allécher l'électeur par la perspective d'une fonction convoitée pendant longtemps. Mais en France, le moyen ne fait pas défaut. Si l'élection amène, comme en Amérique, un changement dans le personnel gouvernemental, toutes les fonctions ayant un caractère politique, depuis le préfet jusqu'au garde champêtre, peuvent

[1] Cité par M. de Franqueville dans son ouvrage sur le *Gouvernement et le Parlement britannique*, t. III, p. 534.

être renouvelées ; il y en a pour tous les appétits.

Voilà notre homme arrivé au pouvoir ; il s'en fait une tout autre conception que celle qui avait été acceptée jusqu'à ce jour. Prenons la dynastie qui, après avoir constitué, pendant dix siècles, la France par ses patients efforts, lui a légué un territoire que notre siècle imprévoyant n'a pas su garder. Elle s'est élevée sur les ruines de la souveraineté, tombée en miettes sous les débiles successeurs de Charlemagne et impuissante à arrêter le fractionnement de la France en mille petits États, séparés les uns des autres. Elle donna à la société ce qui lui manquait : un point central, fixe. Avec une singulière profondeur de vue, les premiers Capétiens considérèrent comme leur devoir essentiel de rendre la justice, de maintenir les droits de chacun, de veiller au maintien de la paix publique. « La sublimité de notre piété, dit Hugues Capet dans un diplôme pour l'abbaye de Corbie et de Saint-Denis, n'a de raison d'être en droit que si nous rendons la justice à tous et par tous les moyens. Les rois n'ont été institués que pour examiner avec sagacité les droits de chacun, couper tout ce qui est nuisible. » La même pensée était affirmée dans le serment que prêtèrent Philippe Ier et ses successeurs à leur avènement au trône. Ils s'engageaient « à conserver à chacun la justice qui lui était due, à faire droit à tous, à mettre chacun en possession de ses droits légitimes ». Louis le Gros, mourant, recommandait encore à son héritier : « Jus suum unicuique custodire[1]. »

Les siècles se passent, la vieille dynastie capétienne compte encore un noble représentant, Monsieur le comte de Paris : dans ses instructions qui la montrent se rajeunissant avec les temps, il affirme toujours la même conception du pouvoir : protecteur des intérêts de tous, modérateur suprême des luttes des partis, gardien de la justice, n'ayant rien à venger, le premier serviteur du pays.

Ecoutons maintenant celui que par habitude on appelle le chef de l'Etat, M. Carnot. La majorité du Parlement l'éleva au pouvoir, sûrs de sa complaisance pour toutes ses œuvres. Que dit-il au moment où il prend possession de la présidence : « La Droite, c'est l'ennemi, » et cet ennemi n'est pas un petit groupe turbulent, factieux, ne représentant aucune force sociale, c'est presque la moitié du pays : elle domine toute une région importante de la France, l'ouest, elle défend les intérêts religieux qui tiennent encore une si grande place dans les préoccupations publiques, parmi elle, les défenseurs naturels de l'agriculture siègent encore.

M. Carnot avait traduit d'un mot la pensée intime de ses électeurs; pour eux aucun droit n'appartient à la minorité, le premier devoir du gouvernement n'est pas de tenir compte de ses plaintes, mais au contraire de les étouffer. Aussi le pouvoir, tel qu'il est exercé aujourd'hui, présente-t-il quelque chose d'informe.

[1] *Œuvres complètes de Suger*. Edition Lecoy de la Marche, p. 143.

Ce n'est plus le gouvernement parlementaire qui avait exercé tant de séduction sur nos pères; voyant en lui le triomphe de la raison, ils se le représentaient sous les traits d'une noble dame, aux allures chastes, au langage mesuré, à la conduite correcte. Aujourd'hui à la place de cette prude personne, s'est installée une fille, parlant haut, criant fort, à la tenue dévergondée, retroussant ses jupes, ne craignant pas le mot gaillard. A la tribune, défilèrent de 1815 à 1848 de brillants orateurs dont plusieurs harangues n'ont rien à envier aux chefs-d'œuvre les plus renommés de l'antiquité; quelques belles paroles ornent encore le Parlement; mais des discussions étranges s'y produisent, des chefs de parti par exemple se disputent sur les origines de leur fortune, s'accusent réciproquement de faire trop bonne chère et de mener trop luxueuse vie, s'ils n'ont pas eu recours à des procédés peu honnêtes.

Le gouvernement parlementaire suppose deux partis qui, se combattant sans se porter des coups trop meurtriers, occupent tour à tour le pouvoir: l'un représentant la tradition, l'autre plus préoccupé des aspirations nouvelles, en un mot des torys et wighs, mais tous les deux s'entendant pour maintenir la constitution et ne voulant pas, au moment de leur avènement au pouvoir, renouveler tout le personnel gouvernemental. En Angleterre, lors de la constitution d'un nouveau cabinet, les ministères et quelques fonctions exclusivement politiques sont seuls changés ; les ambassadeurs même restent en place, ainsi lord Lyons ambassadeur à Paris pendant plus d'un quart de siècle, sous les wighs comme sous les torys. Au-dessus de ces deux partis siège un pouvoir modérateur, la monarchie; elle est chargée de dissoudre le Parlement, lorsqu'il semble ne plus représenter le pays ou qu'un ministère en minorité veut rendre les électeurs juges entre lui et ses adversaires. Elle tempère la vivacité de leur lutte, lorsqu'elle ébranlerait un des points fondamentaux de la constitution du pays, comme le fit la reine d'Angleterre en 1885, au moment où M. Gladstone, non moins bouillant que les héros d'Homère, allait partir en guerre contre la Chambre des lords qui ne voulait accepter le bill de réforme électorale, qu'avec une nouvelle répartition des sièges électoraux. Enfin elle conserve la haute main sur les forces publiques soustraites aux influences pernicieuses de parti.

Mais le régime parlementaire a commencé à décliner à mesure que le droit de suffrage s'étendait et qu'avec son extension les politiciens, habiles à pêcher au milieu d'un corps électoral nombreux, faisaient leur apparition; il suppose une élite politique pleine de mesure, aussi respectueuse des traditions que soucieuse de l'avenir. L'évolution qui a enlevé le pouvoir à cette élite, n'a pas entraîné la monarchie, car d'après l'enseignement de l'histoire cette forme s'adapte aux milieux les plus divers, mais elle a dissous le gouvernement parlementaire. Même en Angleterre, sa physionomie s'altère et les deux partis classiques qui s'élevaient tour à tour comme les plateaux de la balance, se fractionnent, perdent leur caractère, tandis qu'un troisième chaussé de grosses bottes, la voix criarde, marche sans précaution, tape dur et compromet l'antique équilibre.

Avec nos maîtres, il s'agit bien de mesure, de respect, de passé, de haute prévoyance de l'avenir. Ils tiennent le pouvoir comme une proie, s'en partagent les dépouilles, mordent tous ceux qui veulent approcher, avec l'âpreté du chien dévorant un os. Les conservateurs auraient beau aujourd'hui crier trente trois fois de suite : Vive la République, comme le fit l'Assemblée constituante de 1848; ils seraient repoussés non moins vivement, on les accuserait des projets les plus noirs. Le centre gauche s'est rallié à la République, il réitère à tout propos sa profession de foi républicaine, jusqu'à préférer maintes fois les radicaux les plus accentués aux conservateurs les plus timides. Il n'en a pas moins été combattu, chassé de toutes les positions qu'il occupait. Que reste-t-il de lui à la Chambre? Une vingtaine de députés, fort honorables sans doute, de talent même. Quelle action exercent-ils? Se faisant le cœur petit comme les Chinois, ils se bornent à présenter des amendements anodins pour lesquels souvent même ils ne votent pas, ou qu'ils retirent au moment décisif. J'en dirai autant des boulangistes, ils n'ont pas manqué une occasion, et généralement ils ne parlaient pas *mezzo voce*, d'affirmer leur foi républicaine ; on ne les a pas moins dénoncés comme une vilaine vengeance qu'il fallait pourchasser par le fer et le feu. Cependant de l'existence de la République dépendait l'existence du boulangisme, c'était elle qui lui avait donné naissance, et sans elle, il n'aurait pas vécu. Mais un seul peut s'asseoir sur une chaise, un seul veut jouir du pouvoir, voilà tout le secret de la conduite des politiciens, de leurs luttes, de leurs haines. Qu'un langage jeune, chevaleresque, respirant la vieille ardeur guerrière de la nation des Francs, comme celui du duc d'Orléans, s'élève au milieu de ces luttes sans grandeur et que ne poétise même pas l'éloquence des combattants, il retentit comme un coup de clairon sonore et touche le cœur du pays habitué à ne plus entendre que des paroles de guerre, à ne plus voir que le choc intéressé de plates ambitions [1].

Le gouvernement actuel, ce n'est plus le gouvernement personnel, tel que nous l'avons vu sous les deux Empires, avec la stabilité de son administration, avec ses allures régulières, avec la prévoyance des affaires intérieures, avec l'esprit de suite, mais aussi avec sa défiance de toute force sociale, avec ses lourdes responsabilités. Il n'a pas non plus la tournure d'un gouvernement représen-

[1] La même cause explique l'émotion douloureuse qu'a causée dans tous les cœurs généreux la mort tragique du Prince Impérial.

tatif, puisque le système ne se préoccupe nullement de sauvegarder les intérêts, et qu'à la Chambre les hommes qui les représentent ne forment qu'une minorité. Généraux ou officiers, agriculteurs, vrais commerçants, industriels, ouvriers même, dont la présence au Parlement nous paraît fort naturelle, comme elle le paraît aux Anglais de tous les partis, — et, de l'opinion de tous, ces derniers ont souvent émis des avis utiles à Westminster, — nous les cherchons sur les bancs du Palais-Bourbon ; ils y sont fort clairsemés ; Mgr Freppel représente seul les intérêts religieux. Il y avait jadis un pasteur protestant ; il a mordu la poussière le 22 septembre. En revanche, avocats et politiciens y pullulent, et encore, parmi eux, ne rencontrons-nous plus guère de grands noms du barreau ; leur talent fait peur, ou plus sagement peut-être ils se détournent de la vie politique, où beaucoup de leurs pareils, malgré leur éclat oratoire, n'ont fait que médiocre besogne.

La représentation de nos importantes cités maritimes ou commerciales met surtout en lumière cette particularité. A Marseille, à Bordeaux, à Lyon, par exemple, les élus n'appartiennent pas aux grands intérêts dont vivent ces villes. Ce sont des médiocrités bavardes, nomades sans famille, ignorants des intérêts qu'ils devraient défendre. La Chambre des représentants des Etats-Unis n'a pas une composition différente ; le niveau parlementaire s'y est peu à peu abaissé, mais la constitution fédérale, il est vrai, restreint les attributions du gouvernement central. De plus, le pouvoir exécutif dans la personne du président, tient en échec la Chambre des représentants; il peut frapper de veto tous ses bills. Tous les présidents ont usé de ce droit, et même plus d'un a gouverné en présence d'une Chambre hostile. Enfin le Sénat partage quelques-unes des attributions du pouvoir exécutif, il met encore un frein aux ardeurs brouillonnes des députés. Trois traits caractérisent en outre cette constitution : la minorité a une part dans le gouvernement; le député, élu par le peuple souverain, ne jouit pas de droits illimités et le pouvoir judiciaire offre une garantie aux citoyens lésés contre la tyrannie du nombre[1].

Le gouvernement auquel nous sommes soumis, c'est en résumé la domination d'un clan, campant en France comme dans un pays vaincu et lui appliquant les procédés de la conquête jacobine.

Le mot de Burke s'appliquerait à notre Chambre : elle peut tout, sauf changer un homme en femme. Le député est un homme universel et tout-puissant. C'est d'abord un juriste, car il rédige toutes les lois. A ses moments perdus, il réforme le Code d'instruction criminelle, mais sans aucune suite; lorsque nous étions sur les bancs de l'Ecole de droit, les professeurs la déclaraient urgente, et pendant longtemps encore ils tiendront les mêmes propos à leurs élèves. Quoiqu'il n'ait connu l'agri-

[1] Voir *Cent ans de République*, par M. le duc de Noailles et la *République américaine*, par M. Auguste Carlier-Guillaumin, éditeur.

culture peut-être que par les banquets de comice agricole, le député légifère sur les choses rurales; il vote un Code rural qui restreint le droit de parcours et la vaine pâture. L'industrie occupe aussi ses soucis, c'est lui qui détermine les tarifs à prélever sur les marchandises étrangères lors de leur entrée en France; il est donc le maître du travail national. Ingénieur, il préside aux tracés de chemins de fer. Les finances lui reviennent de droit, c'est son propre département; mais de même que Lamartine, dédaignant son talent de poète, aspirait au rôle d'un grand homme d'Etat, le député force sa manière. Il fait fi de sa mission de contrôleur; il ne connaît qu'une règle, prendre l'argent dans la caisse, et lorsqu'elle est vide, emprunter. Si pacifique que soit son humeur, il aime jouer au soldat. Il fixe le chiffre des boutons de guêtres, il se prononce sur les uniformes, il compose les régiments et, par amour-propre, il tient à faire cela tout seul; les gens du métier lui paraissent de gênants tuteurs. Ce grand personnage se pique de protéger les arts; il subventionne l'Opéra, veille à ce que le corps de ballet continue à danser selon la règle, gourmande les directeurs qui s'entêtent à faire de bonnes recettes avec de vieux chefs-d'œuvre, au lieu de se ruiner en ouvrant les portes aux génies méconnus. Mécréant, il vote le budget des cultes, rogne le traitement des évêques, critique l'enseignement des séminaires, le prend de haut avec le Souverain Pontife, et se reconnaît le droit de dénoncer le Concordat sans souci de l'engagement pris. Bien souvent, le même ministre a dans son département l'Opéra et l'Eglise. Le député ne dédaigne pas de descendre de ces hauteurs pour prendre soin de simples communes; il leur accorde sans compter la permission de frapper de droits d'octroi les objets de première nécessité ou de contracter des emprunts. Comment se montrerait-il plus sévère pour autrui que pour lui-même?

A tout moment un député propose une loi nouvelle et compromet par cette initiative l'équilibre laborieusement obtenu du budget qui devient le rendez-vous de toutes les réclames électorales. Chacun prêche pour son saint; la fortune publique s'en va en miettes.

Cependant ces députés, qui absorbent tous les pouvoirs, déclament avec une véhémente indignation contre le césarisme et la dictature, et beaucoup de bonnes gens s'associent sincèrement à cette condamnation, tandis que d'autres attendent encore le salut de la concentration de tous les pouvoirs dans la main de l'Etat. Mais ce césarisme, cette concentration, ils existent aujourd'hui, et sous une forme écrasante. Rien n'est en dehors de l'action de l'Etat; il légifère sur tout, aussi bien sur les intérêts matériels que sur les intérêts moraux de la nation; il prétend être le guide des intelligences. On parle fort du pouvoir absolu de Louis XIV; il rencontrait encore devant lui des corps avec des privilèges auxquels il n'avait guère touché, une magistrature indépendante, des provinces ayant leurs coutumes particulières, quelques-unes même ayant gardé leurs franchises, il ne disposait que d'un petit nombre d'agents. Mais sur un sol nu comme celui de la France actuelle, les chênes sont rasés, il n'existe plus que de maigres arbrisseaux impuissants à arrêter le vent soufflant de la capitale.

Doué d'une humeur impatiente, le politicien répète volontiers le vers latin si souvent cité : « *Sic volo, sic jubeo,* » etc. Il veut, et qu'aussitôt tout s'incline devant sa volonté ; toute résistance l'irrite, même celle qui se produit dans les limites constitutionnelles. De tempéraments, il n'en supporte aucun. Si le Sénat manifeste quelque velléité d'opposition, on parle aussitôt de le briser ou on passe par-dessus son vote, au moyen d'un décret, comme on le fit pour l'article 7. Alors les sénateurs deviennent bien sages, afin d'apaiser la férocité de leurs maîtres. Tous les ans, ceux-ci leur envoient le budget à la fin de l'année dans des conditions telles que le contrôle du Sénat n'est plus qu'une fiction; il est réduit à voter les milliards au pas de course. Le rapporteur du budget insère une protestation à laquelle s'associe tout le Sénat. Mais cette protestation, les députés la tiennent pour non avenue; chaque année, ils recommencent à envoyer le budget avec les mêmes retards.

Le président ne pèse pas plus qu'un fétu pour les députés. M. Grévy, avec son esprit délié intervenait souvent d'une manière décisive dans les crises ministérielles. M. Carnot au contraire réalise le type parfait du soliveau, tel que les grenouilles de la fable le possédèrent. Prisonnier de ceux qui l'ont choisi, peut-être à cause de son honnêteté, mais aussi parce que son insignifiance ne portait ombrage à aucun des partis qui se disputaient le pouvoir, on connaît le mot cru de M. Clémenceau, il a sous ce rapport dépassé leurs espérances. Il fait tout ce qu'on lui demande. Honnête, il n'a pas craint de s'entourer de ministres fort incapables de concourir pour le prix Monthyon.

Adressant de temps à autre des compliments aux sœurs de charité, il appose sans mot dire sa signature au bas des lois laïcisatrices ou laisse le fisc confisquer le patrimoine des pauvres. A la Rochelle, il parle de concorde, d'apaisement, mais il ne souffle mot, lorsque ses ministres s'entêtent à maintenir les mesures qui fomentent la guerre. Un brave maire d'un chef-lieu de département voisin de Paris célébrait récemment dans un toast l'influence de M. Carnot; lui seul s'en est aperçu. Le président est condamné à une impuissance absolue; de sa volonté, nul ne s'inquiète. Personne n'a l'idée saugrenue de recourir à lui, comme à un protecteur naturel contre les abus de pouvoir; il ne saurait empêcher aucune iniquité. En voici un exemple entre mille. Un Alsacien-Lorrain qui avait opté pour la nationalité française et appartenait à une famille connue par son dévouement à la Mère patrie, avait été révoqué de la fonction qu'il occupait; son crime était d'aller à la messe. M. Charles Grad, le regretté député de Colmar, vint à Paris pour obtenir réparation de cette scandaleuse injustice. Après avoir multiplié démarches sur démarches et en désespoir de cause, il s'adressa à M. Carnot qui ne put répondre à sa légitime réclamation d'une manière favorable. De temps en temps quelques députations viennent le trouver à l'Elysée; on le montre aux provinces, afin d'exciter un enthousiasme qui ne s'allume guère, ou dont les manifestations s'envolent en fumée. Telle ville, comme Bordeaux, qui en 1889 avait fait au président un chaleureux accueil, vote quelques mois après pour les candidats de l'opposition. Dans nul autre pays, le chef du pouvoir exécutif n'est condamné à un rôle aussi effacé; le président de la République des États-Unis, nous venons de le voir, gouverne. Au nôtre ses maîtres ne reconnaissent qu'un droit : paraître et recevoir. Et en face de l'hôte incolore et impuissant de l'Elysée, s'élève l'heureux M. Constans, dont la puissance résume, comme l'a si bien dit Drumont dans sa *Dernière Bataille*, l'abaissement d'un régime. Il est doué de la plus grande qualité de l'homme d'Etat pour nos maîtres : il sait fausser une élection avec un art qui n'a jamais été égalé.

Aucun véritable homme d'Etat n'est sorti des rangs de cette nouvelle classe politique. Seule la tradition ou, à son défaut, le maniement des grandes affaires les forment.

Les gouvernants du jour ne connaissent qu'une

politique : écraser leurs adversaires, placer leurs amis, préparer leur réélection. Aussi la machine parlementaire ne fonctionne-t-elle plus. Aucune réforme sérieuse n'aboutit. C'est à peine si le budget peut être discuté avec quelque maturité. Les propositions dues à l'initiative parlementaire pleuvent ; mais à la fin de chaque législature, tout projet qui n'émane pas du gouvernement tombant, les mêmes questions sont sans cesse reprises. Telle réforme modeste qui pourrait être accomplie en quelques mois demande des années, par exemple la modification des articles, relatifs aux droits héréditaires du conjoint survivant qu'une erreur matérielle des rédacteurs du Code a sacrifiés. La loi sur le principe de laquelle aucune contestation ne s'élève, se promène depuis quinze années du Palais-Bourbon au Luxembourg ; on espère que d'ici deux ou trois ans à peine, son vote sera définitif. Et trop souvent les discussions se poursuivent au milieu d'une confusion inextricable, des amendements improvisés venant à chaque instant compromettre l'économie d'un projet. Un jour au Sénat, à la suite d'une discussion sur un projet concernant le crédit agricole, on s'aperçut qu'il n'y était plus question de crédit agricole. On ne savait plus quel nom lui donner.

Nous n'aurions pas à nous plaindre de cette impuissance, si elle avait empêché les œuvres malfaisantes de s'accomplir. Mais l'esprit de parti sait toujours se faire écouter. Le conseil municipal de

Paris a trouvé des millions pour la laïcisation des hôpitaux et des écoles, tandis que, faute d'argent, il distribue tous les ans à une partie de la population une eau chargée de microbes qui augmentent les cas de fièvre typhoïde dont le nombre a diminué dans les autres capitales. La Chambre se montre incapable de réaliser une réforme qui demande du temps, de la réflexion, de l'esprit de suite. Mais elle saura bouleverser toute la magistrature, afin de chasser des juges coupables d'indépendance et de les remplacer par des hommes plus maniables.

« Le gouvernement parlementaire, disait un jour lord Beaconsfield, a un défaut, il tend à aveugler l'intelligence. » En effet ministres et députés ne vivent qu'au milieu d'une atmosphère factice où leur intelligence se rétrécit, leur jugement s'y oblitère. Les petits événements prennent à leurs yeux de grandes proportions; les grands événements passent inaperçus. Aussi les politiciens n'accordent-ils qu'une attention distraite aux événements extérieurs; l'instabilité à laquelle leurs divisions condamnent le pouvoir le rend impropre à toute action suivie. « Nous ne savons si vous serez encore là dans trois mois, » faisait clairement entendre le marquis de Salisbury à M. Spuller qui voulait négocier avec lui l'évacuation de l'Egypte.

Chez eux, la passion étouffe l'intérêt national. Cet intérêt souffre des fréquents changements de titulaires aux ministères de la guerre et de la marine qui devraient être mis à l'abri des crises ministérielles; depuis vingt ans dix-neuf ministres ont tour à tour occupé le ministère de la guerre, tandis que l'Allemagne n'en a compté que trois. Tout au moins le ministre de la guerre qui plie sous le faix devrait n'être chargé que de la partie administrative, comme en Angleterre et en Allemagne, tandis qu'un chef permanent serait placé à la tête de l'armée. Il est vrai que ces deux pays vivent sous une monarchie; notre République s'accommoderait-elle de la stabilité des institutions monarchiques? Les mêmes députés qui maintiennent une telle instabilité ont supprimé les crédits relatifs au clergé français en Algérie; or le clergé constitue sur les côtes africaines de la Méditerranée le plus sûr agent de la propagande française, en face de l'Italie qui, inconsolable de n'avoir pu nous devancer à Tunis, s'efforce de nous contrecarrer de toutes les manières. Gambetta, dont l'esprit plus large savait parfois s'élever au-dessus des mesquineries de l'esprit de parti, avait affirmé la nécessité de maintenir ces missions fécondes pour le patrie française. « L'anticléricalisme n'est pas un article d'exportation, » disait-il. Mais le sectaire ne connaît plus de patrie; il sacrifie tout à la haine qui le dévore.

De toutes les missions qui incombent à l'Etat, la première, c'est l'établissement de la paix. Avant tout, il doit jouer le rôle de pacificateur. Or, l'Etat moderne organise la guerre. Le pays est divisé en partis dont chacun d'eux veut être le maître, et il n'y parviendra qu'en usant du pouvoir sans scrupule, en réduisant son adversaire à merci, en lui ôtant la possibilité de lui appliquer le même traitement, en transformant les fonctionnaires en agents politiques sous peine de révocation. Le pays est ainsi déchiré par des luttes perpétuelles au milieu desquelles le patriotisme s'altère à la longue. L'Etat qui devrait les apaiser les fomente.

Quant aux vœux du pays, ils sont foulés aux pieds sans scrupules ; bien mieux même, le jeu du système conduit à les étouffer d'autant plus qu'ils se manifestent avec plus de force. Ainsi, en 1885, une imposante minorité, presque aussi forte que la majorité, avait envoyé deux cents députés ; c'était surtout une protestation contre la politique scolaire qu'avait inventée M. Jules Ferry. Loin d'écouter cette protestation, la majorité s'enfonça plus avant dans cette voie ; elle vota la loi de 1886 qui consacre la main mise absolue de l'Etat sur l'école. Plus une minorité manifeste de force, plus elle doit être écrasée.

Aux dernières élections, la France fut encore coupée en deux factions presque égales ; le gouvernement ne l'emporta que de 400,000 voix qui représentent bien l'influence puissante dont il dispose. Mais, pas plus qu'en 1885, il ne songea à tenir compte des vœux de cette moitié de la patrie ; un instant quelques esprits candides avaient cru à une politique conciliatrice de la part des vain-

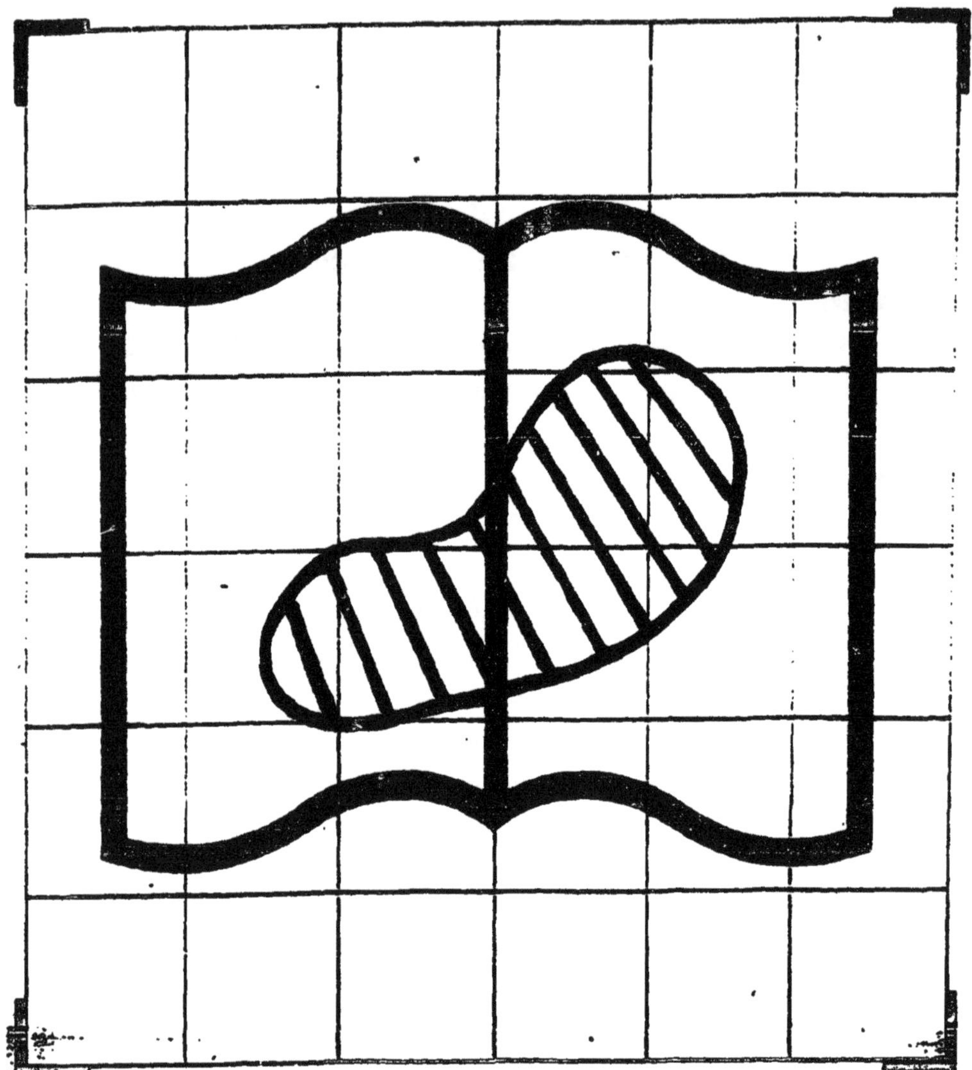

queurs. A moins qu'ils n'aient un triple bandeau sur les yeux, leurs illusions doivent avoir rejoint les neiges d'antan.

Si puissants qu'ils soient, les politiciens n'ont pas reçu de promesses d'immortalité. Le régime politique dont ils gardent toutes les avenues a contre lui presque la moitié du pays, et jamais gouvernement n'a soulevé une opposition aussi formidable. Elle est toujours vaincue, et la lutte la trouve toujours prête. Comme le disait récemment un des grands journaux conservateurs :

« Sous aucun régime et dans aucun temps, on n'a vu ce spectacle de populations représentant près de la moitié du corps électoral, ne se laissant jamais intimider ou corrompre et, malgré les menaces, les amertumes, les défaillances, les défaites, se retrouvant à chaque vote aussi fermes et aussi résolues. »

Pour nous qui les avons vus de près, nous ne saurions avoir trop d'admiration pour l'infatigable dévouement des soldats. Un parti peut-il se représenter comme définitivement victorieux lorsqu'il ne triomphe que par la force, lorsque la moitié du pays le condamne ? Une évolution a amené les politiciens au pouvoir, une évolution peut les en faire descendre, et déjà aux yeux des observateurs attentifs, cette évolution se dessine sous la forme d'un mouvement en faveur d'une représentation qui, laissant intact le suffrage universel, se préoccuporait d'assurer la représentation des intérêts professionnels ; les rois du jour seraient atteints.

Les socialistes, en portant leurs efforts sur la formation d'un parti ouvrier, ont fait un acte d'une portée plus grande qu'ils ne s'en étaient peut-être doutés. Qu'est-ce en effet au fond qu'un parti ouvrier? une représentation professionnelle, et les socialistes y tiennent d'autant plus qu'aujourd'hui les assemblées politiques, entraînées par un mouvement général, sont appelées à élaborer des lois concernant les classes ouvrières. Celles-ci, commençant à être lasses des brasseurs de politique bourgeois, veulent que leurs intérêts soient représentés par des hommes qui les connaissent, et non plus par des parleurs dont le bagage très mince se compose de périodes sonores.

Cette idée de la représentation professionnelle fait peu à peu son chemin dans des milieux où certes on ne se serait pas attendu à la voir rencontrer un accueil favorable. Ainsi, un écrivain-député, appartenant à l'extrême gauche, M. Henry Maret, écrivait un jour dans le *Radical* ces lignes intéressantes :

« L'électeur, au lieu de prendre parti dans les partis, c'est-à-dire dans les ambitions, devrait, au sein de la République reconnue par tous, choisir des mandataires qui seraient véritablement ses délégués.

« Peut-être y aurait-il à chercher dans le système des représentations spéciales.

« Nos anciens Etats-Généraux étaient composés de trois ordres : si l'application était erronée, le principe était juste, et je ne sais pas si, pour connaître la volonté générale et l'appliquer, une Chambre, composée d'hommes députés, qui par des ouvriers, qui par des négociants, qui par des industriels, qui par des agriculteurs, etc., ne vaudrait pas mieux qu'une Chambre exclusivement composée d'avocats, qui n'ont pas plus de compétence pour juger des intérêts de leurs électeurs, que ceux-ci n'en avaient pour choisir l'un plutôt que l'autre, et qui, au lieu de faire des affaires, font ce qu'on appelle de la politique, c'est-à-dire s'injurient et se disputent des portefeuilles. »

Infortunés admirateurs de la Révolution de 1789, voilez-vous la face! Votre idole ne voit plus les générations se prosterner à ses pieds, et l'année même du Centenaire, non pas un réactionnaire, un voltigeur de 1815, mais un écrivain radical renommé reconnaît la justesse du principe de la représentation professionnelle qui présidait à nos anciens États-Généraux. Seulement de nos jours, ce seraient les négociants, les ouvriers, les gens de terre, comme l'observe très bien M. Maret, qui nommeraient les députés.

Les agriculteurs n'expriment pas un vœu moins formel; eux aussi, fatigués du bavardage creux des Chambres, telles qu'elles sont composées, pensent qu'ils sauraient aussi bien faire leurs affaires eux-mêmes que de les confier à des « gens qui s'injurient et se disputent des portefeuilles », suivant le mot de M. Henry Maret. Les syndicats forment déjà une représentation spontanée dont la crainte salutaire a plus d'une fois fait sortir les députés de leur torpeur. Pouvons-nous enfin passer sous silence le mouvement des assemblées provinciales de 1889? Elles ont toutes affirmé la nécessité d'une représentation professionnelle.

A côté un groupe d'esprits lettrés prône un autre procédé pour mettre fin à la tyrannie des assemblées, c'est la représentation proportionnelle ou la représentation des minorités, aujourd'hui dépourvues de tout droit, réduites souvent au silence, même lorsqu'elles comprennent la moitié moins un du corps électoral. La représentation proportionnelle ferait cesser une telle injustice. Les assemblées communales photographieraient la physionomie exacte de la commune, de même que les assemblées politiques, reflétant l'état véritable du pays, donneraient à toutes les opinions la représentation à laquelle elles ont droit.

Les partisans de ce système manifestent une grande foi dans son efficacité; ils le croient capables d'atténuer dans une large mesure les maux de notre régime politique. Qu'il rende de réels services, surtout dans les élections municipales, qu'il accorde à la minorité la part à laquelle elle a droit, cela ne fait aucun doute, mais il ne menace pas les politiciens dont la représentation professionnelle cherche au contraire à abattre la domination.

Dans quelle forme le mouvement en faveur d'un régime vraiment représentatif s'incarnera-t-il ? Une représentation des intérêts peut se concevoir de trois manières : ou la représentation publique sera établie sur une base exclusivement professionnelle; ou celle des corps professionnels sera appelée à siéger avec les députés nommés par le suffrage universel ou sera garantie à la seconde Chambre ; ou, enfin, des chambres issues de ces corps seront obligatoirement consultées par les assemblées politiques, sur toutes les questions qui les intéressent. Laquelle de ces trois formes triomphera? Les prophètes politiques seraient fort embarrassés de le dire. Ils peuvent seulement affirmer que le suffrage universel a maintenant une longue carrière devant lui. Bien fou serait celui qui voudrait y toucher. Ils éprouveraient un égal embarras, si nous leur demandions quel régime succédera au régime parlementaire battu de toutes parts en brèche. Il y a un siècle c'était contre le pouvoir des rois que l'on cherchait à prendre des précautions. Aujourd'hui on cherche à imposer un frein à la puissance tyrannique des Assemblées contre laquelle n'existe aucune protection. Les Etats d'Amérique se mettent à la diète en fait de Parlement, certains limitent leur session à une durée très courte ; d'autres ne donnent une indemnité aux députés que pendant un certain temps, moyen ingénieux de couper court à leur zèle oratoire et législatif ; nous recommandons son application en France.

Il en est qui n'admettent qu'une session tous les deux ans, entre autres le Nébraska. Partout le même mouvement se produit contre les politiciens. Ce mouvement laisse-t-il debout les autres maîtres auxquels nous sommes soumis?

CHAPITRE III

LES GOUVERNANTS (*suite*). — LES BUREAUCRATES LES FONCTIONNAIRES, LES FINANCIERS

Les bureaucrates et les ministres. — Le gouvernement effectif des premiers. — La multiplication des emplois. — Comment la bureaucratie gère les affaires. — L'État ne sait plus s'acquitter de sa première tâche. — La superstition du fonctionnarisme. — Affaiblissement de la nation. — Accroissement des dépenses publiques. — Contrôle illusoire. — La perspective de la banqueroute. — Civilisés et barbares.

L'évolution qui a donné le pouvoir au politicien nous a en même temps soumis à d'autres gouvernants. Il ne peut seul se charger de toutes les besognes qu'il entreprend. Il plane dans les hauteurs, se plaît surtout à pérorer, à brasser la matière électorale; d'autres lui mâchent la besogne, et comme il prétend régenter toute la société, en même temps qu'il a une nombreuse clientèle à choyer, le nombre des places et des placés s'accroît sans cesse. Dépensier et imprévoyant, il ne saurait vivre sans avoir recours à l'emprunt, l'éternelle ressource de tous les prodigues. D'où la puissance des financiers, agioteurs, gens de bourse, qu'ils soient juifs, catholiques, huguenots ou mécréants, des premiers surtout qui détiennent presque tous les métaux précieux.

Eh quoi? dira-t-on, le maître de la société moderne, c'est le bureaucrate, aux allures modestes, qui occupe si peu le monde de son humble personne. Il va à son bureau, en revient après avoir entremêlé son travail d'un frugal repas pris sur un journal en guise de serviette ou de flâneries sur ses papiers, et c'est là toute son existence réglée comme une horloge. Ce que la veille a vu, le lendemain le verra. Nul ne connaît son nom ; le plus petit journaliste arrive à la notoriété, l'avocat se rend facilement populaire, le médecin se distingue par une cure qui le rend prophète dans son pays, l'agriculteur est couronné dans un comice agricole, les chefs de groupes et de sous-groupes, s'imposent à l'attention. Mais le bureaucrate n'a pas de théâtre où il puisse se couvrir d'éclat; il laisse son nom à la porte de sa carrière : on dit les bureaux, on ne dit pas tel ou tel employé. Qui serait en mesure de nommer les chefs de bureaux de nos ministères, et cependant ils nous gouvernent du fond de leur cabinet, leur plume exerce une influence décisive, tout autant que la bruyante parole des députés les plus en vue.

« Le roi règne et ne gouverne pas, » disait, il y a quelque soixante ans, un personnage célèbre et fort remuant; il provoqua même une révolution pour que cette formule devînt une vérité. Mais ce fut en vain. Le roi voulut régner et se refusa à ne pas gouverner. La célèbre formule resta à l'état platonique. Nos ministres la reprennent aujourd'hui pour leur compte. Ce sont des personnages qu'on essaie de rendre décoratifs. Ils logent dans de vastes hôtels que l'État fait sans cesse réparer, orner, rebâtir avec de superbes façades. Ils donnent des réceptions. Ils paradent à travers la France et cherchent à éblouir les populations que les fréquentes fluctuations politiques rendent indifférentes en faisant escorter leurs landaus par des gendarmes et des soldats. Ils exigent que des officiers, depuis longtemps au service du pays, s'inclinent jusqu'à terre devant eux, et cela avec d'autant plus d'arrogance que leur passé a été plus obscur, leur élévation plus imprévue. Ils prononcent des discours à la Chambre. Mais quant aux affaires de leur département, ils les ignorent. Comment du reste seront-ils en état de les suivre ? La plus grande partie de leur temps se passe à accorder des audiences aux nuées de solliciteurs qui les assaillent, à donner des signatures aux papiers multiples qu'on leur présente, tous préparés et rédigés dans les bureaux, et dont ils n'ont pas le temps matériel de prendre connaissance. Les circulaires qui paraissent au *Journal officiel*, ce sont également les bureaux qui les ont rédigées. Le ministre n'y appose que son nom : comment en outre acquerrait-il quelque compétence? Au bout de cinq ou six mois, il est renversé, et celui qui lui succède est obligé de se mettre au courant des affaires; à peine son éducation ministérielle commence-t-elle qu'il est à son tour renvoyé sur son banc de député ou de sénateur.

Sous un tel régime, la bureaucratie gouverne. Elle rédige les circulaires, commente les lois, et comme nos législateurs n'imitent pas les législateurs anglais qui entrent dans les plus minutieux détails, les bureaux ont des coudées franches pour atténuer ou défigurer même telle mesure qui leur déplaît; ils préparent en effet les règlements d'administration publique auxquels nos lois donnent une si grande marge. Solidement campés dans la place, les bureaux savent par une résistance prolongée, par une ténacité patiente, par une flatterie ingénieuse, asservir le ministre à leurs volontés; celui-ci, au début de ses fonctions, a peut-être quelque velléité de leur tenir tête, mais peu à peu il se laisse circonvenir et capitule devant les bureaux, contre lesquels il avoue souvent n'avoir plus la force de lutter.

Un fait survenu l'année dernière vaut à ce propos la peine d'être raconté. En 1889, l'administration des beaux-arts qui, suivant l'absurde manie des administrations françaises, veut tout attirer à Paris, avait enlevé de nombreux tableaux du musée de Versailles, avec le désir peu dissimulé de les mettre au Louvre d'une manière définitive, aussitôt l'Exposition terminée. La population de la ville, dont le château est à la fois la gloire et le moyen d'existence, signa une pétition au ministre des beaux-arts, pour demander que les objets d'art du château fussent réintégrés après la fin de l'Exposition, comme la promesse en avait été faite. Le maire de la ville avait auparavant tenté une démarche auprès du ministère ; mais au lieu d'aller droit au ministre, il s'était adressé à un plumitif peu gradé qui l'avait reçu du haut de sa grandeur et lui avait montré par ses propos que les Versaillais étaient des gens fort impertinents de s'occuper de choses qui ne les regardaient en aucune manière. L'administration des beaux-arts fait du musée de Versailles ce qu'elle veut, lui dit-il en substance ; elle n'a aucun compte à rendre aux habitants, quelque intérêt que ceux-ci en aient ; le seul droit qu'elle leur reconnaisse, c'est de se taire.

Les pétitionnaires ont bien entendu appelé du bureaucrate au ministre. Celui-ci, suivant le langage stéréotypé, s'est déclaré plein de sympathie pour les intérêts de la ville de Versailles ; il a même engagé les porteurs de la pétition à la faire couvrir de nouvelles signatures par un motif qu'on ne se serait pas certes attendu à trouver dans sa bouche : cette manifestation lui permettrait, avouait il, de mieux se défendre contre les bureaux de la direction des beaux-arts. Au cours de l'entretien, les pétitionnaires firent connaître au ministre d'autres faits de pillage, toujours commis par les mêmes bureaux, le transport d'orangers du parc à Paris notamment, de quoi le ministre fut fort ébaubi, et après avoir sollicité leur secours contre ses bureaux, le ministre les remercia de lui avoir appris ce qui se passait dans son propre ministère et dont il n'avait jamais ouï dire.

Le bureaucrate paraît faire petite figure ; mais il est dévoré d'une haute ambition : il veut régir tous les intérêts, les plus minces comme les plus grands ; la liberté que conservent les corps moraux ou la famille dans la vie privée lui inspirent une invincible hostilité. Il se garde bien de s'appliquer l'adage : *De minimis non curat prætor* ; tout lui semble bon, il veut que sa main se fasse sentir partout. Par exemple, en ce moment une commission est réunie au ministère des affaires étrangères sous la présidence du ministre ; elle s'occupe de la réforme des consulats. Or, cette commission, composée de graves personnages, délibère sur les heures auxquelles le bureau de nos consulats à l'étranger sera ouvert. Je ne désespère pas de la voir appelée à se prononcer sur la manière dont les cordons de sonnettes devront être faits. Une ville, celle de Versailles, veut construire une nouvelle ligne de tramways que la population réclame depuis bien longtemps. La voie sur laquelle passera le tramway étant considérée comme une route nationale, les formalités se multiplient, la bureaucratie paperasse, et elle prétend imposer à la ville en question l'unification de toutes ses lignes; quel intérêt le gouvernement a-t-il à ce que lesdites lignes de tramway soient unifiées? Les habitants n'en ont nul souci. Mystère! Les employés gouvernent aussi des colonies où ils multiplient les entraves contre l'initiative privée en s'ingéniant à les peupler de fonctionnaires. Les bureaux ne veulent pas seulement s'occuper des vivants, mais aussi des morts. Avant la loi de 1884, les conseils municipaux avaient le droit de régler les prix de concessions de cimetières ; les bureaux leur ont repris ce droit.

Le ministère de l'intérieur adresse des circulaires sur tout et à propos de tout. M. Waldeck-Rousseau en son temps envoya une circulaire aux préfets, pour leur indiquer les pays où l'émigration présentait peu de chances de succès, et parmi ces pays il rangeait les Etats-Unis ; cependant aux Etats-Unis les essaims des familles anglaises ont su s'y créer de solides positions, et si ardente qu'y soit la lutte pour la vie, les individus fortement doués savent encore faire leur trouée. Plus éclairé peut-être sur les conditions sociales de notre pays qu'on ne l'aurait pensé, le ministre n'osait pas espérer le succès pour nos compatriotes sortis de familles désorganisées, là où d'autres avaient réussi. Mais alors dans quel pays une émigration française a-t-elle des chances heureuses? Le bureaucrate se doublant maintenant d'un statisticien, la paperasserie atteint des proportions formidables ; les faits les plus insignifiants sont recueillis avec soin, publiés à grands renforts de chiffres et de graphiques, de ces fameux graphiques, une des plus belles découvertes de la statistique, mais dont la portée échappe aux profanes ; car ils traduisent d'une manière confuse ce qu'un mot exprime clairement. L'esprit saisit tout de suite ce dernier; il a besoin d'une attention soutenue pour se retrouver au milieu de ces tableaux noirs et blancs.

De quelque côté que nous nous tournions, nous trouvons le même débordement de paperasseries; l'armée en est envahie, et les rapports, contre rapports, demandes de renseignements de toute espèce, absorbent un temps si considérable que des officiers et des généraux, se transformant en gratte-papiers, n'ont plus le temps de monter à cheval; nous marchons vers ce temps qu'a décrit Louis Veuillot, un des écrivains qui a attaqué avec la verve la plus étincelante la maladie bureaucratique de l'époque : « On ne pourrait plus rien être, rien faire, rien croire sans la permission de l'État. Lorsqu'on aurait un mal de tête, il faudrait aller le déclarer sous peine d'amende, à un bureau qui ferait vingt papiers, pour donner à un médecin commission de vous guérir, sans compter qu'il exigerait bientôt, pour ses statistiques, des certificats, comme quoi on a ce mal de tête, et une enquête sur les causes d'icelui[1]. »

C'est là que nous saisissons le mieux peut-être un des caractères de l'évolution qui s'est accomplie depuis un siècle. Au moment où la Révolution éclatait, il y avait à la chancellerie — nous disons maintenant le ministère de la justice — une ving-

[1] *Çà et là*, IIe volume.

taine d'employés. En 1814, lorsque M. Dambray revint avec la Restauration, il constata que ce chiffre s'était augmenté. Et depuis, le flot monte, monte tous les jours ; c'est une marée qui submerge tout ; chaque révolution marque un progrès accompli par elle. Mais ces progrès s'accomplissaient lentement, comme s'ils avaient été contenus par une digue. A partir de 1875, c'est-à-dire du jour où le triomphe de la gauche amène le règne des politiciens, la digue est crevée, et le flot bureaucratique se précipitant avec impétuosité, envahit tout.

Rapportons seulement quelques chiffres. De 1875 jusqu'en 1888, les administrations centrales se sont accrues de 11 directions nouvelles, de 19 postes de sous-directeurs, de 51 places de chefs de bureau, de 74 de sous-chefs. Les bureaux rappellent les armées de ces Etats minuscules, où généraux, colonels et officiers qui pullulent commandent seulement quelques rares soldats. L'administration des beaux-arts comprend 30 chefs pour 70 employés, celle des cultes 20 chefs pour 20 employés, celle des contributions indirectes 11 pour 19, de l'enregistrement 30 pour 42. En 1847, M. Guizot avait sous ses ordres 33 secrétaires d'ambassades et de légation, le nombre est plus que doublé ; nous en possédons 74, et à en juger par la figure que nous faisons en Europe, par la surprise qu'a causée la conclusion du traité anglo-allemand, je ne sache pas que notre ministre soit mieux averti. Afin de se caser les uns les autres, les politiciens ont créé de nouveaux ministères. En 1869, il existait pour les travaux publics, l'agriculture et le commerce 1 ministre, 1 chef de cabinet, 1 secrétaire général, 4 directeurs, 11 chefs de division et 35 bureaux. En 1887, les mêmes services requièrent 3 ministres, 1 sous-secrétaire d'Etat, 6 chefs ou adjoints de cabinet, 11 directeurs, 11 chefs de division et 51 chefs de bureaux. Et personne n'ose soutenir que l'administration actuelle s'acquitte mieux de sa tâche que l'administration de 1869 ; celle-ci n'a pas à craindre la comparaison.

La multiplication des employés n'a pas rendu l'administration plus prompte, plus prévoyante, ou plus économe. Sa lenteur, son imprévoyance, son dédain de l'économie éclatent à tout propos. Voici, par exemple, une question d'intérêt national, les canaux du Rhône ; elle intéresse une région à laquelle le phylloxera a infligé de cruelles épreuves et qui a lutté avec un infatigable courage contre ce fléau, montrant ainsi la puissance de travail dont est douée notre race. Il y a plus de vingt ans que la question est sur le tapis, mais les formalités bureaucratiques, les crises ministérielles, l'argent dépensé ailleurs à tort et à travers, empêchent le projet d'aboutir. Après quatre ans d'études, d'enquêtes, d'avis des ponts et chaussées, un projet fut déposé par M. de Larcy, auquel revient l'honneur d'avoir fait inscrire en 1871 le crédit nécessaire pour les études. Le 23 février 1876, M. Christophile dépose de nouveau le même projet; la Chambre ne daigne s'en occuper, et la dissolution arrive peu de temps après. M. de Freycinet, ministre des travaux publics en 1878, reprend le projet; seulement il contenait une clause perfide introduite sans doute par les bureaux; le ministre avait toute liberté pour la solution technique qui lui conviendrait. La Chambre le vote avec cette clause, et aussitôt les bureaux le triturent de nouveau, de telle sorte que deux ans s'écoulèrent encore, et que ce projet, élaboré déjà depuis huit ans, ne fut présenté qu'en 1881 aux Chambres; l'année suivante, il était voté par elles deux, mais le projet stipulait de nouvelles études qui le condamnèrent encore à un sommeil de plusieurs années dans les cartons du ministère. Las de cette attente prolongée, les régions intéressées envoyèrent en 1887 une députation au ministre de l'agriculture; c'était alors M. Barbe. Celui-ci leur prodigua tout naturellement de belles promesses; mais là se borna son action, et son successeur, M. Viette, qu'avaient désigné pour ce ministère sa réputation d'auteur de calembours et sa haine contre l'administration des forêts, retrouva la question dans le même état. Il nomma une commission chargée de se prononcer sur les conditions financières du projet; au cours d'un voyage qu'il entreprit dans le Midi, il réitéra les plus chaleureuses déclarations, et en effet, au mois de novembre, le conseil des ministres l'autorisa à le déposer sur le bureau du Sénat. Les intéressés reprenaient espoir ; ils croyaient enfin toucher au terme de leur longue attente. Tout à coup un changement de ministère se produisit, et le ministère Constans-Thévenot-Rouvier était trop occupé de l'organisation du combat électoral et des dépenses vaines de l'Exposition pour avoir souci d'une question qui intéressait le travail national. Aujourd'hui, elle demeure toujours en suspens, quoiqu'il y ait vingt ans qu'elle ait été soulevée ; les Méridionaux ne perdent pas toutefois courage ; ils mettent de côté leurs divisions politiques, cependant si vives, pour former une ligue imposante qui arrivera peut-être à forcer la main à cette administration tatillonne et impuissante.

Prenons un autre exemple, qui concerne la défense nationale et auquel les manœuvres navales donnent un double intérêt. C'est un échantillon du savoir-faire de la bureaucratie militaire. Il s'agit d'un bâtiment construit en bois vers 1876, qui filait dix nœuds avec 748 tonneaux de déplacement ; le coût de la construction s'était élevé à 900,000 francs. En 1886, sa valeur s'était déjà abaissée, on ne l'estimait plus que 300,000. On l'envoya alors dans les parages de Madagascar où il échoua. Après l'échouage, avec les détériorations graves qu'il avait subies, il avait perdu presque toute sa valeur ; on en offrit sur place 40,000 francs. L'administration de la marine refusa et donna l'ordre de le ramener au port de Toulon, alors que ce n'était plus qu'un débris impropre à tout service actif. Pour cela, on procéda à des réparations volantes, on installa un gouvernail de fortune et on recalfata les coutures ouvertes. Deux vaisseaux accompagnèrent ce débris si précieux pour les bureaux de Paris : l'*Estaing* qui le remorqua de Zanzibar à Aden, la *Meurthe* pour le convoyer. La *Marine française*, à laquelle nous empruntons ce récit, estime à 100,000 francs la dépense des bâtiments pendant cette traversée. Il a fallu de plus dépenser 1,500 francs de remorquage dans le canal de Suez, et 2,500 francs de frais de passage. Au sortir du canal, — raconte toujours la *Marine française*, — le *Seignelay* a remorqué le *Bouvet* jusqu'à Toulon ; coût : 10,000 francs.

Le bâtiment n'a pas été vendu, de sorte que l'Etat a éprouvé une perte sèche. Que de tels faits se produisent sur une plus vaste échelle, et on se rendra compte du gaspillage de nos finances.

Autre chiffre non moins significatif : le soldat français coûte à l'Etat 1,250 francs, le soldat allemand de 3 à 400 francs. Le premier est-il mieux traité ? Il est permis d'en douter devant les plaintes très vives souvent portées contre l'insuffisance ou la mauvaise qualité de la nourriture. Que de faits nous aurions à relever à la charge de la bureaucratie qui, de la place de la Concorde, administre d'une manière absolue toutes nos colonies ! Un député de l'une d'elles nous l'apprenait. Il était allé se plaindre auprès des bureaux de la nomination d'un titulaire à un poste élevé dans une ville où, jadis fonctionnaire, celui-ci avait laissé de désagréables souvenirs. « Nous ignorions qu'il y eût déjà été, » répondit le chef de cabinet.

En vain exaltera-t-on la bureaucratie comme la garantie d'une forte centralisation, et par conséquent de la grandeur nationale. Elle ne donne que l'illusion de la concentration du pouvoir ; car en fait elle dissémine l'autorité entre une foule de petits agents que l'anonymat met à l'abri de toute responsabilité. En Angleterre, l'autorité est souvent plus fortement concentrée qu'en France, par exemple en matière financière, et cela parce qu'elle ne prétend pas mener tous les Anglais par la main, comme de petits garçons ; elle se renferme sur son terrain propre. Il n'y a pas chez eux des légions de bureaucrates ; on ne donne pas à un ministre la direction nominale de services dont il ne peut rien savoir ; à la tête de chacun d'eux est placé un chef responsable, ne se cachant pas derrière un supérieur dont la responsabilité, devenue illusoire par son étendue même, abrite complaisamment tous les excès de pouvoir.

Empêtré dans les attributions de toute espèce dont on l'accable et qu'il réclame tout le premier, l'Etat est impropre à se charger de sa besogne propre, de même que les députés s'occupant de tout s'acquittent d'une manière fort piteuse de leur premier devoir, le contrôle rigoureux des finances. Un instrument en effet n'est propre qu'à une fin. « Une lame qu'on a voulu faire à la fois pour découper et pour raser, disait spirituellement une Revue anglaise [1], ne rasera sûrement pas aussi bien qu'un rasoir et ne découpera pas aussi bien qu'un couteau de table. Une Académie de peinture qui voudrait en même temps tenir une banque n'exposerait probablement que de piètres tableaux et n'escompterait que de *fort* médiocres billets. Une compagnie du gaz qui serait aussi une société pour l'entretien d'une école d'enfants ne saurait, nous le craignons, qu'éclairer mal les rues et élever mal les enfants. »

La première mission de l'État, c'est le maintien de la paix. Nous l'avons vu au chapitre précédent fomenter la guerre. Il doit de plus ménager avec un soin jaloux les deniers qu'il lève sur les contribuables : nous étalerons tout à l'heure son gaspillage. Enfin la plus utile consiste à assurer l'exécution des lois, à sauvegarder la sécurité publique. Mais de cela il n'a plus le temps. Récemment, plusieurs conseillers généraux d'un département venaient se plaindre à un préfet de l'augmentation inquiétante des vagabonds qui parcouraient les campagnes. « Je n'y puis rien, leur répondit-il, qu'on me donne d'autres gendarmes. Ceux-là sont trop occupés ailleurs. » Le classique Pandore ne pourrait plus en effet chanter : « C'est un métier difficile de garder la ville et les champs. » La garde de la ville et des champs, c'est là le moindre de ses soucis. Transformé en facteur de la bureaucratie, ce vertueux guerrier porte les paperasses dont les

[1] *Revue d'Edimbourg* citée par Herbert Spencer. *Essais de politique*, p. 64. Burdeau traduct. 1879.

agents de l'Etat sont inondés. Un ancien préfet, M. Ferrand, qui a fourni une belle carrière dans l'administration, le constatait dans un livre remarquable[1]. Beaucoup de lois de police ne sont pas exécutées : l'administration que, contrairement à l'expérience, nous avons voulu centraliser, détourne l'Etat de son véritable rôle. Notre régime administratif aboutit à la confusion, et sous prétexte de tout faire, l'Etat finit par ne plus rien faire bien.

Bureaucrates et fonctionnaires se touchent : aussitôt que les premiers augmentent, les seconds deviennent plus nombreux. Le bureaucrate, c'est l'âme ; le fonctionnaire, c'est le bras ; ce que l'un prépare, l'autre l'exécute, et le premier a toujours soin de réserver au second un rôle qui s'agrandit chaque jour. Lorsqu'on est assis sur les bancs du collège en philosophie, le professeur se plaît à citer l'exemple du tas de blé dont on retire successivement tous les grains, sans le détruire, puisque chaque grain ne le constitue pas. Certains députés font le même raisonnement d'une manière inverse. Prenez chacun en particulier, il déplorera l'accroissement du fonctionnarisme, le signalera comme un véritable fléau, et cependant il n'hésitera pas à réclamer la création de nouvelles fonctions, se disant : « Un de plus, ce n'est rien. » Les mêmes critiquent l'envahissement désastreux de l'Etat, son insolente prétention à vouloir tout diriger, tout con-

[1] *Les institutions administratives en France et à l'étranger*, par M. Ferrand, Cotillon édit.

trôler ; ils se plaignent avec une amertume justifiée des tracasseries que ses agents infligent aux citoyens et des dépenses écrasantes qu'elles amènent. Ils ne font néanmoins aucune difficulté d'accroître ces dépenses jugées exorbitantes, en se disant : « Quelques mille francs de plus ne ruineront pas la France. » Et chacun tient un langage analogue, après avoir crié bien fort que l'État devait gérer les finances nationales avec une sévère économie.

Heureux fonctionnaire ! il est doué sans doute de toutes les vertus ; tandis que nous autres, pauvres mortels, nous luttons trop souvent, hélas ! sans succès contre toutes les tentations qui nous assaillent, lui seul est jugé un être impeccable. Comme les nègres, dont nous nous moquons fort, s'inclinent devant certains fétiches auxquels ils reconnaissent le don de sorciers, nous avons le fétichisme du fonctionnaire que nous ne jugeons pas capable de faillir : il arrêtera son action au point précis où nous le voulons, il ne commettra aucun abus, il protégera sans opprimer et réalisera comme pouvoir l'idéal que la terre avait vainement cherché, sans jamais le découvrir. Telle est la superstition sur laquelle repose l'extension des attributions de l'État pour ceux qui ne voient pas là seulement des places à distribuer. Les hommes politiques ont la vue courte ; ils ne comprennent pas qu'en agissant ainsi, ils donnent une plus vive impulsion au mouvement qui entraîne les Français vers les fonctions publiques, les détourne de la terre et les précipite vers les villes, c'est-à-dire accroît les maux dont nous souffrons le plus.

Un tel culte en outre exige des frais considérables. Déjà en 1851, à l'Assemblée législative, MM. Berryer et de Montalembert se plaignaient de la ruineuse extension du fonctionnarisme. Or, aujourd'hui les services publics coûtent le double de ce qu'ils coûtaient il y a deux tiers de siècle; en 1852, le total des traitements coûtait 133 millions; en 1870, le chiffre a monté, il s'élève à 233. Maintenant il dépasse 400 millions. En 1869, le chiffre des pensions de retraite exigeait 78 millions; en 1875, il s'était accru de 22 millions et en 1888, des révocations anticipées pour cause politique, l'accroissement des fonctions le doublent. Un nouveau fonctionnaire, c'est donc un Français de moins pour les travaux productifs, un Français de plus fixé dans les villes, un écu de plus enlevé aux contribuables, et aucune force morale créée.

La multiplication des fonctions publiques rapetisse une nation ; elle habitue les citoyens à attendre tout du gouvernement, au lieu de compter sur leur propre énergie, et les fonctionnaires sont enclins à ne concevoir la société que menée d'une manière administrative; toute force sociale leur inspire une profonde méfiance. Dans les assemblées provinciales qui se sont tenues en 1889, en entendant les vœux qui réclamaient la réforme du système actuel, les anciens fonctionnaires levaient les bras au ciel d'un air désespéré; pour eux, tout se réduit à un changement de personnel. Je ne nie certes pas la probité de l'administration française; toutefois, les fonctions publiques sont plutôt une école de souplesse que d'énergie; la faveur d'un chef habilement captée plutôt que le mérite donne l'avancement; pour arriver, il n'y a qu'à se laisser vivre en déployant quelque adresse. Le développement du fonctionnarisme entraîne encore une autre conséquence : il accroît l'instabilité des familles. Les fonctionnaires de l'ancien régime restaient dans leur pays; ayant acheté leurs charges, ils étaient à l'abri des caprices du gouvernement qui ne pouvait pas les envoyer de Dunkerque à Perpignan. Aujourd'hui, c'est un axiome qu'ils doivent être étrangers au pays où ils résident, tant l'idée que l'administration doit camper en France comme dans un pays conquis est profondément implantée parmi nous. Un fonctionnaire, c'est un nomade; il se promène pendant sa carrière à travers la France, et lorsque l'heure de la retraite a sonné, il n'a pu fonder nulle part un foyer.

Louis Veuillot a écrit sur les conséquences d'un tel régime un mot vigoureux : « Ce n'est pas par les émeutes ou les sociétés secrètes que la France a été démolie, c'est dans les bureaux. » La première préoccupation de ceux-ci, en effet, c'est d'étouffer toute spontanéité, de retirer aux autorités naturelles tout pouvoir, de mettre des lisières à tout corps moral. La science a découvert un parasite auquel elle a donné un nom en *um* que j'avoue avoir oublié;

s'insinuant dans les entrailles de l'homme, il y fait son nid, s'y développe peu à peu, sans qu'aucun signe apparent trahisse son action malfaisante. L'individu frappé continue à vivre; il présente les apparences d'une bonne santé, jusqu'à ce qu'un jour l'anémie envahissant son organisme tout entier, il perde toute vigueur. La bureaucratie et le fonctionnarisme, c'est le parasite décrit. Lorsque leur action s'est exercée pendant quelque temps sans contrepoids sur une nation, on s'aperçoit qu'il ne reste plus aucune force debout.

Du système découle fatalement un autre résultat non moins funeste : la ruine publique. Voulant tout faire, l'État est obligé de recourir à tous les moyens, afin de faire face à des dépenses croissantes, et cet excès de dépenses s'est surtout manifesté depuis que les politiciens ont pris possession du pouvoir. Il accompagne naturellement leur domination, comme le prouve une statistique des dépenses communales et départementales; elles sont d'autant plus fortes que les républicains ont la majorité dans les conseils électifs. Ainsi dans les départements où dominent les conservateurs, la moyenne de l'impôt est de 4,83 par habitant; elle s'élève à 7, 58 dans les régions où déjà ils se voient disputer les conseils par les hommes de gauche; enfin lorsque ceux-ci obtiennent la majorité, aussitôt la région qui la leur a procurée expie sa faute en payant une moyenne d'impôts plus forte, 12,47.

L'Etat s'adresse à l'impôt; de tous les citoyens

du monde, le Français est celui qui paie par tête la somme la plus élevée 107 francs, tandis que les habitants des Etat européens ne supportent qu'une somme de 56 francs à 80 francs. Malgré les promesses avec lesquelles on pipe les suffrages des électeurs, les impôts doivent être sans cesse augmentés; cette année les nouveaux s'élèvent à 62 millions qui se répartissent sur les sucres, les valeurs mobilières, les affiches murales et la propriété bâtie.

Mais l'impôt ne suffit pas, malgré ses accroissements annuels, à alimenter toutes les dépenses. L'Etat se tourne du côté des emprunteurs, et, comme le prodigue aux abois, il rembourse ses emprunts avec de nouveaux emprunts. Cette année, par exemple, le Trésor ne contenait aucune ressource pour le paiement des obligations sexennaires; il émet un emprunt de 900 millions pour que sa signature ne soit pas protestée. Aussi avec un tel système la dette atteint-elle des proportions jusqu'alors inconnues. Un économiste peu suspect d'hostilité contre le régime actuel, M. Chailloy, la décompte de la manière suivante :

Dette consolidée	22 milliards		
Amortissable, 3 0/0.	3	—	283 millions.
Dette remboursable par annuités .	3	—	717 —
Dette viagère	2	—	180 —
Dette flottante.	1	—	
Emprunts départementaux ou communaux	3	—	500 —
	35 milliards		680 millions.

Les appréciations de divers financiers, MM. Stourm, Leroy-Beaulieu, Buffet et Cucheval-Clarigny ne diffèrent que de quelques centaines de millions. Dites-vous ce que deviendrait la fortune d'un particulier qui aurait à faire face aux arrérages proportionnels d'un tel passif?

L'emprunt public cependant n'épuise pas encore la soif dépensière de l'Etat, il a recours à l'emprunt déguisé. Des caisses, par exemple, comme la caisse des écoles, la caisse des chemins vicinaux, ont été fondées depuis quelques années. Le bon public s'imagine sans doute qu'il y a là une véritable caisse, avec des ressources propres et une encaisse spéciale. Chimère! La caisse ne contient rien, elle n'existe même pas, ce n'est qu'un ingénieux système pour déguiser l'excès des dépenses publiques et tromper le pays sur sa véritable situation. On rejette ainsi hors du budget des dépenses qui eussent rendu le déficit plus visible. C'est dans le même but qu'ont été imaginés d'autres procédés, tels que les budgets extraordinaires, les comptes de liquidation, les fonds de concours.

Et toutefois, de telles ressources n'auraient pas permis à l'Etat de solder les déficits budgétaires réels qui se sont élevés, par exemple, de 1882 à 1886 au chiffre de trois milliards cent cinquante millions. J'ai dit les déficits réels, car un budget n'est plus aujourd'hui qu'une fiction. On entend les députés se battre avec acharnement sur l'équilibre du budget, le ministre faire une question primordiale de cet équilibre, déclarer que le plus innocent dégrèvement le compromettrait. Il n'y a dans tout ce tapage que des mots auxquels le public se laisse prendre, puisque en dehors du budget, de nombreuses dépenses sont soldées au moyen des sommes que l'Etat détient entre ses mains.

Le Trésor draîne en effet une part notable de la fortune nationale. Fonds des communes, fonds des départements, fonds des établissements publics, cautionnements de toute nature, sommes déposées aux caisses des retraites, aux caisses d'épargne, au Crédit foncier, à la caisse des dépôts et consignations, tout cet or s'engouffre dans les caisses du Trésor, et l'Etat y puise à volonté afin d'alimenter les dépenses que les ressources régulières seraient impuissantes à couvrir. Dans les caisses d'épargnes, il a remplacé une partie des fonds qu'il a absorbés par des titres de rentes, c'est-à-dire par du papier; qu'un jour sous le coup d'un grave événement, les demandes de remboursement se multiplient, l'État se trouvera dans l'impossibilité d'y faire face.

Cependant nous nous imaginons que le contrôle le plus rigoureux est organisé; la Cour des comptes, avec sa minutieuse exactitude, la Chambre des députés, le Sénat, tout cela fait un merveilleux effet, mais nous retrouvons là le caractère illusoire qui marque la plupart de nos institutions. Des mots, toujours des mots, rien que des mots. La Cour des comptes examine les dossiers de tous les comptables qui du reste ont déjà été l'objet de plusieurs inspections ; elle réprimande sévèrement les erreurs de quelques centimes ou francs, mais désarmée devant les dilapidations des millions, soustraites le plus souvent à son contrôle, elle se borne à émettre des vœux que le gouvernement se garde bien de prendre en considération. Le Parlement examine les dépenses budgétaires qui lui sont soumises, mais non les dépenses extra budgétaires que le ministre couvre soigneusement d'ombre. Les comptes définitifs d'un budget ne sont présentés aux Chambres que plusieurs années après la clôture de l'exercice, tout comme si un négociant négligeait d'établir son bilan chaque année.

Prenons quelques exemples de l'absence de ce contrôle. Voici d'abord un extrait de la commission dite d'apurement qui a examiné les dépenses de la caisse des écoles :

« Sans parler des fonds secrets des ministères de l'intérieur et de la guerre, dit-elle, rien qu'en ce qui concerne les opérations relatives à la caisse des chemins vicinaux et à celle des écoles, plus de 985 millions échappent à tout contrôle de la Cour des comptes et de l'État. »

« La dette de l'Etat envers les Compagnies de chemins de fer, écrit M. Cucheval-Clarigny[1], qui prend des proportions si redoutables, s'accroît silencieusement, sans que rien en trahisse la marche, sans qu'aucun chiffre soit inscrit au budget et provoque

[1] *Le Gouffre financier.* — *Revue des Deux-Mondes*, du 15 mai 1889, p. 302.

les investigations du Parlement, sans qu'aucune pièce justificative soit soumise à la Cour des comptes. Les livres des Compagnies sont la seule source de renseignements avec des rapports sommaires des inspecteurs des finances qui contrôlent les additions. La Cour des comptes se plaint avec raison de ne pouvoir obtenir aucun éclaircissement sur ce budget mystérieux qui se chiffre par des centaines de millions, » pas plus du reste que le Parlement. Dans d'autres chapitres, les pièces de la comptabilité des chemins vicinaux, dispersées çà et là, celles de la comptabilité de l'instruction primaire tenues sans ordre, rendent encore le contrôle très difficile.

Prodigue, besogneux et endetté, l'État ne vit que par les emprunts dont le développement est un des traits caractéristiques de la société moderne : il demeure donc le prisonnier de ceux qui peuvent lui fournir de l'argent ; et qu'un jour ceux-ci se coalisant mènent une campagne énergique contre son crédit, il mourra de faim. Aussi doit-il leur laisser les coudées franches. L'agiotage a toute liberté dans ses agissements coupables, et tandis que l'agriculteur ou l'industriel sont écrasés d'impôts, les agioteurs sont respectés par le fisc. La rente non plus n'a aucune redevance à payer, privilège qui contribue encore à détourner les capitaux de la terre et de l'usine, à constituer une classe oisive. « Il n'y a qu'un moyen de tuer l'agiotage, disait un grand ministre des finances, M. de Villèle, c'est de renoncer à votre système de crédit. » M. Horace Say écrivait de son côté : « Tant que les gouvernements auront une lourde dette flottante à soutenir, tant qu'ils auront de nouveaux titres de rente à placer sur le marché, loin de réprimer l'agiotage de la Bourse, ils lui donneront au contraire aide et protection. »

Et c'est ainsi que les Juifs, partout maîtres du marché financier, élèvent leur puissance ; ils s'imposent à l'Etat qui, par ses fautes, les fait sortir de terre et se condamne à devenir leur humble serviteur.

La conséquence finale d'un tel système, c'est la banqueroute. Une caricature parue sous un des régimes qui nous ont précédés, représentait le classique char de l'Etat sous la forme d'une lourde diligence que quatre chevaux vigoureux entraînaient à fond de train vers un précipice. Chef de l'Etat, ministres, députés, hommes politiques de toute espèce, enfermés dans la voiture, excitaient les chevaux du fouet et de la voix. C'est l'image de notre époque ; tous ministres, députés, sénateurs, politiciens, bureaucrates, pris de vertige, précipitent la France vers la banqueroute, car nos arrière-neveux se fatigueront de porter sur leurs épaules le fardeau que nous y avons posé. L'ancien régime contre la gestion financière duquel tant de déclamations ont été écrites, n'avait jamais pratiqué que des emprunts remboursables ; mûs par une pensée de haute prévoyance, ses ministres ne voulaient pas ruiner l'avenir au profit du présent. Aujourd'hui le déficit de 1789, a écrit un écrivain républicain, serait à peine jugé digne d'occuper une séance. Mais notre époque ne connaît que les emprunts perpétuels ; il n'y a pas, croyons-nous, de traits caractérisant mieux son égoïsme et son imprévoyance. Perpétuel, quelle ironie dans ce mot! Enfermées dans le présent, les générations se montrent aussi insouciantes du passé que de l'avenir; elle ne connaissent d'autre loi que leur volonté, et c'est au nom de cette loi qu'elles ont accumulé ruines sur ruines, qu'elles ont rompu avec la tradition. Pourquoi les générations futures entoureraient-elles d'un respect superstitieux l'effroyable dette qui dévorera la moitié de leurs ressources? Pourquoi seul l'argent aurait-il le pouvoir d'enchaîner leur souveraineté?

Mais ce sont les maîtres de la France qui l'ont régulièrement contractée ?—Nos descendants liront sans doute l'histoire, et elle leur apprendra que ces maîtres ont été élus par la fraude et la violence, qu'ils ne représentaient pas la France, mais à peine la moitié. Sans racines dans le passé, ils incarnaient au pouvoir toujours prêt à s'échapper de leurs mains la passion d'un jour. Au nom de quel droit, investis d'une domination aussi éphémère, s'attribueraient-ils des droits illimités! Toutefois, ces dettes ont été employées à des dépenses nationales, observera-t-on — et l'histoire leur montrera encore qu'elles ont servi à solder une politique de parti contre laquelle des protestations jamais ininterrompues se sont toujours élevées, à dépouiller une partie de la nationalité souveraine de droits primordiaux. Voulez-vous vous dérober à une telle perspective? alors ne jetez plus dans les caisses de l'Etat la moitié de la fortune publique, arrêtez le parasitisme administratif et bureaucratique qui nous ronge, cessez de vous prosterner devant le Dieu-Etat, dont la triste figure devrait cependant repousser vos hommages mal venus.

A la suite d'un siècle fécond en révolutions, le fier peuple des Francs qui s'est flatté de conquérir la liberté est donc tombé sous la domination de politiciens, de bureaucrates et d'agioteurs, traitant la société comme une pâte malléable, des griffes desquels il essaie çà et là de se ressaisir, en même temps que d'un autre côté un aveuglement inconcevable agrandit leur pouvoir qui lui enlève sa fortune, ses libertés, sa vitalité.

Les paysans de Bousrah, que nous dépeint une monographie d'un haut intérêt scientifique[1], sont dans leur existence, fort barbare à nos yeux, exposés aux déprédations d'une tribu arabe voisine; afin de se garantir de leurs incursions, ils leur paient une redevance nommée El Khoui, dont le nom veut dire gage d'alliance et de fraternité, et moyennant cette redevance, au fond véritable impôt, ils voient leurs troupeaux, leurs récoltes et leur territoire res-

[1] *Les Ouvriers Européens*, t. II. *Les Ouvriers d'Orient.*

pectés par ces redoutables voisins. Moins heureux que les paysans de Housrah, en dépit de la haute idée que nous faisons de notre état social, nous payons une forte redevance à nos maîtres avec charge de nous protéger, de respecter nos droits. Toutefois cette redevance ne devient pas entre leurs mains un gage de fraternité ou d'alliance comme pour les Arabes du Haouran plus scrupuleux, mais un instrument d'oppression, de ruine, de haine sociale.

LIVRE III

LES CROYANCES ET LES IDÉES

CHAPITRE PREMIER

LA RELIGION

La question éternelle. — Plus de Dieu. — L'union de l'Église et de l'État. — Le Concordat. — Le programme anti-catholique et son application. — L'épiscopat et le rôle du clergé. — Les pertes et les conquêtes de la religion. — La séparation de l'Église et de l'État. — L'expansion du catholicisme. — L'unité de l'Église et l'idée religieuse.

Le monde a été le théâtre des transformations les plus diverses; il a vu les empires s'élever et s'écrouler, les systèmes et les idées régner, puis s'évanouir ensuite, les sociétés perfectionner les méthodes de travail, à la suite d'une série de découvertes scientifiques qui ne s'arrêtent jamais, développer les cultures intellectuelles, construire d'immenses capitales ou au contraire demeurer avec leur simplicité primitive, sur des sols que la main de l'homme n'a pas modifiés. La terre ne contient plus de mystères; elle s'est ouverte tout entière à l'activité humaine, et cependant l'humanité se pose une question éternelle au milieu de toutes les évolutions auxquelles elle a assisté. Le savant qui cherche à surprendre les lois de la vie dans son laboratoire, ne l'a pas plus résolue que le pasteur gardant ses troupeaux au milieu de l'immensité de la steppe, ou le sauvage chassant au l'opossum dans les forêts de l'Australie et, à défaut de gibier, mangeant son semblable.

La destinée de l'homme se borne-t-elle à la terre? Est-il le produit d'une transformation de la matière qui a su faire, d'un bout de limon inerte, un cerveau et un cœur? N'a-t-il pensé, souffert, senti que pour s'enfouir dans un trou, et, saint ou sacripant, trouver l'égalité dans le néant? Ou au contraire, créé par Dieu comme le monde auquel la pensée se refuse à trouver en lui-même un commencement, dont la science n'a pu en dehors d'un premier moteur tout-puissant, donner que de chimériques explications, doit-il vivre comme une créature de Dieu, élever sa pensée vers le souverain maître de toutes choses, souffrir, penser, espérer, combattre avec la foi de l'éternité qui l'attend, et, à travers la décomposition de la matière, lui montre les régions nouvelles vers lesquelles l'âme s'envole? Là sera-t-il appelé à contempler l'éternelle vérité, sera-t-il séparé de tout ce qui aura fait battre son cœur pendant sa vie, de tout ce qu'il aura aimé, des affections auxquelles l'aura attaché un sacrement indissoluble ou sera-t-il condamné à expier, au milieu du désespoir et des remords, les fautes dans lesquelles, ingrate créature de Dieu, il aura laissé vautrer son âme immortelle?

Malgré les erreurs qui l'ont détournée du vrai Dieu, l'humanité en masse a toujours répondu : Oui, à cette grande question.

Toute une école répond : Non, depuis un siècle, et dans son triomphe, il y a un fait d'une portée autrement considérable que la plupart de ceux qui se sont accomplis jusqu'à ce jour.

L'angoisse de l'éternité ne tient plus notre époque, comme elle a préoccupé les siècles passés; les monuments religieux qu'ils ont élevés disent assez haut quelles étaient les pensées de nos pères. Que d'hommes vivent aujourd'hui insouciants de la destinée de leur âme, et l'ironie sanglante du sort qui les conduirait simplement à engraisser la terre, comme s'ils n'étaient qu'un tas de boue et de fumier, ne les saisit pas à la gorge, ne tourmente pas leur esprit; ils vivent ni plus ni moins que des animaux.

Des hérésies venaient jadis rompre l'unité chrétienne que déchira définitivement la plus puissante de toutes, le protestantisme. Mais ces luttes mêmes attestaient l'empire que l'idée religieuse gardait sur les âmes. Aujourd'hui ce sont les questions d'intérêt qui divisent les peuples; ils ne prennent plus les armes pour d'autres causes. Des historiens se sont appliqués à démontrer que les différences entre l'ancienne et la nouvelle France se réduisaient à peu de chose. Seulement ils ont oublié de jeter un regard sur les idées, c'est-à-dire sur le point essentiel.

Un fait seul nous montre la portée de l'évolution morale qui s'est accomplie dans notre pays. Les chefs de l'Etat ne manquaient jamais autrefois d'invoquer le nom de Dieu, et aujourd'hui dans les grandes circonstances, les présidents de notre République débitent de solennelles platitudes desquelles ce nom est soigneusement banni. Car le déisme, ce centre gauche de la philosophie, a subi le sort de son congénère en politique; il a été repoussé avec non moins de vivacité, et le mot de Dieu qu'il voulait faire insérer dans la loi scolaire a été rejeté. Est-il suspect, ce mot, comme étant d'origine réactionnaire? Mais le Président de la République des Etats-Unis ne craint pas de l'invoquer; des prières sont dites au commencement des sessions législatives; dans certaines circonstances, les pouvoirs publics rendent des actions de grâces à Dieu ou décrètent des actes de pénitence; les serments enfin ne sont acceptés que sous la garantie de la croyance en Dieu. En Suisse, les cantons catholiques ou protestants ne rougissent pas de s'incliner devant la Providence. Quant aux grands empires européens comme l'Angleterre, l'Allemagne, la Russie, ils n'ont pas rejeté la loi de Dieu, ils n'ont pas proscrit son nom de toutes les manifestations publiques. Seuls nous l'avons fait.

Avant la Révolution, l'Eglise et l'Etat étaient intimement unis, bien que de vives discussions éclatassent parfois entre eux. Le premier, se mêlant d'affaires ecclésiastiques, ne craignait même pas de dogmatiser comme les Parlements qui prétendaient obliger les prêtres à donner l'absolution dans certains cas. Réunie dans ses assemblées, la seconde gourmandait le pouvoir, lui disait ses vérités; elle ne lui accordait qu'après de longues négociations ce qu'il venait lui demander avec instance. Toutefois, les discussions n'allaient jamais jusqu'à la rupture dans le ménage. Pénétrée de l'esprit catholique, malgré les progrès de la philosophie au XVIIIe siècle, la royauté savait qu'elle ne comptait pas de sujets plus dévoués que le clergé, et celui-ci, de son côté, voyait dans la vieille monarchie, intimement soudée à la France, la plus sûre défense de la religion. La Révolution coupa le lien qui unissait l'Etat à l'Eglise : on sait quelle fut sa politique religieuse. Les assemblées révolutionnaires, au nom de l'absolue souveraineté dont elles se disaient investies, voulurent pétrir à leur façon la constitution de l'Eglise; mais elles ne trouvèrent pas une pâte aussi malléable qu'elles se l'étaient naïvement imaginé. Le clergé de la vieille France, dont des historiens trop longtemps accrédités ont défiguré la physionomie, préféra la persécution au schisme : prélats, curés, religieux, religieuses furent moissonnés par la guillotine ; et il mérita cet éloge de la bouche de Pie VII que nul clergé n'avait fourni autant de martyrs.

La Révolution n'avait pu déraciner la foi : dès le jour où la fin de la Terreur permit de respirer, d'elles-mêmes les populations retournèrent au culte qui peu à peu s'organisa dans un grand nombre de paroisses. Le Concordat n'eut donc pas à relever tous les autels, comme on l'a répété sans cesse : il consacra d'une manière officielle leur existence. Devant l'énergie et la spontanéité avec lesquelles le mouvement religieux s'était dessiné dans toutes les parties de la France, plusieurs historiens ont conclu à l'inutilité du Concordat. Nous n'avons pas à discuter ici cette thèse. Il rendit certes des services au moment où il fut signé. Mais il est rare qu'une mesure politique qui s'inspire nécessairement des circonstances, elle ne produit même d'heureux résultats qu'à cette condition, il est rare, dis-je, qu'une mesure politique s'applique avec autant de succès, lorsque les circonstances desquelles elle était née n'existent plus. Ainsi en arrive-t-il du Concordat, nous pouvons nous en rendre compte aujourd'hui.

Le Concordat, tel qu'il est appliqué, se résume en un mot : il fonctionnarise l'Eglise. C'est l'Etat qui subvient à toutes ses dépenses par un budget qu'il est le maître de modifier. Elle ne doit posséder aucun bien propre; la propriété, c'est la condition de l'indépendance. Or le système social né de la Révolution ne supporte aucun corps moral, aucune association vigoureuse; il ne veut que des citoyens isolés, faibles, réduits à l'état de zéro, que l'Etat dominera sans peine. La propriété ecclésiastique n'existe donc plus, c'est un mot qui fait trembler encore aujourd'hui beaucoup de Français ; ils oublient seulement que partout où elle a existé, elle a secouru les indigents avec une inépuisable libéralité, et par conséquent assumé une partie des charges de l'Assistance publique. En Angleterre notamment, le paupérisme a pris naissance le lendemain du jour où Henri VIII mit la main sur les biens de tous les couvents ; à ce moment le gouvernement se vit forcé d'établir la loi des pauvres. Voilà donc l'Eglise déjà placée sous la coupe de l'État, par cela seul que celui-ci tient entre ses mains sa vie matérielle. Mais il s'est réservé d'autres pouvoirs ; il nomme les évêques, il donne son approbation aux choix qui sont faits pour les vicaires généraux et les curés de canton ou des paroisses de ville. Il prétend garder le droit de blâmer les mandements épiscopaux ; il ne permet pas aux évêques de s'assembler. Quant aux ordres religieux, il les regarde avec méfiance, et le Concordat ne contient rien à leur sujet.

Entre les mains d'un gouvernement catholique, ou tout au moins d'un gouvernement que l'intérêt politique rend bienveillant et juste, le Concordat a assuré la paix religieuse. Or, aujourd'hui il existe en France un parti pour lequel les dogmes de la philosophie du XVIIIe siècle constituent une véritable religion ; la guerre que la Révolution a déclarée à l'Eglise lui paraît la plus belle page de son histoire, et le progrès de l'humanité consiste en conséquence à se débarrasser des superstitions bonnes pour des peuples dans l'enfance, mais non pour ceux que les progrès de la science ont émancipés.

Ce parti ne se contente pas d'affirmer son hostilité contre la religion, les attaques philosophiques ne donnent pas satisfaction à ses ardentes passions. Il fait de la guerre, à ce qu'il appelle le cléricalisme, mot dont il recouvre l'idée de Dieu, le pivot de sa politique. Il a laïcisé l'école et dans l'enseignement et dans les maîtres. Le mot de Dieu ne doit plus y être prononcé; le maître est tenu à la neutralité. Lorsqu'il s'agit des questions religieuses, les esprits qui planent dans les hautes sphères de la pensée, peuvent affecter l'impartialité, mais un instituteur ne saura pas se contenir dans une attitude aussi correcte, surtout lorsqu'il connaît les dispositions de ses supérieurs auprès desquels toute attaque contre la religion est un moyen de se faire bien venir. D'ici quelques années, aux termes de la loi de 1886, des instituteurs laïques seront seuls titulaires des écoles publiques, l'habit des congréganistes rappellerait encore aux enfants l'idée de Dieu.

Puis après avoir soustrait l'enfance à toute influence religieuse, nos maîtres ont voulu imposer la laïcisation aux malades et à la mort par la substitution des infirmières laïques aux religieuses, par la suppression des aumôniers d'hôpitaux, par les difficultés accumulées autour des prêtres, quand les mourants veulent recevoir les consolations de la religion. Une loi a exclu des commissions hospitalières les ecclésiastiques, elle les a également chassés des bureaux de bienfaisance, désormais livrés à l'influence laïque. Nous avons déjà raconté quelles entraves étaient apportées à la charité libre. Souffrent et périssent les pauvres, plutôt que la liberté ne soit donnée aux âmes pieuses. Les associations religieuses charitables sont écrasées d'impôts qui les obligent à restreindre leur bienfaisante et nécessaire activité.

La laïcisation de la vie privée se poursuit sur le terrain législatif. La loi du divorce a fait du mariage un contrat révocable, tandis que les catholiques y voient un sacrement indissoluble ; une autre loi, sous le titre hypocrite de lois sur la liberté des funérailles, s'efforce de multiplier les enterrements civils. Des pratiques religieuses constantes, une fin pieuse, la volonté exprimée d'une manière formelle d'être enterré à l'Eglise, le vœu de la famille, tout cela ne saurait prévaloir contre un papier, signé du moribond, il y a trente ou quarante ans, dans un instant d'égarement et promettant son corps aux entrepreneurs de manifestations mortuaires. Ceux-ci arrachent le cadavre à la famille, et lorsqu'ils n'y parviennent pas, ils font appel à la justice. Si chacun demeure libre de rester dans sa vie privée fidèle à ses convictions religieuses, le gouvernement ne reconnaît guère ce droit à ses fonctionnaires; celui qui va à la messe se fait mal noter; c'est même un motif de révocation: nous pourrions en citer plusieurs exemples. Ils ne sont pas, en tout cas, maîtres de l'éducation de leurs enfants; depuis le cantonnier jusqu'aux plus hauts fonctionnaires, il leur est interdit de mettre leurs fils dans une école religieuse, sinon gare à eux. Ils éviteront aussi avec soin la société trop fréquente des membres du clergé: sur la foi d'un dénonciateur anonyme, un percepteur était tout récemment déplacé à cause de ses opinions cléricales qui se manifestaient sous la forme d'innocentes parties de bezigue avec le curé; après son déplacement, on découvrit qu'il était protestant.

La guerre religieuse s'est encore portée sur d'autres terrains; les congrégations ont été violemment expulsées de leur domicile, en vertu de lois qui n'existaient pas; une majorité hargneuse réduit progressivement le budget des cultes. L'ouverture de chapelles fait même peur à nos gouvernants; ils ne l'accordent que dans de rares occasions. Pourquoi l'autorisation de l'administration est-elle requise pour un acte aussi inoffensif? se demandera-t-on. Parce que l'administration veut tenir sous sa main toute la vie des Français. Cette nécessité d'une autorisation administrative a été, croyons-nous, sollicitée après la signature du Concordat contre la « petite Eglise », c'est-à-dire contre la portion du clergé qui ne voulait pas en accepter les clauses; aujourd'hui elle sert à frapper l'Eglise tout entière ; ce qui prouve combien l'intervention de l'Etat, dans notre siècle changeant, se tourne souvent à double fin. Dieu a été écarté de la vie publique. Un ministre ne saurait prononcer son nom sans ameuter contre lui la presse radicale ; les manifestations extérieures du culte enfin deviennent de plus en plus rares.

Observons-le encore, la franc-maçonnerie compte de nombreux adeptes parmi les hommes influents du parti gouvernant ; des principes, de la politique de la franc-maçonnerie, nous n'avons rien à dire ; ils sont trop connus[1]. Les hommes qui ont mené la guerre religieuse ne tiennent plus nul compte des vœux de la nation. Qu'une voix de majorité leur donne raison, et le reste de la France n'existera plus.

Or ces partisans déterminés d'une politique antichrétienne sont aujourd'hui maîtres du pouvoir : l'Eglise est à leur dévotion, et les mêmes hommes qui nomment les évêques, proposent des lois destinées à ruiner leur influence, transforment le Concordat en un instrument de tracasseries et d'oppression.

Si une personne que je sais acharnée à ma ruine avait le droit de nommer le régisseur de ma fortune, j'éprouverais quelques craintes sur le choix qu'il ferait. Ces craintes, nous pouvons les éprouver lorsque nous voyons le choix des évêques remis aux pires ennemis de l'Eglise. Il y a peu de temps,

[1] Voir notamment *Les Sociétés secrètes* et *La Société*, par le P. Deschamps et M. Claudio Jannet. Oudin, édit.

un prélat éminent, Mgr d'Hulst, directeur de l'Université de Paris, et qui aura cette année le grand honneur de monter à la chaire de Notre-Dame, se faisait l'organe de ces angoisses. Il y a des peuples catholiques que la faiblesse de l'épiscopat a perdus, disait-il hardiment. Ne pouvons-nous redouter une diminution de l'Eglise dans ses chefs? car certainement ses ennemis invétérés n'iront pas confier les fonctions épiscopales à ceux qui, par l'énergie de leur caractère, la hauteur de leur intelligence, l'éclat de leur parole, l'intrépidité de leur dévouement, donneraient une vive impulsion au mouvement catholique et entraveraient le succès de leurs propres entreprises. Le Saint-Siège, il est vrai, écarte les choix invraisemblables que le gouvernement français lui soumet; toutefois, il ne saurait repousser les prêtres estimables, mais incolores, sur lesquels nos ministres se rabattent, sachant qu'ils ne tiendront pas à leur égard le langage des Pères de l'Eglise devant les empereurs romains. Ils déploient, dit-on, beaucoup d'habileté dans l'administration de leur diocèse ; mais les évêques ne jouent pas précisément le rôle de commis aux écritures, et sans dédaigner en aucune manière l'art de tenir une comptabilité correcte, nous souhaiterions trouver en eux des apôtres plutôt que des administrateurs, ne redoutant pas de dire la vérité ou relevant l'énergie des catholiques. Les ministres ont cru politique de faire voyager M. Carnot à travers plusieurs départements; les évêques sont allés lui rendre leurs hommages, comme ils le devaient, mais devant le chef de l'État dont les différents ministères ont déclaré à la religion une guerre acharnée, bien peu ont fait entendre, non pas des protestations, mais même des allusions contre une telle politique. L'un d'eux, Mgr de Cabrières, dans une lettre adressée au clergé de son diocèse, à l'occasion du sixième centenaire de l'Université de Montpellier, a fièrement affirmé qu'il demeurerait fidèle à ses sentiments intimes, et il ajoutait ces nobles paroles qui se seraient heureusement trouvées sous la plume de bien d'autres dans les mêmes circonstances :

« Dieu aidant, mon cœur demeurera ce qu'il doit être : fidèle au culte des grandeurs anciennes de la *France, sympathique aux aspirations généreuses* qu'elle essaye de satisfaire dans le présent, jaloux dans l'avenir de sa grandeur et de sa liberté.

« Les hommages que nous rendrons aux représentants du pouvoir, les paroles que nous leur adresserons n'auront pas d'autre sens ni d'autre portée. »

Le ministre des cultes donne son agrément à la nomination des curés de canton ; il repousse tous ceux qui ont participé à la fondation d'une école libre, et pourtant, en agissant ainsi, ils ont simplement usé d'un droit. Mais la théorie officielle les assimile à des fonctionnaires; ils se doivent au pouvoir d'abord, à leurs ouailles ensuite. Sur une simple dénonciation anonyme, le ministre supprime les traitements des curés, droit exorbitant qu'il ne s'arroge à l'égard d'aucun de ses agents. Il a peur même souvent de l'influence qu'exercent de simples religieuses par les soins donnés aux malades; si des radicaux en prennent ombrage, ils obtiennent de l'autorité ecclésiastique leur déplacement.

Aussi l'Église de France a-t-elle éprouvé une diminution de son rôle social; sachant qu'ils ne seront pas soutenus par leurs supérieurs, beaucoup de prêtres hésitent à entreprendre des mesures qui les désigneraient à l'attention du pouvoir contre la défaveur duquel ils ne trouveraient pas d'appuis. « Ne pas avoir d'affaires, » tel est le mot d'ordre. Ceux qui jetteront un coup d'œil sur l'histoire de notre époque éprouveront sans doute un singulier étonnement, quand ils verront quelle petite place l'épiscopat a tenue dans le mouvement de résistance contre la politique anti-catholique du gouvernement; loin de se mettre à sa tête, il s'est maintes fois appliqué à en ralentir l'ardeur, et de tels conseils ne sont que trop écoutés des Français dont le tempérament énervé par un siècle de révolutions se plie à tout ce que le gouvernement, quel qu'il soit, leur impose. Nous n'incriminons certes pas les hommes, fort dignes de respect par leurs vertus sacerdotales, mais ils se trouvent placés dans une situation fausse. Comment résister, malgré tout leur dévouement, à ceux qui les nomment? Devant ces faits, beaucoup d'esprits commencent aussi à reconnaître que le Concordat ne produit plus d'effets utiles, lorsqu'il est manié par des gouvernants hostiles à l'Église.

Si nous faisions l'inventaire de la religion en France, constaterions-nous des pertes et des gains pour elle? Au XVIIIe siècle, une partie des hautes classes s'étaient laissé gagner par les doctrines de la philosophie; une partie des hautes classes, disons-nous, car il se rencontrait encore parmi elles beaucoup de vrais et solides chrétiens, et l'histoire nous apprend avec quelle prudence nous devons prononcer des jugements d'ensemble sur une classe. Mais le peuple avait gardé sa foi dont il se détacha peu à peu pendant notre siècle, surtout depuis la Révolution de 1870 qui produisit un profond ébranlement dans toute la nation; elle donna le signal de la propagande anti-cléricale, en même temps que, dans d'autres parties de la société, elle activa le retour des esprits vers les idées religieuses.

Aujourd'hui, il n'est plus le temps où l'incrédulité régnait parmi les jeunes gens, où un catholique pratiquant était montré au doigt dans les grandes écoles qui comptent maintenant un noyau religieux, nombreux et fervent. Il n'est plus le temps où, par respect humain, les catholiques n'osaient se rendre aux pieds de l'autel qu'en cachette. L'heure est également passée où les classes élevées se moquaient entre elles de la religion dont elles recommandaient la pratique au peuple, la rabaissant au niveau d'une institution de police.

Le voltairianisme est mort, et le respect humain conduit plutôt les hommes à l'église qu'il ne les en détourne. Cependant, le sens profondément chrétien manque souvent malgré les pratiques ; il y aura plus de religiosité que de religion. N'occupant qu'un petit coin de la vie, celle-ci sera mise sans scrupules à la porte des affaires.

Mais en revanche que de portes l'Église a faites dans le peuple ! Comme l'a écrit avec tant de raison et d'éloquence Monseigneur Isoard, évêque d'Annecy, « nous sommes arrivés à cette heure d'une campagne où l'on compte à haute voix ses morts, ses villes ruinées, ses provinces envahies et occupées...

« Voyez comme, depuis sept années surtout, des populations entières nous abandonnent ; interrogez les curés, les instituteurs, les religieuses : le contraste entre ce qu'ils ont connu et ce dont ils sont témoins remplit toute la conversation. Ils ne parlent qu'au passé : C'était un bon peuple, on fréquentait l'église, on voyait en nous des amis. Si vous les obligez à parler du présent, ils arrivent bientôt à cette conclusion : Si ce mouvement continue, que nous restera-t-il dans vingt ans d'ici ? — Voyez ces multitudes d'ouvriers qui sciemment, résolûment, froidement, cessent d'avoir aucun rapport avec l'Eglise : ce n'est point, comme il y a trente ans, indifférence, oubli, simple dureté de cœur à l'endroit des vérités surnaturelles : non, ils ont une aversion réfléchie pour nos doctrines, une haine implacable pour nos personnes, — ces phalanges d'hommes instruits, à l'esprit cultivé, qui ne nous regardent plus. »

Dans certaines régions, l'église est déserte ; nul homme ne s'approche plus des sacrements. A peine l'enfant a-t-il fait sa première communion, que le prêtre ne le revoit plus L'assistance qui se presse dans les églises des villes fait quelque illusion ; mais comme les paroisses urbaines comptent une population dix fois, vingt fois même plus nombreuse que les paroisses rurales, la proportion reste la même, si même elle n'est pas au-dessous. Voici, par exemple, une paroisse de Paris ; elle renferme une population de 30, 40, 50.000 habitants, et même plus ; calculez le chiffre des fidèles le dimanche, vous trouverez une proportion d'assistants inférieure à celle des paroisses rurales les plus abandonnées. A Paris également, le chiffre des enterrements civils est très élevé dans les quartiers populeux ; ils ont fait à peu près partout leur apparition. Il y a vingt ans, c'était chose inconnue.

Le langage reflète cette disposition des esprits qui va s'accentuant ; dans les quartiers populeux de la capitale on ne dit plus faire sa première communion, mais faire sa « communion » ; les familles indifférentes considèrent cette cérémonie comme ne devant pas plus se renouveler que le baptême. Une autre disposition très répandue dans ces quartiers et qui s'observe même chez des familles nullement hostiles à l'idée religieuse c'est d'envisager l'assistance aux offices le dimanche « comme une affaire de bourgeois », de gens n'ayant rien à faire, mais dont sont naturellement dispensés ceux qui, absorbés par le travail, ne peuvent revêtir leurs beaux atours.

Nous avons déjà remarqué à quel degré les centres industriels étaient sevrés d'influence religieuse ; il y en a où un ouvrier qui irait à la messe ne pourrait plus rester dans un atelier. Et, ainsi que le constatent beaucoup de prêtres, ce mouvement a pris de l'intensité depuis l'application de la loi scolaire qui du reste n'a pas eu d'autre but.

Cependant le reflux ramène ce que le flux entraîne. Les attaques contre le cléricalisme ne font plus qu'une maigre recette ; aussi les politiciens en quête de suffrages doivent-ils aujourd'hui inventer d'autres procédés pour les capter. Çà et là, des prêtres courageux, véritables missionnaires, ont fait entendre des paroles chrétiennes à des populations hostiles ; là où ils s'attendaient à des protestations violentes, ils ont vu leur parole produire une impression qui ne s'est pas effacée. Des industriels ont fièrement planté la croix dans leur atelier ; suivant l'exemple de M. Harmel, l'infatigable et saint apôtre de l'usine, ils ont créé des associations religieuses dans lesquelles les ouvriers sont entrés en foule ; plusieurs ouvriers ont même exercé un véritable apostolat avec un succès que n'aurait jamais obtenu un prêtre ou un patron, et de ces usines sont sortis les grands pèlerinages du travail de 1887 et de 1889. Ailleurs, dans des centres réputés imprenables, un noyau de fidèles fortement trempés s'est constitué ; ils manifestent une foi d'autant plus vive qu'ils se sentent plus isolés. Portant le drapeau du Christ, au milieu du flot d'ennemis qui les entourent, ils mourraient plutôt que de se rendre.

L'unité morale de la France est donc brisée, et avec cette unité a disparu l'union intime de l'Eglise et de l'Etat, union qui suppose un Etat aux mains de croyants, un peuple unanime dans sa foi. L'expérience de ces dernières années a fait éclater les vices du faux ménage entre l'Eglise et l'Etat, celui-ci ne se servant du Concordat que pour mettre des lisières à celle-là. Du jour où l'Etat, suivant une parole célèbre, a voulu être athée ou tout au moins indifférent, il a conduit les catholiques à se détourner d'une prétendue union qui, en échange d'un budget sévèrement mesuré, aliène leur liberté. Le bloc enfariné de l'Etat ne leur dit rien qui vaille aujourd'hui ; ils ne le connaissent que par les vexations qu'il leur impose ; ils ne le voient que sous la figure d'un maître désagréable, hargneux. Aussi l'Eglise garde-t-elle une vive méfiance contre toute intervention d'un tel maître.

Délivrée du joug des hommes de gauche, la France reviendrait-elle à un gouvernement conservateur, que le clergé devrait encore plus compter sur lui-même que sur le pouvoir. Car avec la disposition frondeuse de beaucoup de Français, l'appui du gouvernement coûte plus à l'Eglise qu'il ne lui rapporte ; l'histoire de notre siècle ne le montre que trop. Ce que les catholiques doivent demander au gouvernement, ce que celui-ci doit leur donner, c'est la liberté ; ils n'ont à réclamer rien de plus, et c'est ce que les jacobins refusent de leur accorder. Aussi l'idée d'une séparation loyale de l'Eglise et de l'Etat fait-elle des progrès dans l'opinion catholique. Nous y marchons, c'est le seul régime qui, dans un pays profondément divisé, garantira à l'Eglise et à ses membres, avec leur dignité, la liberté de remplir leur mission.

En vain représenterait-on le catholicisme comme ayant perdu toute force d'expansion. Qu'on jette les yeux sur les pays où la liberté religieuse existe pleine et entière, comme l'Angleterre, l'Amérique, la Hollande, le catholicisme y fait des progrès constants, comme nombre et plus encore comme influence. Il exerce, notamment en Angleterre, une haute action sociale; par exemple, après avoir servi d'arbitre dans la grève des Dockers, le cardinal Manning a été appelé à faire partie du comité d'arbitrage permanent que la chambre de commerce a nommé.

« Depuis cinquante ans, disent les *Missions catholiques*, le gouvernement protestant de Hollande pourrait, par son libéralisme vrai, servir de modèle à plus d'un gouvernement catholique. Dans ce pays, c'est la liberté complète sans aucune de ces dispositions organiques, de ces entraves miserables, à l'aide desquelles le pouvoir civil s'efforce de reprendre d'une main les concessions qu'il s'est vu forcé d'accorder de l'autre. Les évêques administrent librement leur diocèse, sans que l'Etat s'en mêle ; partout ils élèvent des églises, des écoles, des collèges dans lesquels ils sont chez eux. Tous les Ordres religieux ont droit de cité dans ce royaume. »

En 1800, il y avait 330.000 catholiques sur 1.500.000 habitants ; en 1860, 1.230.325 sur 3.594.416 ; en 1889, 1.499.803 sur 4.138.352.

Jamais le Pape n'a été entouré d'autant de respect ; un puissant ministre protestant l'a choisi comme arbitre ; et lors de son jubilé sacerdotal, tous les Etats, protestants, catholiques ou mécréants, lui ont adressé leurs hommages.

Traquée par l'Etat, menacée dans ses organes nécessaires, attaquée de toutes parts, l'Eglise possède une force qu'elle n'avait pas eue dans les siècles précédents : elle est une. Aucune division ne s'élève dans son sein ; les fidèles demeurent tous groupés autour du Saint-Siège. A peine a-t-il parlé qu'il est aussitôt obéi. Autant la société se divise et s'affaiblit par l'émiettement des idées et des sentiments, autant l'Eglise se concentre. Elle ne connaît plus les dissidences qui jadis lui ont fait tant de mal. Les débats attristants sur la bulle *Unigenitus* ont rempli le dix-huitième siècle, coupant l'Eglise en deux, et lorsque l'ordre des jésuites fut supprimé, une partie des catholiques applaudit à cette expulsion brutale. La crise révolutionnaire fait taire ces funestes disputes. Le jansénisme s'effondre avec la Constitution civile du clergé qui déchaîne sur la France une ère de troubles sanglants, l'unité se fait sous la guillotine. Mais à peine est-elle cimentée par le sang que la discorde met encore aux prises les catholiques, et pendant une partie du siècle, libéraux et ultramontains usent leurs talents et leurs forces à se combattre les uns les autres. Aujourd'hui, heureusement, ces querelles intestines ne sont plus qu'un souvenir ; le même drapeau les rallie, et l'Eglise reste avec la soumission de ses fidèles, la sévérité de sa discipline, la précision de ses dogmes.

En face d'elle au contraire, le protestantisme tout en gardant bien des âmes pieuses, se fractionne en sectes diverses, comme ces fleuves qui, après avoir roulé leurs flots à travers un large cours, se perdent avant de se jeter dans la mer en mille bras étroits. En France, le protestantisme libéral ne garde plus du christianisme que l'étiquette, puisqu'il répudie la divinité de Jésus-Christ. Ailleurs, en Amérique ou en Angleterre, quakers, wesleyens, anglicans, méthodistes, évangélistes, presbytériens, baptistes lui enlèvent par leurs divisions sa force d'expansion.

Le catholicisme représente donc seul de plus en plus l'idée religieuse, en face d'ennemis nombreux qui, revêtant toutes les formes, lui disputent avec passion l'empire des âmes.

CHAPITRE II

GRANDS COURANTS DE LA PENSÉE CONTEMPORAINE. DÉMOLITION DES IDÉES MORALES.

Le dogme de la perfection originelle. — Le positivisme. — L'évolutionnisme. — Le pessimisme. — La religion de la science et du progrès continu. — La démolition des idées traditionnelles. — L'anéantissement de la morale.

Le XVIIIe siècle a légué à notre époque une idée fondamentale, c'est la croyance à la perfection originelle de l'homme. Jusqu'alors, l'homme était considéré comme un être imparfait, dominé par le vice originel, porté au mal, si une direction morale, ferme, corrigeant ses instincts vicieux, ne venait pas le diriger vers le bien. Au rebours de cette conception de la nature humaine, affirmée à la fois par le christianisme et par l'expérience, l'homme naît bon, a écrit Rousseau, et ont répété après lui tous les hommes de la Révolution, ce sont les institutions qui l'ont corrompu; que l'on abatte donc les obstacles qui empêchent sa nature de se développer, et, tout aussitôt, elle jouira d'une pleine félicité. Une telle théorie enflamma l'imagination de nos pères; puisque l'homme allait de lui-même vers le bien, il fallait abattre tous les freins moraux, toutes les hiérarchies sociales qui, supposant un être imparfait, contrariaient ses généreuses aspirations ; il fallait proclamer bien haut son droit de détruire les institutions entravant l'essor de sa liberté. Œuvres de la superstition, les idées de péché originel, de déchéance avaient fait désormais leur temps. Les institutions nouvelles furent donc basées sur cette théorie en faveur de laquelle ses partisans se soucièrent fort peu d'apporter une démonstration expérimentale : leur esprit se nourrissait d'abstractions dont le voile impénétrable leur dérobait la connaissance de la vérité.

Plus d'un siècle s'est passé depuis que Rousseau a lancé cette idée à laquelle l'éclat de son talent donna un prestige singulier ; ses écrits ne trouvent aujourd'hui que de rares lecteurs, et cependant elle domine notre époque. Le premier peut-être, Le Play a mis en relief l'influence considérable qu'une telle erreur a exercée sur la constitution de notre société, et la condamnation qu'il prononçait contre « ce faux dogme » avait d'autant plus de poids qu'il s'était placé sur le terrain des faits. C'était l'observation qui lui avait fait apparaître le néant et le péril de la prétendue perfection originelle. La retrouvant au fond de toutes les institutions modernes, il l'avait appelée avec raison l'erreur fondamentale.

Il y a peu de temps encore, un critique pénétrant, M. Fernand Brunetière, défendait contre des écrivains superficiels qui la niaient l'action réflexe des idées sur la vie pratique des hommes ou sur la constitution d'une société. La croyance à la bonté native de la nature humaine a vaincu l'idée chrétienne auprès d'un grand nombre d'hommes, disait-il, « elle a tout modifié, les coutumes et la loi, la famille et l'éducation, la politique et la morale, l'objet même et la conception de la vie.... C'est une idée païenne et antiscientifique[1]. » Un grand savant, Darwin, s'est en effet appliqué à noter avec un soin minutieux tous les mouvements qu'il avait observés chez un enfant. C'étaient, à la force près, ceux d'un homme; c'étaient les mêmes vices, le même égoïsme dont un frein religieux parvient seul plus tard à faire disparaître les manifestations. Une nourrice pourrait du reste en remontrer à elle seule aux faiseurs de théorie que viennent démentir les faits en apparence les plus insignifiants de la vie.

Il nous serait facile de suivre dans notre constitution sociale ou dans les mouvements de l'opinion la trace de « l'erreur fondamentale ». Prenons par exemple l'instruction. Elle excite un vif enthousiasme non pas seulement comme moyen d'étendre les connaissances, mais encore comme instrument de moralisation. A tous les degrés de l'enseignement, les programmes se surchargent de nouvelles données intellectuelles, tandis qu'ils s'amincissent au point de vue moral. Non seulement la morale

[1] *Revue des Deux-Mondes* du 1er sept. 1889. — A propos de morale.

ne repose plus sur une base religieuse, mais le nom de Dieu est banni de l'école; le fanatisme laïque le raye même des livres classiques. Nous saisissons là une conséquence logique du dogme nouveau. Quelle utilité présente, désormais, avec la croyance en Dieu, l'enseignement d'une morale supérieure aux passions humaines, puisque la notion du bien vient d'elle-même à l'homme, comme l'art de marcher et de manger! L'autorité paternelle également doit se faire toute petite. En vertu de quel droit prétendrait-elle corriger les enfants, ceux-ci puisant en eux-mêmes par cela seul qu'ils pensent, la connaissance de la morale?

Cette théorie de la perfection originelle classe donc parmi les superfétations inutiles la loi de Dieu qui n'a plus à régir des hommes émancipés de toute autorité supérieure; elle proclame l'homme son seul maître. Cependant elle permet encore l'existence du Dieu des bonnes gens; se contentant, il est vrai, du maigre pouvoir qui appartient en France au Président de la République, il jugerait les affaires humaines de loin; et de fait, les écrits de Rousseau et de beaucoup d'autres écrivains du XVIIIe siècle sont encore remplis du mot de Dieu. En même temps qu'il envoyait en masse à la guillotine prêtres et religieux, Robespierre, tout pénétré des idées de Rousseau, présidait des fêtes en l'honneur de l'Être suprême auquel les Conventionnels, bon gré mal gré, étaient tenus de s'associer, sous peine d'aller expier leur irrévérence sur l'échafaud. Mais les écoles modernes s'effarouchent de cette ombre de divinité. M. Ranc, tout en admirant fort les prouesses sanglantes de Robespierre, regrette que son héros ait été « un bondieusard ».

Dieu ne paraît plus du reste dans les doctrines qui, à notre époque, se partagent après tant d'autres l'empire intellectuel. Chacune d'elles règne pendant quelque temps ; elle se considère avec orgueil seule maîtresse de l'avenir, jusqu'à ce qu'un jour une rivale vienne ébranler sa domination éphémère. Elle la détrône en attendant l'heure où, à son tour cessant d'être prise pour la dernière expression de la vérité, elle s'évanouira comme tous les systèmes que l'esprit de l'homme dévoyé a enfantés. Mais tous laissent une trace de leur passage qui survit à leur rapide existence et forme le fonds sur lequel vivent les générations à venir mêlant souvent les erreurs les plus opposées les unes aux autres. « Toutes les constructions tombent en poussière, écrivait un jeune écrivain qui personnifiait les tendances radicales des écoles nouvelles, M. Guyau, auteur de l'*Irréligion de l'avenir ;* ce qui est éternel, c'est la poussière même de ces doctrines toujours prête à rentrer dans un moule nouveau, dans une forme provisoire[1]. »

Dans la première partie de notre siècle, entraînées par l'imagination, les intelligences se lais-

[1] L'*Irréligion de l'avenir*, p. 336.

saient volontiers aller aux systèmes bâtis tout d'une pièce, aux généralisations hardies qui prétendaient expliquer le monde par une formule. Mais le développement des sciences nous a rendus plus positifs, moins portés aux hautes conceptions qui se réclament plutôt de la spéculation que de la science, et le règne du positivisme est venu.

Ecrivain obscur, incorrect, difficile à lire, son fondateur, Auguste Comte, a écrit de pesants volumes, dans lesquels se hasardent peu de lecteurs; ils y trouveraient cependant plus d'une page intéressante et qui les surprendrait fort; par exemple, loin de rééditer contre le moyen âge et l'Église catholique les attaques que tous les historiens révolutionnaires ont reprises les unes après les autres, Auguste Comte fait preuve d'une large compréhension du passé, plus large même que beaucoup de catholiques. Il rend hommage à la politique de l'Eglise; les ordres religieux trouvent en lui un défenseur, sinon un admirateur, et toutefois je ne sache pas qu'aucun catholique ait invoqué ce témoignage, certes de quelque poids. Mais, avant que le lecteur arrive à des oasis, que de déserts arides il doit traverser!

Si peu lu, si peu brillant qu'il ait été comme écrivain, Auguste Comte n'en a pas moins exercé une profonde influence, non pas par son système, mais par une seule idée. L'histoire intellectuelle de l'humanité nous montre du reste les penseurs arrivant à l'immortalité, soit parce qu'ils ont éveillé un mouvement d'idées, soit par une méthode nouvelle, soit même par la seule expression d'une pensée qui frappait les esprits. L'originalité d'Auguste Comte ne réside pas dans la prétention qu'il a eue de donner à la pensée et à la méthode philosophiques une exposition plus parfaite. D'autres l'ont eue avant lui ; tant qu'il y aura des philosophes, c'est-à-dire tant que l'homme pensera, cette prétention se reproduira. Toute connaissance vient de l'expérience, et uniquement de là, répète-t-il de même après les sensualistes; toute connaissance étant relative, n'atteint donc que les phénomènes.

Esquissant à larges traits l'histoire de l'esprit humain, il le voit passant par trois états successifs; l'état théologique ou fictif, l'état métaphysique ou abstrait, l'état scientifique ou positif. Dans l'état positif, l'homme écarte non seulement les entités métaphysiques, mais encore il déclare comme absolument inaccessible et vide de sens pour nous, la recherche de ce qu'on appelle les causes, soit premières, soit finales. L'étude de l'origine des êtres organiques lui paraît un pur jeu intellectuel, une spéculation tout à fait oiseuse qui occupera éternellement les hommes, sans qu'ils parviennent jamais à découvrir la vérité. Leur attention doit se porter uniquement sur ce qui se voit, se touche, s'observe; quant à l'inconnu, nous ne le saisissons pas, et tous les progrès des sciences ne le dévoilent pas plus à nos yeux que lorsque l'humanité traversait l'état métaphysique ou l'état théologique. Au lieu de nous casser la tête ou de nous battre à ce sujet, laissons-le donc de côté. Toutefois, si dédaigneux qu'il soit des aspirations humaines vers l'idéal, Auguste Comte reconnaît la nécessité d'une religion. Mais cette religion n'aura d'autre objet que l'humanité, le seul Être Suprême que nous puissions découvrir.

Un philosophe très en faveur aujourd'hui, M. Alfred Fouillée, a spirituellement résumé en un mot la doctrine de la philosophie positive: elle condamne l'homme à un jeûne métaphysique, et c'est ce jeûne qui a fait son grand succès à une époque que ne tourmentait plus la maladie de l'idéal, où l'homme voyait dans le développement de la prospérité matérielle le dernier mot du progrès; dans la richesse, le véritable bonheur. Quant à l'inconnu, à l'au-delà, la doctrine qui chassait toute préoccupation importune à ce propos paraissait fort commode. Une course rapide entraîne les hommes vers des régions inconnues; à travers les siècles qui se déroulent depuis les premières heures de l'humanité, leur existence ne représente pas plus que celle de ces éphémères qui, apparaissant le matin, ne sont déjà plus avant le milieu du jour. N'importe! le présent les absorbe, et ils se sont tellement abaissés qu'ils n'ont nul souci de l'éternité qui les attend. Bien mieux même, ils se font gloire d'en écarter la seule conception.

Cependant si le positivisme garde encore avec de fidèles sujets, encore plus d'adeptes inconscients, il a perdu l'empire auquel il prétendait. C'est maintenant l'évolutionnisme qui domine les intelligences trop nombreuses détachées des vérités traditionnelles. L'humanité ne saurait en effet se détacher de la solution des problèmes qu'elle s'est sans cesse posés, depuis le jour où elle existe; l'abstention systématique n'est pas plus facile à suivre en philosophie qu'en politique, et cette abstention, l'évolutionnisme ne la pratique pas. Il prétend répondre aux questions que laissait de côté le positivisme. Par cela même, il flatte à la fois l'esprit et l'orgueil de l'homme, l'esprit avide de connaissances, l'orgueil humilié de la proclamation d'une telle ignorance.

S'il appartient à la seconde moitié de notre siècle, il avait déjà été formulé aux premiers jours de la philosophie. « Rien n'est, disait Héraclite, tout devient. » Dans la première partie de ce siècle, un esprit qui certes a peu d'affinité avec les évolutionnistes actuels, Lamennais, a résumé brièvement la doctrine appelée quelque trente ans plus tard à une si grande vogue. « La philosophie, écrit-il dans *l'Esquisse d'une philosophie*, s'organise comme l'univers dans lequel apparaissent d'abord les êtres les plus simples, qui se combinent ensuite dans des êtres plus complexes, et ainsi de proche en proche par une évolution sans fin. »

L'évolutionnisme est né de la doctrine de Darwin sur la transformation des espèces qui naîtraient, se transformeraient, et se perfectionneraient sans cesse. Darwin a-t-il prévu les conséquences philosophiques qu'on tirerait de ces idées? N'a-t-il voulu être qu'un naturaliste, n'ayant nul souci d'ébranler les vérités traditionnelles? La question a été discutée. Nous la laisserons de côté. Quelque réponse qu'on y fasse, cela ne change rien à la doctrine, ni aux conséquences de l'évolutionnisme. Elle a eu la bonne fortune d'être défendue et coordonnée par un puissant esprit, Herbert Spencer, que la postérité mettra sans doute sur le même rang que les plus grands philosophes de l'antiquité; comme eux, il a essayé une synthèse de toutes les connaissances humaines, et dans son œuvre immense [1], où il a touché tous les sujets, il a fait preuve des qualités les plus diverses. Certaines pages de ses *Essais* et de *Son individu contre l'Etat*, offrent un véritable modèle de dialectique, avec la pointe de l'originalité anglaise, notamment celles consacrées à la grande superstition politique de notre époque, le fétichisme des majorités et du fonctionnaire; nos hommes politiques auraient certes plus d'un enseignement à y recueillir.

Nous n'avons pas la prétention dans ce livre de

[1] Voici la liste des ouvrages d'Herbert Spencer traduits en français. — *Les premiers principes*. 1 vol. — *Principes de psychologie*. 2 vol. — *Principes de biologie*. 2 vol. — *Introduction à la science sociale*. 1 vol. — *Principes de sociologie*. 4 vol. — *Essais sur le progrès*. 1 vol. — *Essais de politique*. 1 vol. — *Essais scientifique*. 1 vol. — *De l'éducation physique intellectuelle et morale*. 1 vol. — *L'individu contre l'Etat*. 1 vol. — *La morale évolutionniste*. 1 vol. — *La classification des sciences*. 1 vol.

présenter un exposé complet de la doctrine évolutionniste. Tenant simplement à montrer quelle part lui revient dans le mouvement contemporain, nous nous contenterons de l'esquisser dans ses grandes lignes.

D'après cette doctrine, la matière s'organiserait d'après un chaos d'atomes et par des développements successifs, ces atomes se rapprochant, se transformant, engendreraient les phénomènes qui se passent tour à tour dans le minéral, dans le végétal, dans l'animal, jusqu'à s'élever à l'ordre supérieur des primates[1]. Cette évolution de l'humanité, organique ou sociale, obéit à la même loi ; elle ne s'arrête jamais, car, d'une part, le monde physique ne reste pas immobile, il se transforme lentement sans doute, mais d'une manière ininterrompue. De l'autre, le monde moral, issu d'une si modeste origine, s'élève, lui aussi, vers un état supérieur. Les découvertes de la science ouvrent un champ illimité au développement de l'esprit humain, et c'est de ce développement que dépendra le bonheur futur de l'humanité, les traditions morales qui ont eu jusqu'à ce jour la prépondérance dans le gouvernement des hommes ayant fait leur temps. Propres à un état d'enfance, elles doivent disparaître, lorsque les peuples seront parvenus à

[1] Voir en tête des *Essais sur le progrès* un exposé très clair de l'hypothèse de la nébuleuse par laquelle Herbert Spencer explique la formation du monde, exposé dû au traducteur, M. Burdeau, p. XVII.

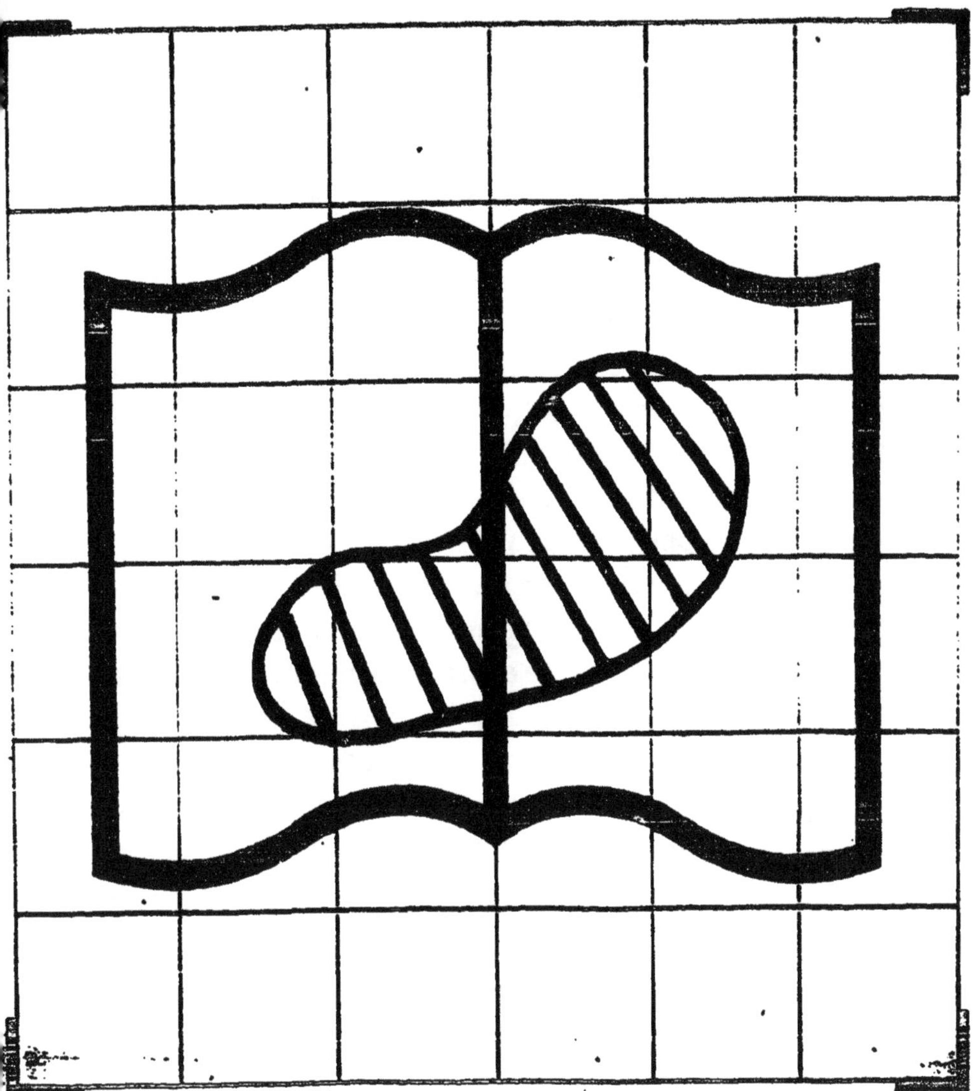

l'âge mur. La condamnation que le temps a prononcée contre elles est sans appel.

Il ne peut y avoir jamais de croyances fixes, puisqu'elles dépendent des circonstances dans lesquelles les hommes se trouvent placés. Or, parmi ces circonstances, les plus importantes dépendent de l'état social qui, lui-même, dépend des passions dominantes[1].

La philosophie positive écartait l'idée de cause comme hors des atteintes de l'esprit humain. L'idée de cause, dit au contraire Herbert Spencer, sauvegardant un coin d'idéal, l'idée de cause est à la fin comme au commencement, dominante et indestructible dans la pensée, le sentiment et l'idée de cause ne peuvent être détruits qu'en détruisant la conscience elle-même[2]. Il croit à la permanence du sentiment religieux qui continuera d'être ce qu'il a toujours été, le désir de connaître la source inconnue des choses. « Tandis que les formes sous lesquelles les hommes ont conscience de la cause inconnue des choses changent et disparaissent, la substance qui est au fond de ce phénomène de conscience reste toujours le même. » Auguste Comte traitait de question insensée la recherche de l'origine des êtres organiques ; il prenait le monde tel qu'il était. Au contraire, Herbert Spencer croit que cette question doit être étudiée ; il y attache

[1] *Statitisque social*, chap. XIX, citée dans la *Classification des sciences*, p. 116.
[2] *Premiers principes*, § 25, p. 526.

une importance fondamentale. « Car de la solution que la biologie donnera de ce problème, doit dépendre entièrement notre conception de la nature humaine, considérée dans le passé, dans le présent et dans l'avenir, doit dépendre notre théorie de l'intelligence et notre théorie de la société[1]. » La connaissance de la biologie joue ainsi dans l'évolutionnisme un rôle primordial. La moralité absolue, dit-il ailleurs, c'est la soumission complète aux lois de la vie[2]. L'homme devra donc tourner ses efforts vers la connaissance des vérités scientifiques et intellectuelles ; par elles seules, il saura diriger sa vie, gourverner la nature qui ne sera plus son ennemie, mais sa servante, bannir par conséquent la souffrance de la terre. Cette évolution doit être appelée, de son vrai nom, le progrès ; elle est l'œuvre d'une bienfaisante nécessité[3].

Faut-il encore compter parmi les doctrines qui exercent une action sur la foule, le pessimisme ! C'est une pose dans laquelle se drapent beaucoup de lettrés, fort peu d'humeur au fond à prendre au sérieux le dégoût de l'existence. Schopenhauer, du reste, n'en était pas plus convaincu que ses lointains disciples, car il n'hésita pas au moment d'une épidémie à mettre, par la fuite, sa personne à l'abri, malgré toute l'amertume avec laquelle il parlait de ce bas monde, et il n'a guère compté qu'un dis-

[1] *Classification des sciences*, p. 120.
[2] *Essais de politique*. Le monde des prisons, p. 332 et *passim*.
[3] *Essais sur le progrès*, p. 14 et 20.

ciple assez convaincu pour mettre en pratique la doctrine du maître, Philip Mainlaender qui se pendit après avoir publié un traité de philosophie pessimiste. Rejetant lui aussi la conception chrétienne de la vie, il la considérait comme ayant sa raison d'être et sa fin en elle-même. Le pessimisme appartient à une époque « de ruine morale, de réflexion et d'analyse dissolvante » où l'esprit se replie sur lui-même, où la volonté se déprime, en même temps que la sensibilité s'aiguise. Il entraînera quelques raffinés, mais il restera sans prise sur les masses que préoccupe, avant de savantes analyses, la rude conquête du pain quotidien.

Et maintenant, après avoir mis rapidement en relief l'idée fondamentale des doctrines régnant à la fin de ce siècle, nous devons rechercher quel mouvement elles ont déterminé, vers quelles rives elles ont entraîné les esprits, ce qu'elles ont laissé des vérités traditionnelles.

Des maîtres qu'elle a choisis, l'époque a retenu les idées qui lui plaisaient, mais elle a laissé soigneusement dans l'ombre celles dont ses préjugés ou ses passions se seraient choquées.

Ainsi l'école démocratique a, dans son ensemble, adopté la doctrine darwinienne sur la transformation des espèces, parce qu'elle croyait y trouver une arme contre l'enseignement religieux; mais elle qui, éprise de l'égalité à outrance, veut faire passer tous les hommes sous le même niveau, de telle sorte que la nation ne présente plus qu'une masse confuse et également abaissée, a jeté le voile sur l'autre revers des doctrines darwiniennes, faisant de la transformation et la conservation de chaque espèce l'œuvre de la sélection, c'est-à-dire d'une aristocratie[1]. On a pu le dire, le darwinisme est une doctrine aristocratique, et cependant il a été accepté par tous ceux qui font de la guerre à l'aristocratie l'alpha et l'oméga de leur programme; si puissant qu'il soit aujourd'hui sur la masse des esprits, il a exercé une influence peu appréciable sous ce rapport. Nous ne saurions nous en étonner, l'histoire des idées présente plus d'une contradiction de ce genre.

Le point commun de ces doctrines, c'est la guerre à tout dogme, à toute affirmation qui dépasse le monde positif, c'est l'importance accordée aux découvertes scientifiques; elles n'étendent pas seulement le cercle des applications que nous pouvons en tirer, mais elles nous aident à pénétrer le mystère de la vie, jettent une plus vive lumière sur le monde matériel. Aussi la religion de la science compte-t-elle de nombreux adeptes. Jadis on disait: « Cela se trouve ou ne se trouve pas dans la Bible. » « La science l'a dit, la science l'a démontré, » telle

[1] Le prince Kropotkine a publié récemment dans la *Nineteenh Century* un article où il s'attache à prouver que la vie des animaux ne présente pas seulement des exemples de lutte pour la vie, *mais aussi de solidarité mutuelle*. — De grands savants, notamment M. de Quatrefages, ont combattu le système de Darwin et démontré que l'observation minutieuse des faits réfutait ses théories. Voir notamment ses articles dans les *Cahiers du Journal des Savants*, sur l'ouvrage de Huxley. Octobre et novembre 1890.

est aujourd'hui la formule impérieuse après laquelle il n'y a plus qu'à se taire. La science s'applique à tout ; il y a même une politique scientifique, comme le prétendait une école qui recouvrait du nom de science ses passions et ses préjugés. Cela suffit pour que la foule les accepte, comme autant d'axiomes devant lesquels elle s'incline, sans songer à les discuter.

A ce culte de la science se joint naturellement la croyance au progrès continu. Le champ des découvertes s'élargit tous les jours, en même temps que les transformations qui en résultent se multiplient. Nul ne peut fixer la limite à laquelle la science humaine trouvera sa dernière barrière, et cependant en dépit du progrès de ces connaissances, elle reste toujours aussi impuissante à découvrir l'unité radicale, la loi suprême, le fond des choses, c'est l'aveu d'un philosophe que n'enchaîne pas le respect des vieilles vérités, M. Fouillée[1]. Malgré tout l'esprit humain puise dans ces conquêtes scientifiques une foi aveugle en ses propres lumières ; il y voit la trace d'un progrès incessant destiné à transformer l'humanité, sans qu'il se préoccupe de rechercher si un progrès correspondant s'accomplit dans le monde moral.

Le progrès... ce mot séduisant enivre le lettré, fascine l'homme du peuple, flatte toute la société.

[1] *Revue des Deux-Mondes*, 3e période, t. LXXXVII, nº du 15 juillet 1887, *La Sensation et la Pensée*, p. 425.

Au fond des écrits défendant les idées nouvelles se trouve cette pensée que l'humanité marche d'un pas tantôt lent, tantôt précipité, mais assuré, vers une amélioration indéfinie des conditions. Chaque époque, pense-t-on, réalise un progrès sur celle qui l'a précédée. Les siècles passés qui ne connaissaient ni le chemin de fer, ni le télégraphe, ni l'électricité, étaient plongés dans la barbarie, et, au milieu des plus douloureuses convulsions, le bien triomphe toujours. Ce n'est pas seulement parmi les dévots de la science que l'idée fausse du progrès fatal s'est ancré. Prenez un ouvrier d'une de nos grandes cités ; sa vie se consume dans un labeur pénible et continuel, il habite un pauvre logement où il respire à peine, et que les rayons du soleil ne viennent pas éclairer. Il est réduit à ne consommer que des aliments falsifiés. Qu'une maladie ou la vieillesse le condamne au repos, sans ressources, sans protection, il tombe à la charge de l'Assistance publique et meurt dans un lit d'hôpital pour être ensuite jeté dans la fosse commune ou livré au scalpel du chirurgien. Le malheureux ne se croit pas moins supérieur à ses ancêtres qui, s'appuyant sur une foi solide, n'étaient pas dans les heures de crise condamnés à un douloureux isolement ; bien plus, il les considère comme des opprimés, des barbares, lui seul est libre, civilisé, tant il est ébloui par ce mot vague de progrès que lui répètent chaque jour les mille voix de la presse. Notre société s'en grise : semblable au Chinois qui se procure par l'opium un bonheur imaginaire, elle se bâtit avec des chimères une cité idéale.

C'est avec de telles idées que se forme une partie de la jeunesse. Tout récemment le Ministre de l'instruction publique, dans un discours à la distribution des prix du concours général, dépeignait « l'homme nouveau se dressant au milieu du monde, dans la hauteur de tous ses droits et dans le rayonnement de toutes ses libertés, — (lui auquel l'Etat refuse même la liberté de faire la charité à sa guise) — et éprouvant un sentiment de fierté et de reconnaissance en pensant que cet homme nouveau dont il a fallu tant de siècles et tant d'épreuves pour préparer l'événement, c'est lui-même ; il comprend alors la grandeur du dépôt sacré qui lui est confié ». De Dieu, de la nécessité de respecter la loi morale, pas un mot.

Quelles conséquences les doctrines contemporaines exercent-elles sur les idées traditionnelles auxquelles l'humanité, prise en masse, a accordé sa foi, dans le ferme maintien desquelles elle a vu la première condition de la moralité de l'homme, de la stabilité et de la paix d'une nation?

La religion, ai-je besoin de le dire, disparaît dans les nouvelles doctrines. Pour les uns, elle n'est plus qu'un legs de l'état théologique qui va s'amincissant chaque jour devant le progrès des connaissances positives. Pour les autres, elle conserve encore un élément, l'inconnu, mais toutes les solutions qu'elle propose se modifient selon l'état social ; elles ne peuvent s'appuyer sur aucune démonstration expérimentale, et la découverte des lois scientifiques a fait reculer la religion parmi les institutions propres, surtout à un peuple ignorant les lois de la vie. Des hommes de nouveauté se rencontrent, il est vrai, qui, sentant sans doute le vide causé dans la société par la disparition des idées religieuses, prétendent les conserver, en leur enlevant toutefois leur élément. M. Auguste Comte, par exemple, propose la religion de l'humanité, fétichisme qui ne donnera qu'une pauvre satisfaction à l'aspiration de l'âme vers l'idéal, à sa soif de l'inconnu. M. Renan présente la conservation du sentiment religieux, nécessaire pour la parade, pour l'ornementation d'une société ; mais il en écarte la notion du surnaturel, celle de la Providence, celle de l'immortalité de l'âme, c'est-à-dire l'objet même de toute religion. Le même, dans son *Examen de conscience philosophique* [1], où il n'admet qu'une conscience supérieure de l'univers, regarde comme des inutilités providentielles les quatre grandes folies de l'homme, l'amour, la religion, la poésie, la vertu.

La religion n'est qu'une résultante, dit de son côté l'évolutionnisme ; c'est l'homme qui se fait Dieu à son image, tel qu'il le voit à travers ses passions, ses besoins, les sentiments que l'hérédité lui a transmis. Chaque société possède en définitive le Dieu qu'il lui faut.

[1] *Revue des Deux-Mondes* du 15 août 1889.

La religion est donc coupée à sa racine avec plus ou moins de précautions. Aussi, M. Guyau, résumant le fond de la pensée des nouvelles écoles, déclarait-il la disparition radicale des idées religieuses comme n'étant plus qu'une affaire de temps. Les philosophes du XVIIIe siècle se plaisaient, eux aussi, à célébrer leur victoire sur le catholicisme dont ils prédisaient la chute définitive. Ils ne sont plus, et le catholicisme demeure toujours debout.

Les mêmes conservaient encore le nom de Dieu, sauf l'école matérialiste pure, dont les représentants, à l'exception de Diderot, ne font plus maintenant que très petite figure, et plus d'une fois, dans l'histoire des idées, des penseurs ont affirmé la croyance en Dieu, tandis qu'ils repoussaient avec passion une religion positive. Mais le déisme est mort; il ne compte plus comme adeptes que quelques lettrés pris entre deux feux et désormais sans action. Les attaques que les écoles nouvelles dirigent contre l'idée religieuse, s'appliquent du reste, mot pour mot, à l'idée de Dieu, telle que l'humanité se l'est représentée. Les positivistes mettent son existence hors des atteintes des connaissances possibles; c'est là une question oiseuse dont l'humanité ne trouvera jamais la solution. Quant aux évolutionnistes, Dieu a peut être conservé plus de place dans leur système que la religion, puisqu'ils ne prescrivent pas l'idée de cause, du moteur unique, de l'absolu. Mais la conception de la divinité varie à travers l'humanité; tout comme le culte, elle va sans cesse en se modifiant, car non moins que lui, elle dépend des connaissances acquises, des passions, de l'état social en un mot. C'est en vain qu'on chercherait le mot de Dieu dans les livres des évolutionnistes ou chez ceux qui s'inspirent de leurs doctrines. Il a disparu, comme il ne se rencontre plus sur les lèvres des gouvernants actuels. Herbert Spencer reconnaît cependant un être suprême; « ce n'est point la grossière idole que se créent les hommes d'aujourd'hui, c'est l'absolu, la cause inconcevable qui a formé l'univers, indifférente aux hommes, dont la pensée, par conséquent, ne viendra jamais adoucir leurs souffrances, qui n'a aucune prière à recevoir de leur part, qui n'a promulgué aucune loi destinée à régler leurs actions, en un mot, ce semblable au néant[1] ».

La religion et Dieu écartés, ou « comme de bons vieux mots » ou comme une véritable superstition, indignes des âges de progrès, par les esprits qui, ne comprenant pas les sous-entendus, les nuances académiques, appellent un chat un chat, reste la morale, c'est-à-dire les règles qui président aux rapports des hommes entre eux et dont nulle société n'a pu se passer.

Le dogme de la perfection originelle lui porte déjà un rude coup. Représentant les hommes comme parfaits, comme ayant par eux-mêmes avec

[1] *Essais sur le progrès*, p. XXIII et XXIV.

la connaissance du bien, la volonté de l'accomplir, il affaiblit en eux la foi en sa nécessité, il les conduit à voir dans leurs passions, non pas la manifestation coupable d'une nature révoltée, mais l'élan naturel de généreux instincts.

Toutefois, sous quelle forme les nouvelles doctrines, aujourd'hui maîtresses de la faveur publique, conçoivent-elles la loi morale? Quelle brèche font-elles à sa conception, telle qu'elle s'est imposée jusqu'à ce jour aux hommes? Depuis l'idée chrétienne, traduisant du reste la croyance de l'humanité, la loi morale se présentait à l'homme avec le caractère auguste d'une révélation de Dieu, révélation nécessaire, puisque le péché originel que la science a corroboré par l'observation du vice originel, dérobait aux hommes la connaissance de la vérité. Le Décalogue, dans sa sublime concision, avait tracé à l'humanité tout entière les lois fondamentales à laquelle elle était tenue d'obéir d'une manière absolue. Les institutions sociales varient selon la nature des lieux, les traditions de la race, l'état de simplicité ou de perfectionnement des méthodes de travail, le développement des cultures intellectuelles; mais il n'existe qu'une seule loi morale, révélée par Dieu et fortifiée par l'Evangile, de même qu'il n'y a qu'un seul Dieu, maître tout puissant de l'univers qu'il a créé. Elle convient à tous les temps, à tous les lieux; le peuple primitif vivant de nos jours comme il y a plusieurs siècles, doit en pratiquer le respect aussi bien que la nation parvenue au suprême degré de la richesse, de la science, de la puissance, des lettres et des arts. Dieu l'a révélée à l'homme, et l'homme, à travers le long cours des âges, malgré le développement de ses connaissances, malgré les merveilleuses découvertes de la science, n'y a rien ajouté. Le Barbare illettré et chrétien qui menait une rude existence au fond des forêts ou commençait avec peine à défricher le sol, en sait aussi long sur ce point que le plus grand savant. C'est du respect de cette loi que dépend la prospérité des nations. Leur histoire se résume en un mot. Respectent-elles la loi de Dieu, elles prospèrent ; se laissent-elles entraîner par la corruption, elles tombent. La loi morale, enfin, reçoit une sanction de la justice divine dans l'éternité, et ceux qui lui sont restés fidèles sont comptés au nombre des élus, admis à contempler la vérité suprême dans sa pleine lumière.

Telle est la loi qui a jusqu'à ce jour régné sur l'humanité. Elle repose sur Dieu, elle a sa fin en Dieu. Les nouvelles doctrines lui enlèvent à la fois et cette base et cette fin ; elles proscrivent toute métaphysique, c'est-à-dire toute recherche de l'origine et de la destinée dernière de l'homme. toute croyance en Dieu. La loi morale perd donc son caractère impératif et universel ; elle devient une invention humaine, puisqu'une autorité supérieure ne l'a pas promulguée, ne lui donne plus sa sanction. Or qui ébranle cette autorité. ébranle la morale ; toute règle des mœurs, a dit avec raison M. Brunetière, qui a bien démêlé les coups portés à la loi morale par les doctrines contemporaines, implique nécessairement une conception de la vie ou une idée de la nature, du pouvoir et de la fin de l'homme qui est probablement ce qu'on appelle de la métaphysique. Aucune morale n'a jamais su s'enfermer dans la vie présente, s'appuyer sur la négation de Dieu. En vain objecte-t-on qu'avant de se perdre au milieu des raisonnements métaphysiques qui, sauf pour le chrétien, n'offrent aucun caractère de certitude et soulèvent des discussions sans fin, il est plus sage et plus urgent de s'occuper d'abord des lois morales, c'est là une idée nouvelle. Tous les grands métaphysiciens, écrit encore M. Brunetière, sans en excepter Spinoza, dont les œuvres sont une éthique et un traité théologico-politique, depuis Platon jusqu'à Kant, n'ont pas fait de leur métaphysique une superfétation ou une conséquence de leur morale, mais au contraire de leur métaphysique le fondement, les prémisses et l'introduction de leur morale[1]. Schopenhauer a résumé la question en un mot profond : « Toute la morale est suspendue à cette question, il y a une métaphysique. » Il n'y a plus de métaphysique, affirment les théories qui se sont emparées des esprits. La logique répond : Il n'y a plus de morale impérative.

La loi morale perd en outre sa fixité dans les écoles positiviste et évolutionniste. Ce n'est plus une

[1] Article cité plus haut.

loi immuable, telle que Dieu avec sa prescience infinie, l'a révélée aux hommes ; elle varie selon les types, selon les circonstances, l'état social, comme celui-ci s'est modifié à travers le cours des siècles, de même que se transforment les idées, les sentiments et les lois qui règlent les rapports des hommes ; la morale qui convenait à une société bégayant les premiers rudiments de la science, pleine de foi dans les vieilles notions métaphysiques ou soumise au régime monarchique, ne saurait s'appliquer à une société que la science a émancipée des antiques superstitions et qui assiste à l'avènement de la démocratie toute-puissante. Autres temps, autres mœurs, autre morale. Aujourd'hui, a écrit un des hommes de nouveauté, la morale dogmatique et déductive doit s'effacer devant une morale vraiment inductive ; c'est sur le type de la science et de la philosophie et non sur celui de la religion que l'univers moral doit être bâti. Aux yeux de beaucoup, la justice n'est plus que l'expression variable du droit du plus fort, et cette idée est corroborée par la souveraineté absolue que les majorités s'attribuent sous un régime démocratique. Elles ne regardent en effet aucune loi au-dessus de leur volonté souveraine ; c'est cette volonté seule qui crée le droit. La notion d'une loi supérieure aux caprices mobiles des hommes disparaît, elle constituerait une tyrannie pour eux qui ne doivent obéir qu'à eux-mêmes. Aucun droit historique, aucun respect des minorités ne tiennent plus devant ce souverain absolu, et la justice prend même un caractère tellement éphémère qu'elle doit être rendue, non par de véritables magistrats, mais par des agents politiques plus aptes à faire exécuter les volontés du maître du jour que les prescriptions d'un droit immuable. Ainsi s'enchaînent par un lien serré, bien qu'il échappe peut-être à l'attention, toutes les manifestations des idées sociales.

En réalité, la morale, suivant la parole de Littré, ne se composant plus que de faits et de nécessités, n'existe plus à proprement parler ; elle a fait place à une physique des mœurs.

Cette loi morale ainsi abaissée a-t-elle encore même un objet? Elle ne saurait convenir qu'à une créature libre, maîtresse de sa volonté, sachant discerner le bien du mal et par conséquent responsable de ses actions. Existe-t-il une morale pour les animaux obéissant à la voix impérieuse de l'instinct? Or, d'après certains physiologistes, plus prompts à bâtir des théories qu'à se livrer à des observations bien conduites, l'homme, le roi de la création, se fait illusion sur sa liberté ; une force à laquelle il ne saurait résister détermine le plus souvent sa volonté, la responsabilité s'évanouit donc, et en fait, comme nous le verrons plus loin en examinant la situation morale de la société française, c'est une des notions qui s'effacent le plus aujourd'hui. « Le péché, en lui-même et philosophiquement considéré, a écrit M. Guyau, dans son livre curieux, l'*Irreligion de l'Avenir*, est une conception difficile à concilier avec l'idée moderne du déterminisme qui, expliquant tout, est bien près non pas de justifier tout, mais de pardonner tout[1]. » La morale perd ainsi sa raison d'être; une connaissance approfondie de la physiologie la remplacera. L'homme ne trouvera pas en cette nouvelle morale un censeur incommode. « Il est impossible de ne pas remarquer, écrivait un adepte des théories modernes, que tous les travaux récents aboutissent à la réhabilitation du plaisir[2]. »

Si nous voulions maintenant rechercher la manifestation la plus importante du mouvement intellectuel contemporain, nous n'hésiterions pas à signaler la crise de l'idée morale. Et cependant, tandis qu'un écrivain que les catholiques ne peuvent revendiquer, comme un des leurs, M. Brunetière, en a maintes fois et avec une rare perspicacité dégagé la portée meurtrière, les défenseurs des idées traditionnelles semblent souvent ignorer les attaques dirigées contre la loi morale avec une force qu'elles n'avaient encore jamais eue. Malgré sa guerre violente au catholicisme, la Réforme avait laissé intact le Décalogue, et depuis les philosophes qui avaient déclaré la guerre doctrinale la plus vive à l'ancienne métaphysique, aux religions positives, l'avaient respecté.

Aujourd'hui que laissent debout les théories sou-

[1] *Op. cit.*, p. 172.

[2] *Revue socialiste* de novembre 1890. — *Pessimisme et Socialisme*, par le docteur Delon, p. 547.

tenues, non plus par quelques écrivains excentriques et sans écho, mais par une école nombreuse, écoutée, ayant le vent en poupe, dont les adeptes, plus ou moins conscients, dirigent l'instruction, que laissent-elles debout? l'homme avec ses passions considérées ou comme la manifestation légitime d'une nature parfaite ou comme le résultat d'une fatalité à laquelle il n'a pas la liberté de se soustraire, et au delà l'égalité dans le néant.

CHAPITRE III

LE RÉVEIL SOCIAL

La chute de l'économie classique. — Le Play et la science sociale. — L'œuvre des cercles catholiques d'ouvriers. — Le socialisme et son influence. — La rénovation de l'histoire. — La leçon des faits. — La double évolution.

Un mot résume les idées sociales qui, triomphant à la fin du siècle dernier, ont dominé le nôtre, c'est l'individualisme, basé à la fois sur une méconnaissance de la nature de l'homme et sur le dédain de la tradition. Aujourd'hui, elles s'écroulent sous les attaques qui leur sont adressées de toutes parts. Le Centenaire de 1789 qui devait consacrer leur apothéose, a témoigné au contraire des profondes blessures qu'elles avaient reçues.

L'individualisme s'était incarné dans une doctrine longtemps écoutée : l'économie politique classique. Elle est née au XVIIIe siècle. Son origine se reconnaît à sa méthode, à ses conclusions, à son but.

A sa méthode d'abord. L'économie politique prise peu l'expérience. L'histoire est non avenue à ses yeux. Il ne s'agit pas, dit Turgot, dans son mémoire au Roi, de savoir ce qui est ou ce qui a été, mais ce qui doit être. Les droits des hommes ne sont pas fondés sur leur histoire, mais sur leur nature. » Presque un siècle après, un des écrivains qui a le mieux résumé le caractère de l'économie politique, John Stuart Mill, le proclamera avec non moins d'énergie. Cette science nouvelle n'observe pas, elle raisonne. Elle ne s'appuie pas sur les faits, mais sur des suppositions. Elle connaît seulement l'être économique, c'est-à-dire un être qui n'a ni religion, ni cœur, ni morale, mais est animé d'un double désir : produire la richesse, l'acquérir pour lui. M. Mill l'avoue sans détours : « L'économie politique fait entièrement abstraction de tout autre mobile et impulsion de l'âme humaine, à l'exception de ceux qui sont en perpétuel antagonisme avec le désir d'acquérir, nommément, la paresse, la dissipation, le goût du luxe. »

La méthode, c'est donc une méthode d'invention qui ne connaît de l'homme qu'un extrait écourté.

Cet homme, la nature l'a fait bon, seules les institutions l'ont dénaturé. Qu'on le débarrasse donc de toute entrave, qu'on proclame la liberté absolue, et le bonheur règnera sur la terre, le monde marchera vers un progrès ininterrompu. Car l'individualité est le ressort du progrès. En laissant les individus aux prises les uns avec les autres, la société ne déchaîne pas la guerre, mais elle établit l'harmonie. « Le bien de chacun favorise le bien de tous, comme le bien de tous favorise le bien de chacun, dit Bastiat..... On ne peut rien concevoir, écrit-il encore, de plus aisément pratique que ceci : laissons les hommes travailler, échanger, apprendre, s'associer, agir et réagir les uns sur les autres, puisqu'aussi bien, d'après les décrets providentiels, il ne peut jaillir de leur spontanéité intelligente, qu'ordre, harmonie, progrès : le bien, le mieux, le mieux encore, le mieux à l'infini [1]. »

Par conséquent, laisser faire, laisser passer, telle doit être la règle des politiques. « Hors de la liberté, point de force, point de justice, point de grandeur, voilà en quoi se résume l'économie politique dans son expression la plus concise [2]. »

L'empreinte du XVIIIe siècle est encore profondément marquée dans le but tout matérialiste que cette école assigne à l'activité humaine, à savoir l'acquisition de la richesse. Or l'âpre soif du gain étouffe bientôt dans les âmes qu'elle domine toute autre considération. Produire à outrance, telle deviendra la tactique des manufacturiers, dociles aux conseils d'Adam Smith et de ses disciples. Favoriser le développement de la richesse, et non maintenir profondément dans les âmes le respect de la loi de Dieu, tel sera le bien suprême pour une société imbue de ces idées nouvelles. Nous venons d'écrire le mot : la loi de Dieu. L'économie clas-

[1] Bastiat. — *Harmonies économiques.*

[2] Louis Reybaud. — *Étude sur les Économistes contemporains.* Michel Chevalier. *Revue des Deux-Mondes* du 15 août 1859, p. 913.

sique ne cherche pas là l'enseignement qui s'est appliqué dans le cours des siècles aux sociétés humaines. Elle laisse de côté l'expérience qui indique le respect de cette loi comme la première condition de prospérité d'un peuple.

Nous n'avons qu'à prendre trois grandes questions pour constater la faillite de cette école. Par sa théorie du travail-marchandise, elle a détourné les patrons de l'accomplissement des devoirs que la tradition mettait à leur charge, et par là, elle a déchaîné la guerre sociale en rabaissant le patron au rôle d'employeur, suivant le vilain mot qu'on veut aujourd'hui acclimater, en séparant l'ouvrier du maître. De plus « il fut prouvé qu'il n'y avait pas de limites à l'abjection où pouvaient tomber les populations abandonnées sans protection à ces influences[1] ».

Les idées de Malthus sur la population, acceptées par une partie de l'école, auraient à la fois ébranlé la force morale et la puissance matérielle d'une nation, si elles avaient régné sans contradiction. Nous verrons, lorsque nous examinerons la question de la population, quelle désastreuse influence elles ont déjà exercée.

Enfin à propos des rapports commerciaux des peuples entre eux, est-il utile de constater la défaite du libre-échange. Ses partisans s'étaient présentés avec de séduisantes promesses ; ils avaient promis

[1] *Les Ouvriers Européens*, t. IV, p. 432.

la vie à bon marché, l'essor indéfini de la prospérité matérielle, la fraternité des peuples. Mais la vie n'a pas été plus douce pour les classes populaires; l'industrie agricole traverse une crise qui a déjà causé de nombreuses ruines. Quant à la fraternité des peuples, les formidables armements que les frères préparent les uns contre les autres nous disent assez que le rêve n'est pas près de se réaliser.

Aussi le libre-échange est-il tombé dans une *profonde impopularité*. Chaque nation ne se préoccupe plus que de se protéger contre la concurrence extérieure, et même en Angleterre, à Manchester, la terre classique, le berceau du libre-échange, une motion présentée en faveur d'un régime compensateur, a été votée à la Chambre de commerce.

Pendant longtemps, malgré quelques contradicteurs clairsemés, l'économie classique tissa des jours d'or et de soie. Elle dominait à l'Institut. Ses adeptes pouvaient seuls pénétrer à la section économique de l'Académie des sciences morales et politiques. Elle possédait l'unique Revue qui traitât alors de ces questions, le *Journal des Économistes*. Elle trônait au Collège de France. En 1864, elle s'introduisait bruyamment à l'Ecole de droit dans la personne de M. Batbie, et l'opposition célébrait la création de cette chaire comme le triomphe des idées libérales. Docile à ses conseils, l'Empire signait le traité de 1860. Tout lui souriait, et elle croyait avoir désarmé toute hostilité.

Sous l'Empire aussi, exaltés par leurs succès, les économistes proclamaient leur science « la puissance supérieure de qui tout découle et à qui tout doit se rapporter ». Leurs rêves la transformaient même en une véritable religion, car « elle moralise, elle éclaire, elle pacifie. Aucune autre influence ne peut être aussi bienfaisante que la sienne ». Sans elle la paix du monde n'existerait pas[1].

Un de ses adeptes, les moins entichés du dogme cependant, écrivait en 1862 ces lignes qui semblent détachées d'une ode héroïque : « Malgré toutes ces colères, l'économie politique survit, et qui plus est, elle avance; peu d'années s'écoulent sans lui apporter un triomphe. Elle s'insinue dans les lois, dans les mœurs, dans les idées ; elle pénètre insensiblement dans les esprits les plus rebelles ; elle gagne jusqu'au gouvernement, et s'établit dans le camp même de ses adversaires, parce qu'elle a pour elle la puissance qui finit par user toutes les autres, la vérité[2]. » C'est le Dieu poursuivant sa carrière et versant des torrents de lumière sur ses obscurs blasphémateurs.

Aujourd'hui à ce chant triomphal succède une plainte mélancolique. L'économie classique n'a plus seulement contre elle ses anciens adversaires; elle est combattue par ceux-là même sur l'appui desquels

[1] *Revue des Deux-Mondes* du 1er sept. 1858. Bastiat, par Louis Reybaud, p. 368.

[2] *Revue des Deux-Mondes* du 2 mai 1863. *Des Opinions extrêmes en économie politique.*

elle comptait pour lui gagner des terres nouvelles.

Déjà elle avait fait une grande perte dans la personne de M. Paul Leroy-Beaulieu. Esprit brillant et indépendant[1], écrivain fécond, polémiste incisif, il a attaqué constamment avec vigueur la politique financière désastreuse de la majorité, et afin d'écarter de la Chambre ce critique gênant, on a falsifié les scrutins, dans toutes les élections où il s'est présenté, nous l'avons déjà raconté plus haut. Sur le terrain économique, il abandonnait la méthode déductive de l'Ecole classique; les faits ne passaient pas inaperçus à ses yeux, et il écoutait d'une oreille plus humaine les plaintes légitimes des classes ouvrières. Dans son *Essai sur la répartition des richesses*, il jetait par-dessus bord les doctrines jusque-là classiques sur la distribution des richesses « presque toutes à refaire », disait-il irrévérencieusement.

Mais les classiques devaient éprouver une déception plus amère. A leur instigation, des chaires d'économie politique avaient été créées dans les Facultés de Droit. On jugeait, et non sans raison, que les jeunes gens devaient être initiés à tous les problèmes qui s'agitent aujourd'hui. Comme l'économie orthodoxe avait seule droit de cité dans les sphères officielles, c'était à elle qu'on serait forcé de s'adresser pour pétrir l'esprit des jeunes générations. Quelles recrues inespérées l'enseignement

[1] M. Paul Leroy-Beaulieu, c'est un titre d'honneur pour lui, n'a cessé de prédire depuis ses commencements le triste sort réservé à l'entreprise de Panama.

enrôlerait-il sous son drapeau ! Les économistes se voyaient déjà opposant à des ennemis audacieux une armée plus compacte, plus nombreuse, plus enthousiaste.

Hélas ! comment en un plomb vil l'or pur s'est-il changé? Les économistes ne tardèrent pas à s'apercevoir qu'ils avaient forgé eux-mêmes l'arme qui allait leur faire de si cruelles blessures. Ce n'étaient plus les axiomes sur la rente, sur la liberté illimitée du travail, la méthode déductive que les nouveaux professeurs, MM. Cauwès, Charles Gide, Alfred Jourdan, etc., etc., enseignaient à leurs élèves. Ils s'émancipaient, et, rejetant les langes usés dans lesquels on avait prétendu emprisonner leur marche, ils se substituaient aux maîtres dont le culte allait désormais devenir tout platonique.

La Revue d'Économie politique qu'ils ont créée bat en brèche les idées jusque-là admises, sans marcher d'un pas assuré, il est vrai, dans une ligne bien nette. Il y a peu de temps enfin, une nouvelle société d'*Etudes économiques*, se fondait sous les auspices de MM. de Foville, Chailley et Raffalowich; spécialement créée en vue des jeunes gens, elle déclarait vouloir s'appuyer sur l'observation.

En face de cette doctrine pendant si longtemps dominante et maintenant déchue, s'élevait une autre école à l'enseignement de laquelle les malheurs de 1870 prêtaient une singulière autorité. Toutes les idées dont la France s'était bercée depuis 1789 perdaient leur prestige. Aux yeux de la masse sans doute, des faits particuliers, la trahison ou l'incapacité d'un chef expliquaient cette défaite, mais les esprits réfléchis se demandaient s'il n'y avait pas là la faillite d'une constitution sociale. Ceux qui n'allaient pas jusqu'à la condamner éprouvaient au moins un désenchantement se traduisant par une disposition à la critique, sinon au scepticisme; leurs préjugés s'affaiblissaient. Déjà l'enquête agricole de 1866 avait dévoilé la position difficile dans laquelle était placée notre agriculture, pendant que les troubles survenus dans les centres industriels accusaient la profonde division des patrons et des ouvriers, fait presque nouveau dans l'histoire de France. Le temps était propice à la diffusion des idées que Le Play avait émises dès 1855 dans les *Ouvriers Européens*, et plus tard dans la *Réforme sociale*; mais jusqu'en 1870 elles avaient plus excité la curiosité que forcé de convictions, et, lors de la publication de son premier ouvrage, il avait retiré plusieurs des conclusions, sur le conseil de ses amis qui les jugeaient trop au-dessus des opinions courantes. Les idées ne doivent pas, en effet, être exposées à un échec prématuré dont elles se relèveraient avec peine.

Le Play restera une des figures intellectuelles de notre siècle. Qui n'a admiré dans le grand salon du Louvre le portrait d'Erasme par Hans Holbein? Avec sa figure pensive, son regard profond, son nez droit, sa tête si bien dessinée, Le Play a plus d'une fois évoqué en nous le souvenir d'un homme du

XVIe siècle. Il était de ces puissants penseurs qui, du fond de leur cabinet et sans se mêler au vain tumulte des agitations publiques, remuent le monde par leurs idées. En lui se retrouvent toutes les fortes qualités qu'une éducation mal dirigée nous fait perdre et par lesquelles se distinguent les grands esprits des siècles passés : labeur infatigable, discipline intellectuelle, volonté inflexible, passion de la vérité. Il ne se détourna pas de la voie dans laquelle il s'était engagé ; jusqu'à son dernier jour, il la suivit avec la ténacité du savant et le désintéressement du chrétien.

L'anarchie intellectuelle, et par suite la division des esprits et des cœurs qui avaient suivi la révolution de 1830, l'avaient frappé dès sa jeunesse. Les uns imaginaient de brillantes théories sociales, tirées tout entières de leur cervelle ; les autres se livraient à de véhémentes protestations contre les erreurs qui avaient détruit l'antique constitution de la France. Il en était enfin qui s'appliquaient surtout à tirer des déductions des principes jusque-là acceptés, sans toucher une époque plus sensible aux démonstrations de l'expérience. Le Play sentit la nécessité de s'adresser à l'observation à la fois comme base d'études et comme moyen de démonstration propre à saisir des esprits pour lesquels le mot de science avait un prestige extraordinaire. Il parcourut trois fois l'Europe à pied. Il eut des relations avec tous les grands personnages de son temps, avec les propriétaires influents, avec les chefs d'usines, en un mot avec ceux qu'il a appelés les autorités sociales, et après vingt ans de voyages, de méditations, de labeurs, il constitua le cadre de la monographie, cadre à la fois si puissant et si simple, dans lequel tous les phénomènes de la famille sont rigoureusement analysés. Plus de trois cents familles furent décrites par ses soins; elles présentèrent les types les plus divers, depuis le pasteur demi-nomade vivant sur les confins de l'Asie jusqu'à l'ouvrier désorganisé des capitales de l'Occident. De là sont sortis les *Ouvriers Européens*, le plus beau monument de son génie.

Je ne sais ce que l'avenir fera de ses autres œuvres dont quelques-unes ont eu, lors de leur apparition, un brillant succès. Mais elles portent plus l'empreinte du temps où elles ont été écrites, et celui qui les lit n'y aperçoit pas toujours derrière les conclusions la méthode dont la création demeure la plus belle œuvre de ce grand penseur. Les *Ouvriers Européens* au contraire sont une œuvre originale, telle que l'on en chercherait en vain avant elle; ils manifestent toute la fécondité de la méthode qui ne concentre pas seulement l'observateur sur la vie intime, sur le terre à terre de la famille, mais lui ouvre des horizons d'autant plus larges que l'analyse a été plus sévère. Celui qui, se livrant à l'étude de cet ouvrage, véritable *Somme* sociale, approfondirait chaque monographie, la presserait, la retournerait en tous les sens, deviendrait un homme supérieur ; il aurait acquis en même temps qu'une connaissance sûre des questions sociales dont aujourd'hui on discourt à tort et à travers, un tempérament intellectuel, qualité fort rare à notre époque.

Le Play a prouvé qu'il existait une science sociale, basée sur une rigoureuse méthode, et par cela seul il a battu en brèche toutes les théories qui n'apportent à leur appui que des raisonnements. Avec plus de force qu'on ne l'avait jamais fait, il a montré dans la famille la première assise de la société, et non l'individu, comme l'enseignait une nombreuse école; ensuite il a établi les conditions nécessaires à la stabilité de la famille au nom d'observations multipliées qui ont porté un terrible coup au fétichisme du Code civil. Rapporterai-je encore quelques-unes des conclusions auxquelles l'observation l'a conduit? Doué d'une grande puissance de systématisation, il a classé les familles si diverses à première vue en trois types. C'est lui qui a précisé l'influence exercée par la nature des lieux, et à côté de sa forte démonstration, la théorie de Montesquieu sur les climats paraît bien superficielle. A lui encore revient le mérite d'avoir rappelé aux patrons, l'histoire à la main, les devoirs qui leur incombaient, et à toutes les classes élevées les charges qu'elles doivent assumer sous peine de précipiter la nation dans le désordre.

Plus que tout autre, il a contribué à ébranler le culte « des faux dogmes » de 1789, suivant son expression saisissante, dont dans tous ses ouvrages, avec une persistante énergie, il a démontré le néant et le péril. Ses démonstrations ont eu d'autant plus de force qu'il a fait appel à l'observation, et de la masse de faits sociaux qu'il a rassemblés s'est dégagée cette conclusion que les institutions établies alors avaient surtout nui à la famille ouvrière. La petite propriété, contrairement à une erreur fort répandue, a été placée dans une situation difficile, qui use peu à peu nos vieilles *races de paysans, réservoir de forces vivaces*. Les ouvriers ont été condamnés à un isolement duquel est sorti l'antagonisme social ; enfin la société tout entière est en proie à une division qui explique nos désastres.

Peu à peu les idées de Le Play ont gagné des esprits ; elles ont pénétré dans des milieux encore soumis à la tradition et aussi dans ceux que séduisait le caractère scientifique de sa méthode. La Société d'économie sociale qu'il a fondée, continue la publication des *Ouvriers des Deux Mondes*, véritable encyclopédie contenant des faits qu'on ne trouverait nulle part ailleurs, tandis que les *Unions* de la paix sociale, se recrutant dans les classes qui ont à jouer un rôle de patronage, propagent les conclusions tirées de l'expérience. Les deux Sociétés ont à leur tête M. Delaire, leur infatigable secrétaire général, ancien collaborateur du maître, et dont le nom seul a eu, en cette qualité, l'honneur de paraître sur un de ses ouvrages.

C'est le caractère propre de cette grande œuvre d'avoir à la fois créé une science et tracé un plan de réforme. Science, elle a précisé les lois qui dominent les sociétés humaines. Réforme, elle s'est efforcée de dissiper l'erreur, de gagner les cœurs, de pousser les hommes de bien vers la pratique de leurs devoirs sociaux, dont ils n'avaient plus qu'une notion altérée. Tel a été Le Play, savant et à la fois apôtre, ne se laissant dominer par aucune pensée exclusive. Ayant montré la large part qui revient dans une constitution sociale à l'initiative privée, il a rendu à la souveraineté ce qui lui appartenait et toute sa vie il s'est préoccupé de gagner à ses conclusions le chef de l'Etat, alors qu'il en existait de dignes de ce nom.

Il a dégagé l'importance primordiale de l'organisation du travail, aussi bien qu'il a signalé à de fréquentes reprises le rôle considérable joué par des fausses théories dans la désorganisation d'une société; leur apparition constitue pour lui une date dans l'histoire sociale. En un mot, il a construit un grand édifice. A ses disciples de le rendre encore plus solide, en demeurant fidèle au double caractère de la doctrine du maître : c'est-à-dire en creusant de plus en plus profondément les lois auxquelles les sociétés humaines sont soumises, en étendant le champ d'exploration de la science sociale qu'il n'avait pu tout entier parcourir, et d'autre part en ne cessant jamais de défendre partout les réformes dont l'expérience a démontré l'impérieuse nécessité.

Un autre mouvement venait encore le lendemain

de la guerre donner un efficace concours à l'œuvre de Le Play et apporter aussi sa pierre à la reconstruction de la France, c'est l'œuvre des Cercles catholiques. Elle est sortie tout entière de nos malheurs, et par une inspiration touchante qui rappelle les vœux des chrétiens du vieux temps. En captivité dans une ville d'Allemagne, quelques officiers eurent l'intelligence de comprendre que telle ou telle circonstance particulière n'expliquait pas seulement nos malheurs, mais qu'il fallait en chercher une cause plus haute, la constitution sociale défectueuse de la France. L'insurrection de la Commune, avec les scènes sanglantes qui l'accompagnèrent, leur rendit encore cette pensée plus saisissante ; elle leur fit apparaître et la division qui rongeait notre société et l'hostilité furieuse qui animait une partie du peuple de Paris contre la religion.

Dès les premiers jours elle a eu à sa tête, et ils y sont encore, deux hommes représentant la noblesse française, dans ce qu'elle a eu de généreux et d'élevé : le comte Albert de Mun, vrai chevalier du moyen âge, éloquent par le cœur, défendant les grandes causes « avec un zèle qui ne faiblit jamais et un talent qui grandit tous les jours », suivant le mot de Lamartine parlant de Berryer, et M. le colonel marquis de la Tour du Pin Chambly, fécond remueur d'idées, pénétré de la tradition française, « un véritable homme d'autrefois par l'originalité de l'esprit et la grandeur du caractère » comme l'a appelé un jour la *Réforme sociale*. L'œuvre s'est proposée un double but. Elle a voulu rallier d'abord les ouvriers à l'idée religieuse, ou tout au moins grouper ceux qui gardaient dans leurs cœurs le culte du vrai Dieu. Se tournant ensuite du côté des classes qui avaient entre leurs mains le sort d'autres hommes, comme les chefs d'industrie, les propriétaires, elle leur a prêché le dévouement à ceux qu'ils employaient, la pratique du devoir social et là son action efficace a déterminé parmi les industriels dont quelques-uns ont inspiré ses idées, un grand mouvement. Enfin elle n'a pas été seulement une œuvre, mais aussi une école, et elle s'est attaquée avec hardiesse aux questions vitales qui s'imposent à notre société troublée : la liberté du travail, le rôle social de la propriété, le crédit dans son principe comme dans ses conséquences et ses abus.

M. de Mun a résumé en quelques lignes dans le discours prononcé à la clôture de l'assemblée générale de 1884, la position que l'Œuvre avait prise :

« Catholiques, nous repoussons également le libéralisme antichrétien et le socialisme d'Etat ; nous ne voulons pour le pouvoir public ni l'indifférence et l'abdication de son devoir social, ni le despotisme qui lui permettrait d'absorber dans ses mains toutes les forces vives de la nation. »

Aussi partout, au lieu d'individus isolés, déshabitués de toute action collective et corporative devant la puissance de l'Etat, la société, telle qu'elle la conçoit, non d'après un rêve idéal, mais d'après l'expérience, comprendrait des groupes vivaces, autonomes, gérant leurs intérêts eux-mêmes, se chargeant de la tâche que l'Etat exécute à grands frais, et donnant à la nation, au lieu d'une existence factice et toute de surface, une vie propre.

Faut-il le dire! Le plus bel acte de l'Œuvre, ç'a été d'avoir démontré la puissance de l'association, de l'initiative privée.

La France est ainsi couverte d'associations, cercles catholiques d'ouvriers, corporation, ouvrières, syndicats agricoles, qui ont commencé à paraître le lendemain de nos désastres. Ce n'est pas l'Etat qui les a créées. Elles ne lui doivent rien. Elles n'ont jamais sollicité son secours; c'est peut-être un exemple presque unique en France. Mais l'Œuvre sous l'impulsion de laquelle se formaient ces associations n'a pas borné là ses efforts. Elle a lancé des idées, elle a battu en brèche les erreurs qui aveuglaient les esprits, et elle ne s'est jamais laissé détourner du but qu'elle avait assigné à ses efforts opiniâtres par les événements politiques. A certaines heures, elle aurait pu compter sur la faveur du pouvoir; elle n'a rien attendu de lui. A d'autres, et ce sont les plus nombreuses, le pouvoir était entre les mains de ses ennemis; elle n'a pas craint ses rigueurs. Dans la bonne comme dans la mauvaise fortune, dans les jours heureux comme dans les jours d'épreuve, elle a poursuivi sa marche, et partout elle a fait pénétrer les idées qu'elle s'attachait à défendre, elle a montré par des exemples qu'elle ne s'était pas tracé des conceptions chimériques. Si elle n'a pas triomphé, elle a du moins désarmé de nombreux préjugés. Elle a créé une force qui tient une large place dans le mouvement intellectuel et social de la France, le succès des Assemblées provinciales de 1889 l'a montré.

Et seule l'initiative individuelle a créé cette association qui n'a à redouter aucune comparaison avec les vigoureuses associations des Anglo-Saxons ou des Allemands.

L'œuvre des Cercles, et ce sera là son honneur, ne s'est pas laissé tenter par les illusions décevantes du socialisme d'Etat ; elle ne s'est pas prosternée devant la puissance absolue, illimitée, infaillible de l'Etat, le plus grand danger des sociétés modernes, et elle a donné ainsi des exemples que certains catholiques étrangers, engagés dans le mouvement social, feraient bien d'imiter. Ils n'ont combattu une erreur que pour tomber dans une autre, tant l'esprit de mesure, première qualité à laquelle se reconnaissent les vrais hommes d'Etat, se rencontre rarement de nos jours.

Et maintenant abordons d'autres rives. Celui qui veut étudier le mouvement social à notre époque ne saurait passer sous silence les écrivains socialistes. Parce qu'ils n'ont pas pignon sur rue ou qu'ils sont en mauvaise odeur à l'Institut, beaucoup n'y prêtent qu'une médiocre attention. Cependant, le socialisme compte plus d'un penseur original ; il a inspiré, avec des convictions très vives, un dévouement que n'a pu lasser aucune rigueur du sort. Son histoire et celle des transformations qu'il a subies, constitueraient une page intéressante de l'histoire des idées au XIXe siècle. Résumons-la en quelques lignes.

Les premiers défenseurs du socialisme dans notre siècle avaient d'abord poursuivi des visées chimériques ; se souciant peu de science et d'observation, ils avaient esquissé des plans romanesques et s'étaient complu à célébrer par exemple les bienfaits du partage égal de toutes les terres dont une fausse érudition avait cru trouver l'organisation à Sparte par Lycurgue. C'était alors le temps où Cabet, plus dévoué que beaucoup de théoriciens, voulut joindre l'exemple à la parole et chercha à constituer au delà de l'océan la société icarienne qu'il avait rêvée. L'expérience aboutit à la misère de tous ceux qui l'avaient tentée.

Avec Fourier quoique encore utopique, le socialisme revêtit une forme plus savante. Fourier avait compris la force de l'association ; dans ses ouvrages se lisent des prédictions curieuses, telles que la possibilité, grâce à la rapidité des moyens de transport, de déjeuner à Paris et de dîner à Marseille, l'agglomération de plusieurs milliers d'ouvriers autour d'une même usine. Cependant les idées de communauté universellement appliquées même à la famille trouvaient encore de naïfs admirateurs. Le travail en commun, la communauté des femmes et des biens, c'étaient aux yeux des socialistes des moyens sûrs de faire naître pour l'humanité tout entière l'âge d'or. En même temps il ne poussait pas contre le catholicisme les cris de haine qui retentissent maintenant à nos oreilles, et quand éclata le mouvement de 1848, les insurgés de Juin ne prirent pas comme mot d'ordre la guerre à la religion. On rêvait simplement le bonheur obligatoire pour tous les hommes.

De nos jours la doctrine s'est transformée. Suivant le courant qui entraîne les esprits vers l'observation, vers la science, elle a voulu prendre des allures scientifiques. Seulement une méthode rigoureuse qui lui aurait montré les faits dans leur infinie complexité, ne l'a pas guidée. C'est le collectivisme, né de Lassalle et de Karl Marx, qui règne aujourd'hui sur les esprits. Ainsi que nous l'écrivait un des premiers parmi les socialistes contemporains, M. Benoît Malon, « le communisme total n'a à peu près plus de partisans dans les différents partis socialistes européo-américains. Il a été remplacé par ce qu'on appelle plus communément le collectivisme qui se distingue de l'ancienne doctrine communiste en ce qu'il veut, non pas la communauté totale des biens, mais simplement la socialisation graduelle de la terre et des instruments de travail. Dans ce système, les produits du travail ou leur équivalent doivent rester, après la prélévation des charges sociales, à la libre disposition du producteur. En d'autres termes : travail organisé, consommation et répartition conformément à la justice en tenant compte des besoins de la solidarité sociale. » L'agglomération de la production et du commerce semble à première vue, il faut l'avouer, prêter quelques facilités à la défense d'un tel système.

Seulement en prenant un programme plus pratique, en laissant de côté le caractère à la fois chimérique et violent qu'il avait autrefois, le socialisme nous semble avoir perdu de son action sur les masses. Que l'on compare par exemple les articles de la *Revue socialiste*, souvent forts intéressants, avec les *Paroles d'un révolté* du prince Kropotkine ; on sent dans ce dernier ouvrage d'une vive originalité le cri de la passion, le souffle de la révolte qui soulève les masses, leur met entre les mains la hache, la torche ou le fusil pour courir sus à l'ennemi, et fait selon les temps l'outlaw, le pilleur d'églises et de couvents, ou le barricadier. Des études scientifiques ne les auraient pas fait braver la mort.

En résumé, le socialisme présente trois faces. Il a tracé de la société actuelle, de ses misères et de ses iniquités une peinture parfois noircie, mais trop souvent véridique. S'attachant surtout aux ouvriers d'industrie, il réclame pour eux la stabilité de l'existence, la réduction d'un labeur excessif, la garantie du foyer, l'augmentation du salaire. Qui oserait condamner comme subversives de telles revendications ? Mais il en demande le succès à des moyens qui créeraient des maux non moindres à ceux qu'il se propose de guérir. Aucune des blessures dont nous souffrons ne seraient pansées, d'autres seulement seraient ouvertes, et la tyrannie de l'Etat, engendrant une bureaucratie encore plus formidable que celle qui existe aujourd'hui, finirait par abêtir et ruiner la France. Pourquoi le socialisme n'a-t-il pas avant tout concentré ses efforts sur la conquête de la liberté pleine et entière d'association, au lieu d'en appeler sans cesse à l'Etat contre lequel il a si souvent dirigé de justes et vives attaques? Les ouvriers anglais, grâce à leurs Trades Unions, n'ont plus rien à envier aux ouvriers du Continent : ils ont compté sur eux-mêmes, tandis que les Français semblant avoir perdu tout ressort, s'hypnotisent devant le fétichisme de l'Etat omniscient et doué d'une perfection idéale.

Par ses véhémentes critiques de la société actuelle, cette école a encore contribué à ébranler le culte de la Révolution, de laquelle est sorti le système social et économique qui a produit de si détestables fruits. La Révolution n'a profité qu'aux bourgeois, dit-elle, « à nos intendants et à leurs petits », suivant le mot d'un personnage d'Emile Augier, le marquis d'Aubrive, dans les *Effrontés*. Ce qu'elle a édifié s'écroule.

Renouvelée par une méthode plus sévère, l'histoire a aussi contribué à ce réveil des idées. La nouvelle école historique, au lieu de se tenir sur le terrain des généralités et de considérer uniquement les événements politiques, a abordé l'observation directe des faits. S'attachant à la vie sociale de la nation, aux rapports entre les classes, elle a retrouvé une vieille France que les historiens n'avaient fait qu'entrevoir. Elle a confondu les hommes qui, faisant du mépris du passé le premier mot de leur credo, ont l'orgueilleuse prétention de croire que rien n'existait avant eux.

Il y a eu certes des fautes, des erreurs dans le passé, mais il avait conservé les bases fondamentales d'une constitution sociale; l'idée insolente du travail marchandise n'y avait jamais eu cours, et on n'y avait pas non plus enseigné que les classes ouvrières devaient être laissées à elles-mêmes sans protection, sans appui, que la richesse avait des droits et non des devoirs. M. Littré, par exemple, républicain et libre-penseur, a écrit que le moyen âge avait su résoudre le problème social, et c'est vers le passé que se sont tournés plus d'une fois les socialistes en demandant pour les associations ouvrières un régime inspiré par le souvenir des anciennes corporations et les limitations apportées à la concurrence. Tout récemment M. Jules Guesde, une des autorités du socialisme, prononçait au cours d'une conférence à Marseille ces paroles qui, dans la bouche d'un autre, auraient fait crier au défenseur de l'ancien régime :

« .... Le moyen âge nous apparaît environné de ténèbres et d'horreurs, grâce à l'imagination mensongère des historiens, mais les misérables et les imbéciles sont seuls à croire leurs pompeuses divagations.

« Le pouvoir des nobles et des prêtres a eu sa raison d'être, sa raison sociale. Le prêtre instruisait le peuple, tandis que le gentilhomme soldat le défendait de sa grande épée et de son large bouclier ! »

Faut-il encore rappeler la chute définitive de la légende de la Révolution ? et ce ne sont pas les écrivains catholiques qui lui ont porté les plus rudes coups, mais des hommes tels que M. Taine, et aussi M. Renan.

Quels faits, quels hommes donneraient du reste aujourd'hui du prestige au régime ? Tous nos rêves de gloire se sont, hélas ! envolés, le pouvoir ne se présente plus avec un cortège de brillants orateurs, de généraux glorieux, d'hommes d'Etat illustres ; il ne dicte pas ses volontés à l'Europe, il n'invoque pas à son actif le ferme maintien de la paix sociale, il n'étale pas sous nos yeux le spectacle de la richesse publique développée, de nos ressources sévèrement ménagées. Non, il demeure isolé au milieu de l'Europe, sans qu'avec l'instabilité de notre politique il ne puisse jamais espérer une alliance. De talent, de considération, il se soucie peu ; son incarnation, c'est le tout-puissant ministre de l'intérieur qui n'a ni gloire, ni éclat, ni honneur, mais qui possède un don plus précieux à ses yeux, celui de pétrir la pâte électorale. L'accroissement des déficits budgétaires, suivis de l'accroissement fatal des impôts, tourmente les intérêts, réveille les inquiétudes de l'avenir.

En résumé, dans le mouvement des idées contemporaines, deux grands courants s'entremêlent : l'un bat de ses flots pressés les traditions que jusqu'à ce jour l'humanité tout entière avait respectées; l'autre ramène les vérités sociales noyées au milieu d'un océan de sophismes et reçoit une force considérable des faits dont notre époque a été le témoin, de l'observation qui a fait tomber bien des illusions. Gagnant l'autre de vitesse et d'énergie, ce dernier courant fera-t-il irruption sur tous les terrains qui lui étaient fermés? Aura-t-il la force de surmonter les obstacles qui se dressent devant lui, à savoir : l'altération profonde des idées, la désorganisation sociale croissant sous l'influence des institutions que ces dernières ont inspirées, l'ébranlement moral?

Nous pouvons le pousser plus vigoureusement contre ces obstacles ; mais nos arrière-neveux seuls sauront s'ils doivent être brisés.

LIVRE IV

L'INSTRUMENT DE L'ÉVOLUTION. — LA FAMILLE

CHAPITRE PREMIER

L'AFFAIBLISSEMENT DE LA POPULATION

La diminution de la natalité. — L'accroissement de la population urbaine et la diminution de la population rurale. — La comparaison avec les autres pays. — Les prétendues causes d'une telle situation. — La responsabilité de notre constitution sociale. — La famille atrophiée. — La stérilité systématique. — L'influence des grandes villes. — La population des grands Etats en 1932. — La fin d'un discours de M. de Mun.

Le premier rôle de la famille, c'est de perpétuer l'espèce. D'une famille forte sortent des rejetons vigoureux et multipliés. La famille ne donne-t-elle plus naissance au contraire qu'à des postérités de moins en moins nombreuses? C'est l'indice de sa désorganisation, puisqu'elle ne s'acquitte plus de la première tâche qui lui incombe; c'est la cause de l'affaiblissement de l'Etat.

Citons à ce propos quelques chiffres, trop peut-être, diront certains de nos lecteurs pour lesquels la statistique demeure rébarbative. Qu'ils ne se laissent pas effrayer. Les chiffres nous en apprennent beaucoup sur l'état auquel sa constitution sociale a conduit la France.

Établissons avant tout notre population. Elle était aux termes du dernier recensement, celui de 1886, de 38,218,903 habitants ; comme cinq ans auparavant, nous en comptions 37,672,048, nous nous sommes augmentés, dans cette période, de 546,855 habitants.

Déjà nous constatons un recul. De 1872 à 1876, l'augmentation avait été de 812,867. Cinq ans plus tard, elle fléchissait, puisqu'elle ne dépassait pas 766,260.

Les mouvements de la population, relevés tous les ans, corroborent éloquemment ces chiffres ; chaque année nous perdons quelques milliers de naissances. Ainsi en 1882, il y a 97,029 naissances de plus que les décès ; en 1882, 96,803 ; en 1884, 78,974 ; la différence s'explique par l'épidémie cholérique. Dans l'année 1885, qui n'a pas été affligée du même fléau, l'excédent sera seulement de 87,661, dix mille de moins que trois ans auparavant. Il tombe à 56,356 en 1887, en 1888 à 44,772. En 1889 le chiffre des naissances parmi lesquelles nous devons compter les étrangers tombe à 880.579. Jamais il n'avait été aussi bas.

La France renfermerait une population encore moins nombreuse, si les étrangers n'affluaient sur son territoire. C'est une marée montante. En 1851, ils ne représentaient que 1,06 de la population totale ; en 1861, 1,33 ; en 1881, 2,68 p. 100. Cette fois-ci, ils entrent dans le chiffre total pour une proportion de 3 p. 100. Ils forment un groupe imposant de 1,115,214, et leur accroissement est plus rapide que celui de la population indigène. Elle s'élève à 316 par 10,000. La nôtre paraît bien modeste, puisqu'elle ne monte pas à plus de 42 pour un chiffre égal d'habitants.

Un trait à remarquer, c'est la progression constante de la population urbaine. Les villes jouent à l'égard des campagnes le rôle d'une pompe aspirante. En 1812, elles figuraient pour une proportion de 15 p. 100 dans le total ; en 1876, pour 14 p. 100 ; en 1881, pour 15,1 avec une population de 5,683,818. Le recensement actuel relève 6,440,127, soit 17,4 du total. Les villes ont donc une tendance encore plus accentuée qu'il y a quelques années à s'accroître aux dépens de la population agricole.

Que fait Paris ? La capitale continue-t-elle à absorber pour son propre compte une forte part de l'accroissement des agglomérations urbaines ? Non, Paris ralentit son allure. De 1876 à 1881, son accroissement avait absorbé celui de la moitié des grandes villes ; cette fois, le quart seulement, soit 75,529. C'est un heureux symptôme, ne manquera-t-on pas de penser. Oui certes, la crise que traverse l'industrie parisienne, l'arrêt des grands travaux ont causé ce ralentissement. Toutefois ne nous y trompons pas ; il est beaucoup plus apparent que réel. Paris est entouré d'une ceinture de communes; peuplées jadis d'habitants clairsemés, elles figuraient la campagne pour le Parisien peu exigeant en fait de paysage : mais aujourd'hui, malgré sa bonne volonté; il ne peut prendre ces agglomérations populeuses, telles que Levallois-Perret, Boulogne, Saint-Denis, etc., etc., qui comptent 30,084, 33,649, 48,069 habitants, pour un séjour champêtre. Elles constituent de véritables villes, et d'horribles même, avec leurs rues sans caractère, leur absence de tout monument, leurs cabarets multipliés, leurs maisonnettes sans poésie, leurs champs où les tessons de bouteille remplacent les fleurs, le parfum des gadoues celui de la nature. Chaque année, elles voient s'accroître le nombre de leurs habitants, Parisiens que chasse la cherté du loyer, ou qui aspirent, après une journée de labour, à se reposer dans un modeste home, au milieu d'une atmosphère moins enfiévrée. Pour se rendre un compte exact de la population parisienne, il faudrait même ne pas se tenir à la première banlieue, mais envisager les agglomérations situées dans un rayon de quelques lieues, telles que le Vésinet, Saint-Germain, Saint-Cloud, Versailles, Herblay, Taverny; on retrouve même, jusqu'à des distances de 40 kilomètres, des personnes que leurs fonctions appellent tous les jours à Paris. L'augmentation de ces communes est encore due à l'immigration parisienne; ce sont là autant d'habitants que Paris enlève à la province.

Comme conséquence la population rurale subit une diminution progressive. Vingt départements ont perdu des habitants depuis cinq ans. En tête, marche d'abord la Normandie, qui décidément semble vouée au culte de la stérilité systématique. Quatre de ses départements, le Calvados, l'Eure, la Manche, l'Orne, se sont vu enlever 22,445 habitants.

L'ombre de Malthus doit tressaillir de joie, il reconnaîtrait dans ces Normands, jadis si aventureux, de fidèles disciples. On voit alors comme suite de cette dépopulation des campagnes, les petites communes au-dessous de 300 habitants se multiplier ; elles représentent maintenant plus du quart, 9,263, tandis que cinq ans auparavant, elles n'étaient qu'au nombre de 8,938. Plus de 700 n'atteignent même pas le chiffre de 100 habitants.

Certains villages se dépeuplent presque totalement. Nous détachons, par exemple, ce fait divers qui parut il y a peu de temps, sur la dépopulation croissante d'un village de la Côte-d'Or :

En 1855, Somezanges comptait 337 habitants ; aujourd'hui, il n'y en a que 184, qui se divisent ainsi : 12 de 70 à 75 ans, 12 de 75 à 80 ans et 16 de 80 et au-dessus. En tout 40 vieillards, soit un quart de la population. On ne compte actuellement que 7 ménages au dessous de 40 ans. Sur 72 affouagistes, il y a 24 veufs ou veuves âgés, et sur ces 24 il y en a 22 sans enfants. D'autre part, on compte 14 enfants de 6 à 13 ans.

Le mouvement est lancé, les faits observés

montrent qu'il ne s'arrêtera pas d'ici longtemps. On se marie de moins en moins, et les unions plus rares donnent une proportion de naissances décroissante.

En 1889, il a été célébré 3,914 mariages de moins qu'en 1888 et 5,133 de moins qu'en 1887. En 1801, il naissait 323 enfants sur 10,000 habitants, notre pays n'en voit plus naître aujourd'hui que 231 sur le même chiffre.

Et maintenant, sortons un peu de la France, faisons une rapide excursion à travers l'Europe. La comparaison avec les autres peuples éclairera la situation. Au point de vue des naissances, calculé sur une proportion de 100 habitants, nous arrivons après tous les États d'Europe. Dans une séance de l'Académie de Médecine du 15 juillet dernier, M. Lagneau, qui avait traité cette grave question, avait donné les chiffres suivants :

« En France, pour 1,000 habitants, l'excédent de 23.09 naissances sur 21.9 décès, ne donne qu'un accroissement physiologique de 1.19 sur 1,000 par an, alors que cet accroissement physiologique est de 13.7 sur 1,000 en Angleterre. L'accroissement annuel de notre population constaté par des dénombrements de 1881 et 1886 est de 3.22, tandis qu'il est de 10 dans l'empire d'Allemagne, de 11.93 en Prusse, de 12.9 en Russie. » Et il ajoutait : « Avec le service militaire obligatoire pour tous les hommes valides, la force militaire devient proportionnelle à la population. »

La conséquence de cette basse natalité se manifeste dans le calcul des périodes de doublement pour chaque nation. Nous nous arrêterons seulement sur les grandes puissances. Au bout de cinquante ans, la Russie aura doublé sa population ; l'Angleterre au bout de cinquante-quatre ans. La Prusse atteindra ce résultat après soixante et un ans et demi. L'Espagne et l'Italie mettront quatre-vingt-dix-neuf ans, l'Autriche cent vingt-deux, et la France est toujours la dernière. Deux siècles lui seront nécessaires pour que sa population atteigne un chiffre double de celui qu'elle représente actuellement, et encore sans le flux des étrangers, cette période serait-elle prolongée. Quelle chute pour la nation que son génie et son histoire autorisaient à marcher en tête de l'humanité ! Chaque année qui s'écoule accroît la force de l'Allemagne.

D'un tel appauvrissement, les causes ont été présentées multiples et diverses, accusant souvent de la part de ceux qui les formulaient une incroyable ignorance en matière sociale. Nous en disons autant des remèdes proposés.

C'est la vieillesse de la race, disent les fatalistes; la race française a fait son temps, et après les jours vigoureux de l'âge mûr et de la jeunesse, elle est arrivée naturellement à la décrépitude, sa force d'expansion est perdue. Cette théorie séduira les âmes molles que la lutte effraie. Comment réagir contre une destinée fatale? Comment engager une lutte où une défaite certaine est au bout? Par malheur les faits détruisent cette ingénieuse explication. Nous ne rencontrons pas seulement la race française en Europe, elle s'est répandue de l'autre côté de l'Atlantique sur les rives du Saint-Laurent, et les Franco-Canadiens ont donné l'exemple d'une prodigieuse expansion.

Il y a un siècle, ils étaient 60,000 ; maintenant ils forment un groupe compact de deux millions, et ils ne s'arrêtent pas. Une famille de treize enfants ne se remarque pas. L'accroissement des Franco-Canadiens est proportionnellement dix fois plus fort que celui de nos Français et trois fois plus fort que celui des Allemands. Que devient alors la théorie sur la race? Elle s'effondre.

D'autres se rejettent sur une autre explication fort consolante. Notre infériorité s'expliquerait par notre supériorité. Nous serions les derniers sous ce rapport parce qu'ailleurs nous sommes les premiers ; notre victoire sur les autres peuples nous condamne à la défaite. Le docteur Hardy le disait un jour à l'Académie de médecine :

« A mesure qu'un peuple s'avance dans la culture civilisatrice, à mesure que l'individu s'élève dans les rangs de la société, tandis que les goûts se raffinent et que la sensualité s'aiguise, la faculté de reproduction s'affaiblit. »

« C'est un fait bien établi, dit un autre écrivain qui s'inspire des mêmes idées, que les espèces sont d'autant plus fécondes qu'elles occupent dans l'échelle des êtres un rang plus élevé. La nature supplée en ce cas à la qualité par la quantité. Que l'on compare la vertu prolifique de la plante à celle de l'animal, le poisson à l'oiseau, l'oiseau au mammifère. Il en est des races humaines comme des espèces humaines et végétales. »

Malheureusement la réalité, si brutale pour les faiseurs de théorie, vient encore battre celle-ci en brèche. La stérilité ne s'observe pas seulement parmi certaines familles, vivant au milieu des raffinements et du luxe d'une grande ville, mais aussi parmi les familles rurales. Voilà donc déjà la théorie dans l'embarras. De plus, en Angleterre, en Amérique, la population s'accroît avec une rapidité qui nous laisse bien loin derrière elles. Or, elles sont aussi avancées que nous au point de vue de ce qui s'appelle la civilisation. Malgré notre orgueil, nous ne pouvons nous comparer à l'animal, tandis qu'elles seraient la plante.

Il faut chercher autre chose. La mort fauche-t-elle, chaque année, en France, plus d'individus que dans les autres pays? Est-ce à une mortalité excessive que doit être attribué l'accroissement annuel si modeste de notre population?

Nul ne saurait le prétendre, car sous le rapport des décès, nous soutenons dignement la comparaison avec les autres pays. Ainsi il n'y a en France que 2,30 décès par 100 habitants, tandis que la Prusse en compte 2,69, l'Espagne 3,01, l'Italie 3,06, l'Atriche 3,25, la Russie 3,68. Des grands pays de l'Europe, l'Angleterre avec 2,27, seule nous dépasse.

Non, la France ne souffre pas d'une mortalité excessive, mais d'une diminution de la natalité, diminution qui la relègue à un rang si bas dans l'échelle des nations.

Les médecins, les physiologistes ont parlé, c'est le tour maintenant des économistes. La lourdeur des impôts, la crise industrielle et agricole, les entraves à la liberté commerciale, telles sont, aux yeux de plusieurs d'entre eux, les principales causes qui s'opposent au développement de la population. Mais les faits inquiétants relatifs à sa diminution se sont manifestés avant que la crise ne fût déchaînée. Quant à la lourdeur des impôts, à la restriction de la liberté commerciale, l'observation ne montre pas de corrélation entre ces faits et la basse natalité dont nous souffrons.

Le service militaire est mis en avant; il contribue dans une large mesure à arrêter l'essor de la population, en retardant les unions et encore par les habitudes peu favorables au mariage qu'il fait contracter aux jeunes gens.

Toutefois l'Allemagne, elle aussi, porte le lourd fardeau du service militaire, et cependant la caserne n'a pas emprisonné l'essor de sa population. La Russie mettrait en ligne un jour de bataille près de 2 millions d'hommes sous les armes; elle n'en compte pas moins la natalité la plus forte de l'Europe.

Ni les causes économiques, ni le service militaire, si lourd qu'il soit, ne peuvent donc être déclarés responsables de notre faible natalité [1].

La vérité c'est que toute notre constitution sociale entre en jeu dans l'affaiblissement de la population, et par suite dans l'affaiblissement de la puissance : la constitution de la famille d'abord. La loi accumule les obstacles autour des familles qui veulent conserver le patrimoine. Elles n'ont qu'un moyen sûr de ne pas voir liciter le domaine auquel s'attache le souvenir du passé : restreindre leurs héritiers. Aussi les statistiques nous montrent-elles le nombre des enfants diminuant, à mesure que l'on s'approche de la propriété; nous en avons cité plus haut au chapitre de la terre une fort concluante. Des faits analogues ont été observés dans d'autres communes. Une telle vérité est maintenant reconnue par tous les esprits clairvoyants, à quelque opinion qu'ils appartiennent.

« Toute enquête faite en France sur la partie la plus intelligente de la petite propriété, a écrit Le Play, démontrera qu'elle tend de plus en plus à se constituer sur le principe de la stérilité du mariage. »

M. Leroy-Beaulieu voit dans les prescriptions exagérées de la loi sur le partage une atteinte portée à la grandeur nationale, en provoquant la stérilité systématique. Un farouche anti-clérical,

[1] Il est à remarquer que de 1812 à 1820, dans une période éprouvée par de terribles guerres, le nombre des enfants nés en France était, au nombre actuel, dans la population de 5,62 à 3,16.

M. Paul Bert, dans un feuilleton de la *République française*, dénonçait la loi trop absolue du partage forcé comme un obstacle à l'expansion des familles de petits propriétaires. De ces familles affaiblies, naît le fils unique, et dans telle pension de Normandie, les élèves ayant plus d'un frère ou d'une sœur sont à l'état d'exception. Choyé et gâté, habitué à tout rapporter à lui, le fils unique ne pense, de son côté, qu'à transmettre à un seul héritier la petite fortune qui lui aura procuré une molle existence. La nation se replie sur elle-même. Toute entreprise hardie l'effraie. Elle se cantonne dans une prudence excessive, comme un bourgeois égoïste tout pétri de l'amour de l'argent.

L'affaiblissement des croyances religieuses correspondant à une soif effrénée de bien-être, joint encore son action à celle de la loi : les départements dont la haute natalité empêche la population française de décroître ont une foi vivace. Le Canada ne doit-il pas à sa ferveur catholique ses habitudes de fécondité? N'est-ce pas le propre des ménages indifférents de redouter, comme un mal, une nombreuse postérité? Dieu bénit les nombreuses familles, dit un vieux dicton cher aux catholiques. Un peuple incrédule et indifférent, c'est un peuple sans vigueur, sans énergie, sans expansion.

Toutefois beaucoup de familles religieuses pratiquent, elles aussi, la quasi stérilité du mariage, lorsqu'elles voient au bout d'une postérité nombreuse la vente forcée de la propriété qu'elles auront constituée au prix de pénibles labeurs ; la loi humaine fait ainsi obstacle à la loi divine ; elle en détruit le respect chez les familles qui ne peuvent obéir à celle-ci qu'en foulant aux pieds leurs intérêts.

Aussi, sous l'empire de ces diverses influences, la stérilité systématique fait des ravages effrayants. Nous prenons pour exemple une enquête ouverte dans le département de l'Ain.

Tel village a perdu en six ans 70 habitants. Par suite de la stérilité systématique, quatre vieilles familles ont perdu tout représentant. Une mère de famille qui avait réprouvé ces tristes pratiques, souleva un tel scandale qu'elle resta pendant deux ans sans oser paraître à l'église. John Stuart Mill aurait salué avec respect ces paysans, lui qui déclarait que la vue d'un homme, père de sept enfants, lui inspirait autant de dégoût que celle d'un ivrogne trébuchant dans les rues. Un autre paysan a été exclu de sa propre famille, parce qu'en dix ans de mariage, il en est arrivé à son dixième enfant. « Les sages-femmes croient bien faire en critiquant les mères de famille qui ont trois ou quatre enfants. Si la mort frappe dans une famille où il y a déjà un ou deux héritiers, M. le maire est bien certain d'enregistrer, et M. le curé de baptiser un enfant au bout de neuf ou dix mois. Il y a quatre ans, une épidémie de rougeole a enlevé dix petits enfants ; l'année suivante, sept des familles atteintes faisaient enregistrer un nouveau-né[1]. »

La désorganisation de la famille amène une série de faits qui, tous, concourent à rendre plus lent l'accroissement de la population. Le type du propriétaire indigent s'épuisant en vain sur sa terre, sans espoir de la transmettre à ses enfants se multiplie. Ceux-ci, tout à fait déracinés, ne restent pas à la campagne ; ils se précipitent vers les villes, où ils espèrent réaliser le grand rêve de la jeunesse actuelle, un gain plus élevé avec un labeur plus facile.

Or, le développement de la population urbaine coûte au développement de la population en général. Dans les villes, on y naît moins, on y meurt plus, on s'y marie moins. Certaines maladies, peu répandues dans les campagnes, y font de cruels ravages, par exemple, la phtisie.

Un éminent spécialiste, le docteur Alfred Fournier, médecin à l'hôpital Saint-Louis, signale une autre cause de dépopulation qui n'est pas la moins alarmante. C'est une certaine maladie dont l'immoralité croissante et le relâchement de toute surveillance expliquent les progrès effrayants. « Elle constitue, dit-il, une cause active et puissante de mortalité infantile, et on peut évaluer à 68 p. 100 le tribut qu'elle prélève sur les enfants issus de parents contaminés. »

[1] *Réforme sociale* du 15 février 1888. La dépopulation française, second rapport sur l'enquête constituée par le groupe lyonnais des *Unions de la Paix sociale*, p. 242.

Le docteur Bertillon, statisticien attitré de la ville de Paris, calcule qu'en tenant compte du petit nombre d'enfants et de vieillards qui vivent dans la capitale, il n'aurait dû y avoir que 35,000 décès par an ; il y en a eu 45,936 en moyenne, ce qui est un excédent de 10,000 décès. Il faut en outre ajouter que Paris exporte à la campagne un grand nombre de nourrissons, dont 10,000 au moins meurent chaque année. Les décès dépassent donc de 20,000 la moyenne des décès de la France. Ainsi, 20,000 décès de plus et 18,000 naissances de moins, c'est-à-dire perte de 38,000, voilà ce que Paris coûte à la France.

Qu'on applique le même calcul aux autres grandes villes, et on se rendra compte du déficit que leur développement cause dans la population.

A Paris, du reste, les enfants y deviennent une gêne. Dans beaucoup de maisons, le concierge les proscrit ; il les traite comme certains animaux dont il redoute les inconvénients. Telle famille ouvrière qui aura six enfants éprouvera de grandes difficultés à trouver un abri. Certaines familles, en outre, ne sont pas constituées pour se perpétuer. Le mari et la femme, ouvriers ou employés de commerce, travaillent toute la journée, loin du foyer ; ils n'y paraissent que le soir pour en repartir le lendemain matin. Que feraient-ils des enfants ? La famille atrophiée ne peut ainsi plus remplir le but pour lequel elle a été créée.

Les idées fausses, enfin, ont une part de responsabilité dans la diminution de la population. Malthus, prêchant la contrainte morale, rencontra autant de succès en France qu'il en obtint peu en Angleterre. Il flattait l'égoïsme. Certes tout père de famille qui s'évite une nombreuse postérité, n'a pas lu les gros volumes sur la population, éclos de l'école. Mais prêchées par un groupe influent, ces idées se sont infiltrées dans toute la société ; elles ont amené non pas le moral restreint, mais la contrainte immorale, rendu encore plus lent l'accroissement de la population.

Les historiens ont souvent évoqué l'image terrible des guerres, qui transformaient les campagnes en désert ; à la longue, une mauvaise constitution sociale provoquera des effets non moins désastreux.

Seulement, les maux qu'engendre un désastre passager ont un terme, tandis que les conséquences de lois toujours en vigueur ne s'arrêtent jamais ; elles se déroulent avec une progression croissante : c'est une machine qui broie tout sur son passage.

Et maintenant quel sort nous prépare l'affaiblissement de la population ! Un coup d'œil jeté sur le monde nous le dira. L'Angleterre, grâce à ses familles-souches, tient le plus vaste empire qui ait jamais existé. La population s'en accroît dans des proportions extraordinaires, et le développement de l'Australie qui, au commencement de ce siècle, ne renfermait que quelques sauvages tombés au dernier degré de l'abrutissement, constitue un fait unique dans l'histoire. La Russie s'apprête à jeter les magnifiques excédents de sa population dans l'Asie centrale qu'elle conquert sans bruit. C'est là un des grands événements de notre époque ; il s'est accompli cependant presque à notre insu. La Chine garde toujours un réservoir puissant de forces humaines ; vis-à-vis de l'Europe désorganisée des temps modernes, elles joueront peut-être le rôle des barbares dans l'effondrement du vieux monde succombant sous le poids du militarisme et de ses divisions. Sur le nouveau continent, les États-Unis ont formé à peine en un siècle un puissant empire. Au milieu de l'Europe, enfin, l'Allemagne essaie de déborder sur le monde et d'occuper les points qui ont échappé à la rapacité de ses rivaux.

Quant à la France, on a dit que si son expansion continuait à être aussi lente, elle ne compterait pas plus dans les destinées du monde que la Grèce et la Roumanie. Ce n'est pas une vaine figure de réthorique. Le tableau suivant nous le prouve.

	(Population en millions d'hommes).		
	1789	1882	1932
France	26	37	44
Allemagne (Autriche et Prusse)	28	84	134
Russie	24	90	158
Angleterre	12	36	63
États-Unis	3	52	120
Australie	»	3	20

Tel semble le dernier mot de notre évolution

sociale. Sans déclamations, c'est la décadence dont l'affaiblissement de la famille demeure le signe le plus sûr. En sommes-nous assez fortement convaincus? Nous rendons-nous compte de la menace qui pèse sur la France? Tout le monde comprend-il que c'est le mal auquel il faut remédier, sous peine de déchoir pour toujours du rang auquel nos pères s'étaient placés! Est-ce là notre *Delenda Carthago?*

L'année dernière, un discours de M. le comte de Mun clôturait la session des délégués que les Assemblées provinciales avaient envoyés à Paris. Un peu froid au début et comme gêné par la composition de l'auditoire, le grand orateur s'était échauffé à la fin. Il termina par un éloquent appel à la jeunesse. Nous l'avons souvent entendu, mais jamais, croyons-nous, il ne produisit une impression plus pénétrante, que lorsqu'il pressa cette chère jeunesse devant le mouvement actuel de ne pas s'enfermer dans des regrets inactifs et de monter dans le train, au lieu d'imiter le sauvage qui, le voyant passer à travers la prairie défrichée, s'assied désespéré et renonce à la lutte. Cette simple phrase, si bien dite, évoquait tout un monde de pensées : l'indicible mélancolie des choses qui ne sont plus; les prairies vierges, océan de verdure, profanées par la fumée et le bruit; la tristesse d'une fière race qui, débordée par un monde nouveau, va attendre, en s'enfonçant dans le désert, qu'elle ait disparu d'une terre sans charme désormais pour elle. Mais nous nous le représentons ajoutant quelques mots, et avec la pureté de son débit, la distinction de sa tenue, le tour vraiment oratoire de sa phrase, la nouveauté peut-être de ses paroles, il eût produit, croyons-nous, une impression très vive.

« Montez dans le train, aurait-il à peu près dit, car nous ne saurions que donner le canevas de cette péroraison sur lequel il aurait brodé les plus éloquentes arabesques, montez dans le train, jeunes gens, mais commencez par le peupler. Vous pourrez vous lancer à corps perdu dans le mouvement social, vous dévouer à la cause populaire, remuer des idées, mais vous ne sauverez pas le pays qui meurt de l'affaiblissement de la famille, et avant tout vous devez la reconstituer, car de sa vigueur dépend la vigueur de la patrie. Allez donc d'abord vers les chastes et fécondes hymenées. L'amour coupable, avec son enivrement éphémère, ne fait que laisser une profonde amertume à celui qu'il a entraîné. C'est une brûlante journée d'été qui commence par le feu et finit par l'orage, le cœur qu'il a plié à son joug reste aussi meurtri que les blés abattus par le souffle de la tempête. L'amour chrétien ne passe jamais; il éclaire les belles années de la jeunesse, hélas! si rapidement envolées; il soutient les jours laborieux de l'âge mûr, ses frais souvenirs consolent les dernières heures de la vie. Plaignons celui qui la traverse sans le connaître; elle ressemble à un désert sans oasis. Mariez-vous donc de bonne heure, voilà votre première tâche, laissez de côté les froids calculs de l'intérêt, et vous aurez rendu service à la patrie; car la statistique, si sèche qu'elle paraisse, voit dans le mariage de raison l'auxiliaire de la dépopulation, dans le mariage d'amour, la condition de postérités nombreuses. Repoussez toutes les vaines illusions par lesquelles on essaie de bercer notre chute. Regardez dans l'histoire les races qui, par petitesse, par égoïsme ou découragement, se diminuent, elles se suicident; bientôt elles ne comptent plus, submergées au milieu des essaims que lancent les autres races, ayant gardé une famille forte. Donnez une vigoureuse éducation à vos enfants, et vous ne vous serez pas enfermés dans un égoïsme terre à terre. Mais vous aurez conquis de nouvelles âmes à Jésus-Christ, de nouveaux bras à la France, de nouvelles forces pour toutes les grandes œuvres, de nouveaux colons pour disputer les terres lointaines à nos rivaux plus hardis. Jeunes gens, vous ne sauriez trouver un rôle plus noble, plus patriotique, plus chrétien. »

CHAPITRE II

QUELQUES TRAITS DE LA SOCIÉTÉ FRANÇAISE

L'ancienne France. — La destruction des familles professionnelles. — Les hautes classes. — Grands propriétaires français et grands propriétaires anglais. — Les séductions de la vie bureaucratique. — L'instruction moderne. — La course aux places. — La désorganisation des rapports sociaux. — La soif de l'or. — La société oisive. — Toujours l'affaiblissement de la famille.

La famille manque à sa première mission qui est de créer des hommes. S'acquitte-t-elle mieux de la seconde qui est de leur donner une trempe vigoureuse? La société française compte-t-elle aujourd'hui des caractères dans les diverses catégories sociales?

L'ancienne France avait légué des hommes, et cela dans tous les rangs de la société. Prenons par exemple les Assemblées provinciales que la tourmente de 1789 allait emporter et, qui auraient travaillé aux réformes avec plus d'efficacité qu'une Assemblée tumultueuse. Noblesse, clergé, tiers-état, tous sont représentés dans ces assemblées par des hommes éminents, instruits, généreux; leur générosité même nous semble quelque peu naïve, après les malheurs qui ont porté un coup si rude à leurs illusions. Ce ne sont pas seulement des hommes sachant discourir, mais dans la plupart de leurs délibérations, ils ont fait preuve d'un grand sens pratique. M. Taine l'a fait remarquer : leur ton contraste avec le bavardage doctrinal des Assemblées révolutionnaires où les orateurs ne savent que débiter des enfilades de mots, et dans les discours desquels ne se rencontre jamais une observation, un renseignement précis sur l'état social. La théorie passe avant le fait. « Rien ne montre mieux, dit un de leurs historiens, le point de civilisation où la nation était parvenue en 1789, que la multitude des hommes éminents qui apparaissent à la fois dans tous les ordres et dans toutes les provinces[1]. »

Les ouvrages de M. de Ribbe ont montré également au-dessous de la France brillante, vers laquelle se dirigeaient tous les regards et trop souvent envahie par la corruption et l'erreur, une France qui avait conservé avec une pieuse fidélité de solides traditions ; récemment encore, un livre touchant, la vie d'*Anne-Paule-Dominique de Noailles, marquise de Montagu*[2], prouvait de quelle force étaient douées les familles de la vieille France, et non pas seulement celles vivant au fond des provinces, sans contact avec les influences corruptrices de la capitale, mais aussi celles qui y étaient exposées.

Rappellerai-je ici la conduite du clergé affrontant

[1] Léonce de Lavergne. *Les Assemblées provinciales*, 2e édition. Préface, p. 11.
[2] 1 vol. Plon, édit.

la mort et les persécutions avec un héroïsme qui atteste que la sève des martyrs n'est jamais tarie dans l'Église. Et le peuple? C'est lui qui, sortant de solides familles et avec les cadres de l'ancienne armée, a composé les armées victorieuses de la Révolution, de l'Empire, promené le drapeau français dans toute l'Europe, légué aux générations à venir des souvenirs de gloire qui ne périront pas. Oui, de grands crimes ont été commis par les gouvernements révolutionnaires qui se sont succédé, mais toutes les sociétés compliquées renferment une lie qui, des bas fonds où elle grouille, remonte à la surface au milieu des agitations. Elle dominait alors.

Et maintenant les nombreuses révolutions qui ont agité notre siècle, les malheurs qui nous ont fait tomber de notre rang en Europe, l'antagonisme auquel notre société est en proie, la diminution de la natalité, notre impuissance colonisatrice, tous ces faits prouvent que la famille n'a plus trempé les caractères, n'a plus formé des instruments capables de s'adapter à toutes les grandes œuvres.

Les familles professionnelles sont à peu près détruites.

L'historien d'une famille de robe de la Provence[1] nous montrait son chef construisant à Aix, au XVIe siècle, une maison près le palais, et

[1] *Histoire d'une ancienne famille de Provence*, par O. Teissier. Toulon, 1862.

imposant à son héritier le devoir d'en assurer la transmission intégrale dans sa postérité. Fidèle à cette recommandation paternelle, le fils « permit à son aîné de la retenir en entier, en remboursant à ses cohéritiers leurs portions en argent ou en autres biens. » Les fils écoutèrent pieusement ces conseils, et, jusqu'en 1789, la famille resta unie pour conserver la maison qui, depuis deux siècles, s'était transmise sans interruption. Plus de vingt ans après la Révolution, la maison était encore habitée par le descendant direct de la famille, portant toujours la robe; il avait alors vingt-deux frères ou sœurs. Mais la loi nouvelle introduisait d'autres tendances; le vieux foyer fut vendu et la souche ne tarda pas à être déracinée du sol dans lequel elle avait poussé jadis des racines si profondes. Elle perdit, avec l'esprit qui l'avait soutenue jusqu'alors, ses habitudes de fécondité, et, aujourd'hui elle est tombée au rang des familles qui, sans attachement à la profession paternelle, paraissent un jour et s'évanouissent le lendemain.

Ce n'était pas une exception dans l'ancienne France que ces familles professionnelles se transmettant, en même temps que l'amour du métier, les aptitudes pour l'exercer, et cela à tous les rangs de la société. Il y avait des familles de magistrats, de tabellions. Il y avait des familles rompues, de père en fils, aux négociations diplomatiques; d'autres qui se considéraient comme tenues de verser au premier appel leur sang sur les champs de bataille ; et aussi des familles d'artisans, comme de paysans : celles-ci n'étaient pas moins fières de leurs ancêtres. Elles recherchaient, non la richesse, mais l'honneur ; servir Dieu, la Patrie et le Roi, telle était leur ambition. Une distinction honorifique avait à leurs yeux plus de prix qu'un sac d'écus, et elles justifient le mot de Le Play que l'ancienne France était pénétrée du sentiment de l'honneur [1].

Aujourd'hui les bouleversements politiques ont enlevé à la magistrature le caractère qui faisait son honneur et sa force ; elle n'est plus un corps, mais une réunion d'individus payés par le gouvernement et que rien ne distingue des autres fonctionnaires.

Fortement atteinte par la Révolution, la noblesse a toutefois fait figure à notre époque ; elle n'a vraiment pas démérité de la Patrie par le grand nombre d'homme éminents qu'elle a produits, malgré la *décadence irrémédiable qui atteint* beaucoup de ses membres séparés du sol, ne jouant plus aucun rôle et réduits à parader de leur titre dans l'oisiveté urbaine où ils se consument.

Prenons par exemple le mouvement intellectuel. Avec des noms illustres tels que Chateaubriand, de Bonald, de Maistre, Lamartine, Lamennais, elle a exercé sur les idées une influence considérable. Un de nos grands historiens contem-

[1] La *Réforme sociale* 5e édition, III, p. 8.

porains, le duc de Broglie, lui appartient. A l'Institut, elle compte de brillants représentants. Deux des premiers orateurs du siècle, les comtes de Montalembert et de Mun, sont issus de vieilles familles, et le passé semble revivre lorsque nous voyons les descendants des croisés marcher à la tête de la croisade contre un ordre social qui désorganise les classes populaires. Deux grands ministres de notre siècle, M. de Villèle et le duc de Richelieu, sortaient également de ses rangs, et aux sombres jours de la défaite, quand le pays, par un vote spontané dont aucune pression n'avait restreint la liberté, dont aucune fraude n'avait falsifié la sincérité, confia à une Assemblée le soin de le sortir de l'abîme dans lequel la guerre et le désordre intérieur l'avaient plongé, il appela en grand nombre les membres des anciennes familles. Était-ce à cause de leurs opinions politiques? Peut-être dans certains départements, mais surtout parce que reprenant leurs traditions sociales, ils s'étaient placés à la tête des populations abandonnées à elles-mêmes ; ils les avaient conduites à l'ennemi comme commandants de mobiles, et celles-ci, délivrées pour un instant de l'oppression gouvernementale, s'étaient spontanément rangées autour des autorités naturelles. Aujourd'hui encore les descendants de nos vieux noms font en grand nombre partie des conseils électifs; dans beaucoup de départements, leur influence seule fait échec à l'action des politiciens révolutionnaires de haut et de bas.

Mais ils ont déserté les campagnes, c'est là un reproche presque passé à l'état de cliché ; on ne saurait traiter d'une manière décente une question sociale sans évoquer l'image de l'absentéisme des grands propriétaires au XVIIIe siècle et à notre époque. Nous ne voulons pas parler du siècle précédent. Toutefois beaucoup de faits prouvent qu'il existait peut-être à cet abandon plus d'exceptions qu'une opinion très répandue ne le croit. Méfions-nous du reste de ces jugements sommaires qui tiennent en une ligne ; cela est sans doute d'un brillant effet ; malheureusement les faits sociaux se présentent sous un jour plus varié, et une formule ne saurait les résumer.

De nos jours les grands propriétaires se rendent-ils coupables d'une telle faute ? Quelques-uns, oui ; quoique la loi les ait moins atteints que les petits, beaucoup d'entre eux se sont détachés de leur patrimoine devant les difficultés qu'ils éprouvaient à le garder. D'autres encore se sont laissé attirer par les séductions de la vie urbaine, mais en réalité, et nous prenons comme exemple des départements où la grande propriété compte de nombreux représentants, l'absentéisme proprement dit n'y est qu'une exception ; plusieurs ont été même des agriculteurs éminents.

Les grands propriétaires anglais ont été souvent mis en regard des nôtres, à leur grand avantage. Ils ont sans doute fait preuve d'une véritable intelligence politique, la terre les a attachés, et ils ont, grâce à leur puissante fortune, entretenu de superbes troupeaux qui ont donné au bétail anglais sa grande renommée. Mais en fait les propriétaires anglais ne restent guère plus, d'après nos observations personnelles, à la campagne que les propriétaires français. La mode les appelle à Londres pendant la *season*, qui a la même durée à peu près que la saison parisienne. Ensuite leur humeur vagabonde les entraîne chaque année tantôt sur les rives embaumées de la Méditerranée, tantôt dans les fiords de la Norvège à la pêche du saumon, tantôt en Suisse ou dans tous les recoins du continent. Ils tiennent seulement à ce que les grands événements de leur existence s'accomplissent à la campagne, notamment les mariages. Mais surtout la loi, l'administration, le gouvernement ne s'acharnent pas contre eux : ils ont toute liberté pour prendre les arrangements de famille qui sauvegarderont le maintien du domaine dans leur descendance. Fils de lord, leur naissance leur donne un siège à la Chambre haute. Jusqu'à hier, l'administration du comté leur était confiée sans contrôle en tant que Magistrales, et si la loi leur a substitué des conseils électifs, elle leur laisse le rôle de juge de paix. Jamais le gouvernement, qu'il fût aux mains des whigs ou des torys, n'a songé à voir en eux des ennemis dont il fallait à tout prix briser l'influence.

Une telle situation est-elle faite en France aux propriétaires fonciers ? Tout au contraire a été combiné pour les abattre. C'est au prix de mille difficultés qu'ils parviennent à prévenir la licitation de leur patrimoine. La bureaucratie dont nous sommes les humbles sujets, les considère avec une animosité particulière; elle voit en eux d'insolents personnages tentés de ne pas se courber devant ses caprices. Les politiciens, la presse, toute la gent administrative partent en guerre contre eux. Sachons reconnaître qu'au milieu de tous ces ennemis, ils représentent encore une force sociale réelle.

La terre néanmoins ne rencontre pas toujours beaucoup de faveur. Nous voyons des propriétaires de moyenne condition s'empresser de l'abandonner. A la campagne, ils sont leurs maîtres; ils vivent sur un domaine qui, bien aménagé, leur procure tout ce dont ils peuvent avoir besoin; ils s'affranchissent du tribut qu'ils paient au marchand, et des servitudes du citadin. Savent-ils montrer quelque sollicitude pour la population au milieu de laquelle ils vivent, ils deviennent une autorité. En un mot ils sont quelqu'un. Non, tout cela ne les séduit pas; ils abandonnent la campagne pour s'engouffrer dans la ville, où ils quémandent un poste dans un bureau. Là ils mènent une existence chétive et sans horizon; du soir au matin et du 1er janvier jusqu'au 31 décembre, ils noircissent du papier entre les quatre mêmes murs tristes qu'ils contemplent sans cesse, au lieu du ciel, de la verdure, des grands bois ou des vastes champs de blé, si beaux lorsque le vent courbe leurs épis dorés, la nature ne se présente plus à eux que sous la forme des arbres rabougris des boulevards ; un plumitif les traite de haut en bas et sous peine de compromettre leur avenir, ils doivent se plier à ses caprices. D'intelligence, de caractère, d'énergie, ils n'ont nul besoin, ce sont des qualités fort secondaires chez eux. Emprisonnés dans une caserne où ils ne fonderont jamais un foyer stable, ils sont soumis au bon plaisir du concierge et aux mille sujétions urbaines. Tout à l'heure ils comptaient ; maintenant ils ne sont plus rien. Leur rôle social est fini.

Parmi les causes qui expliquent, après la constitution de la famille, cette singulière préférence donnée aux emplois urbains de médiocre attrait cependant, sur la vie agricole, l'éducation entre en ligne de compte, et cela à tous les étages de la société. Dans l'Université où l'éducation a disparu, les professeurs qui sortent tous de familles de citadins, n'ont jamais eu l'idée d'entretenir leurs élèves de la campagne et des dangers qu'offre son abandon. De leur part, nous n'avons pas à nous en étonner. Mais les maisons religieuses par lesquelles passent maintenant presque toute la jeunesse aisée, et notamment les enfants des propriétaires terriens, ne se sont malheureusement pas préoccupées de leur inculquer dans l'esprit la nécessité de s'attacher au sol. Le vieux mythe mythologique qui représentait les hommes d'autant plus forts qu'ils touchaient à la terre, n'est pas une vaine fiction.

C'est sur la terre, c'est par elle que se sont formées les classes élevées, c'est seulement par elles qu'elles se maintiendront, en ne s'isolant pas bien entendu du mouvement des idées. Avant tout autre titre, qu'elles ambitionnent celui de défenseurs des paysans, de propriétaires, d'autorités sociales.

Quant à l'instituteur, lui aussi a contribué à déraciner les paysans, en leur montrant un emploi bureaucratique comme le seul digne d'une instruction perfectionnée.

Et cette influence s'exerce d'autant plus facilement qu'elle ne rencontre plus devant elle une forte autorité paternelle ; la loi, les idées qui s'infiltrent de toutes parts, l'intruction la battent en brèche. Les familles de paysans ont donc été secouées non moins fortement que les familles de propriétaires plus fortunées. Les faits relatés dans le chapitre de la population indiquent assez à quelles extrémités elles sont réduites. Les forces vives de la nation s'épuisent.

En même temps tous ceux qui, grisés par les succès d'école, vont chercher dans les villes un théâtre digne de leur haut mérite, n'y trouvent pas toujours ce qu'ils ambitionnent. Nulle meute de loups affamés ne se jette avec plus d'avidité sur leur proie que les postulants sur un emploi. Malheureusement avant de ronger un os, il faut faire longtemps maigre chère.

Voici par exemple le tableau comparatif du nombre des emplois annuellement vacants dans les divers services de l'enseignement primaire, et du nombre des candidats inscrits pour ces emplois à la préfecture de la Seine :

Instituteurs : nombre des emplois, 43; candidats inscrits : 2,021.

Institutrices : nombre des vacances, 54; candidats inscrits : 7,130.

Professeurs de dessin (hommes) : nombre des vacances, 8; candidats inscrits, 147;

Professeurs de dessin (femmes) : nombre des vacances, 0; candidats inscrits, 132.

Professeurs de chant (hommes) : nombre des vacances, 3; candidats inscrits, 72.

Professeurs de chant (femmes) : nombre des vacances, 0; candidats inscrits, 66.

Professeurs de gymnastique (hommes) : nombre des vacances, 2; candidats inscrits, 149.

Professeurs de gymnastique (femmes) : nombre des vacances, 1; candidats inscrits, 52.

Dans toutes les administrations, le même encombrement s'observe. Aussi les candidats évincés s'aigrissent contre une société assez aveugle pour ne pas priser leur mérite. Une envie perpétuelle les dévorera. Ce seront des déclassés; avocats sans clients, médecins sans malades, savants ratés, artistes incompris, écrivains jaloux : tels sont les fauteurs de nos révolutions, tels sont les pleutres qu'une émeute victorieuse hisse au pouvoir, rend maîtres absolus des destinées d'une grande nation.

En vain cherchera-t-on à se consoler de ces résultats de notre système scolaire en le représentant comme ayant imprimé un brillant essor à l'intelligence de la nation. L'observation dément cette illusion. L'instruction actuelle ne forme pas un tempérament intellectuel, car elle est basée sur un principe faux : bourrer l'enfant de connaissances positives multipliées, en faire la réduction d'un dictionnaire encyclopédique de telle sorte qu'il sache un peu de tout, sans posséder aucune connaissance approfondie. Et au contraire l'instruction doit se proposer comme premier but de soumettre l'esprit à une véritable gymnastique, afin que plus tard il puisse se porter avec succès sur tel ou tel ordre de sciences ; ainsi dirigée elle le trempe fortement, tandis que l'autre système, dispersant son attention, ne constitue pas de vigoureux tempéraments ; il crée des hommes superficiels, faciles, discourant sur tout, se contentant des apparences et que l'effort fatigue bien vite. Tels sont beaucoup de jeunes gens d'aujourd'hui privés de ressort : les études fortes ne les attirent plus.

Dira-t-on qu'au moins cette instruction propre à une démocratie amène des rapports affectueux entre les classes ? Or depuis que l'égalité absolue a été proclamée, chacun affecte de se distinguer de celui qu'il croit au-dessous de lui, de paraître l'égal de celui qui est placé au-dessus. Une famille modeste prétend se hausser par le déploiement d'une toilette aussi brillante que celle de gens fortunés. Les classes élevées imaginent se défendre des atteintes de l'égalité en affectant une morgue contraire aux traditions françaises ou en se séparant tout à fait du peuple. Dans les anciennes villes, toutes les classes demeuraient les unes à côté des autres ; les villes modernes séparent au contraire les classes riches des classes laborieuses, de manière que rien ne vienne troubler la molle quiétude des premières. La vue du pauvre les offusque.

Cette séparation s'accuse d'une manière significative dans la demeure du chef de l'État. Sous Louis XIV, malgré la splendeur de l'ancienne cour et la rigueur de l'étiquette, le château de Versailles était fort mal gardé. Un jour que Louis XIV siégeait au conseil, la porte s'ouvrit et deux bourgeois qui se promenaient dans le palais, sans que personne y prît garde, se présentèrent. Le roi se leva, les salua avec beaucoup de politesse et indiqua leur chemin aux deux promeneurs égarés. Sous la Restauration, le public traversait le vestibule des Tuileries ; Louis-Philippe le fit fermer, et l'empereur créa le jardin réservé. Aujourd'hui de grands murs dérobent celui qui s'appelle le chef de l'État à la vue du public.

Conséquence des doctrines révolutionnaires et économiques, l'individualisme qui s'accuse entre autres symptômes par l'outrecuidante prépondérance du moi dans la littérature, a encore contribué à troubler les rapports sociaux ; ce trouble s'accuse notamment dans les relations de la famille avec ses serviteurs. Le domestique, c'est aujourd'hui un étranger, sinon un ennemi. Il prend parti contre le maître, le quitte à la première occasion. L'instabilité de leurs rapports se manifeste par les gages qui sont donnés au mois, tandis qu'autrefois l'engagement était contracté pour une année. Enfin, dans les appartements luxueux, bâtis à la mode du jour, il n'y a pas de place pour eux; ils sont relégués dans les étages supérieurs où la promiscuité les condamne à une immoralité presque fatale. Les âmes pieuses qui prennent part à toutes les manifestations charitables, n'ont jamais songé à un pareil désordre; comme il les touche directement, elles en détournent les yeux. Elles ne repoussent pas le bien, oh! non, mais elles aiment mieux le prêcher à autrui que le pratiquer elles-mêmes.

Les œuvres occupent leur vie; elles s'y prodiguent avec un dévouement qui, à leurs yeux, devra leur gagner le ciel; seulement elles négligent la plus importante, leur intérieur; absentes toute la journée, elles n'ont plus le temps de veiller à son bon ordre, quand même elles ne le désorganisent pas. Ce sont les exigences des locataires qui, chassant les domestiques des appartements, ont déterminé les propriétaires à adopter le mode actuel de construction. Une nouvelle œuvre se créera sans doute bientôt et nul n'osera contester sa pressante utilité; elle aura pour but de s'occuper des intérieurs que négligent leurs maîtresses occupées par d'autres soins pieux. De la sorte, comme dans notre société politique, chacun se mêlera des affaires des autres, mais ne fera plus les siennes.

A tous les étages de la société, nous observons des faits analogues : patrons n'envisageant dans l'ouvrier que le rendement économique, propriétaires ruraux, voyant dans la propriété un placement et se débarrassant de ses charges, propriétaires d'immeubles urbains « traitant leurs locataires comme des valeurs de Bourse » ; et les renouvelant à la première occasion favorable. C'est l'application rigoureuse de la loi de l'offre et de la demande, c'est-à-dire l'antagonisme régnant à l'atelier comme au foyer, la dissolution de toute société.

Mais un trait domine cette société, c'est l'amour, le culte de la richesse.

« L'argent est un maître abominable, disait un père de famille de la vieille France à son fils, il doit rester le serviteur [1]. » Le maître abominable règne aujourd'hui en toute liberté, et sa domination est un des caractères saillants de notre époque.

Avec leur forte imagination, nos pères avaient représenté dans leurs danses macabres la ronde de toute la société conduite par la mort, rois, gentilshommes, prêtres, papes, savants, laboureurs, pauvres et riches, vieux et jeunes. De quels traits pittoresques n'auraient-ils pas dessiné la ronde de l'or, entraînant elle aussi tous, petits et grands : gentilshommes qui prostituent leur nom en le vendant à l'héritière dont le vol, les spéculations malhon-

[1] *Les familles et la Société en France avant la Révolution*, par Charles de Ribbe, 4e édition, 1er vol., p. 80.

nêtes, les dilapidations ont grossi la fortune, et vicient ainsi la générosité du vieux sang français; jeunes mariés dont les rêves d'amour sont des rêves dorés et qui avouent sans vergogne, qu'ils aiment non pas telle ou telle personne, mais telle ou telle dot, comme si la famille n'avait d'autre but que d'unir et de procréer des sacs d'écus; époux dont la crainte de diminuer leur bien-être arrête les élans de la passion; financiers qui, froidement, par leurs coups de bourse, prennent l'épargne de pauvres gens, les condamnent à la misère, préparent leurs suicides, mais dont on exalte le bon cœur, parce qu'ils donnent quelques francs dans une souscription publique; bourgeois qui vivent chichement, se refusent tout plaisir, afin d'entasser quelques pièces d'or de plus; rentiers dont l'existence se passe à toucher des intérêts, à les mettre de côté, à en toucher de nouveaux, à supputer les chances de hausse ou de baisse et dont la pensée rabougrie ne s'élève pas au-dessus de cet étroit horizon, tout comme les juifs du moyen âge occupés à enfouir ou à faire fructifier leur or; écrivains qui, sous couleur d'art, débitent des romans pornographiques, afin de réaliser de plus gros bénéfices; magistrats condamnant sans pitié de pauvres malheureux qui ont « tondu un pré de la largeur de leur langue, » mais pleins d'indulgence pour les agioteurs ayant dérobé des millions et dont l'appui leur paraît promettre des jours fortunés; politiciens dont l'hostilité se laisse attendrir à propos, quand il s'agit de questions dans lesquelles se trouvent intéressées de puissantes sociétés financières ; catholiques, protestants, juifs, tous se roulant aux pieds du Veau d'or, attendant de lui un sourire. Puisant dans leur foi profonde une liberté de jugement hardie, nos pères du moyen âge faisaient figurer les ecclésiastiques parmi les conquêtes de Satan dans ces admirables tableaux de pierres qui se déroulent sur les portails de nos cathédrales ; ils se seraient peut-être permis d'ajouter dans cette ronde les prêtres qui se gardent trop prudemment de flétrir la passion de l'argent et les excès de l'usure, de rappeler aux riches les lourds devoirs qui leur incombent. Il y en a-t-il qui osent tenir aux rois de l'or le langage que de courageux prédicateurs faisaient entendre à Louis XV? Et ils l'oublient : en élevant récemment au rang des saints le bienheureux Labre qui poussa jusqu'à l'héroïsme la charité et l'humilité chrétienne, l'Eglise a voulu rendre un solennel hommage à la pauvreté, devant une société emportée tout entière par la soif du lucre.

Et maintenant pourquoi cette passion envahit-elle une société démocratique, comme de l'autre côté de l'Atlantique le Dieu-dollar voit se prosterner devant lui des millions de fidèles ! Démocratie, cela éveille dans l'esprit une idée de brouet noir, de pauvreté, du mépris de la richesse, et au contraire l'observation nous prouve que dans une démocratie, l'empire de l'argent s'implante tout naturellement. Toutes les distinctions en effet ayant été effacées, celle-là seule subsiste, et vers elle tous se précipitent. C'est le dernier mot de l'état social, comme le dernier mot de la politique démocratique a été, suivant le mot de Burke, de « créer une constitution d'agiotage et de transformer les laboureurs en fermiers des capitalistes. »

Nous ne saurions dès lors nous étonner de la place que le juif a prise dans une société qui sue l'amour de la richesse par tous les pores, et cela d'autant mieux que nul n'en pratique le maniement avec un art si consommé. S'y taillant une influence de plus en plus large, il a encore contribué à accroître la passion dominante.

Notre société présente un spectacle tout nouveau dans le cours de son histoire : une classe en possession de la richesse, ne vivant que de cette richesse et dégagée de tout devoir social. Jusqu'ici, l'idée de haute classe n'avait pas été séparée de l'idée de devoir, et le vieil édifice, sous lequel nos pères avaient abrité leurs glorieuses destinées, se lézarda le jour où ces deux idées ne parurent plus concordantes.

Mais, même dans les années de défaillance de l'ancien régime, les membres de la noblesse qui, formant un brillant cortège autour de la royauté, n'osaient par fidélité pour elle protester contre ses désordres, pensaient servir le roi, c'est-à-dire la personnification vivante de la patrie ; en temps de guerre, elles devaient le service militaire, et jamais elles ne s'y dérobèrent. Une classe oisive, riche, inutile à la société, où elle ne joue plus aucun rôle, encore une fois, la société moderne seule l'a connue.

Un prélat la caractérisait récemment en disant qu'elle était atteinte d'une irrémédiable frivolité. Toute idée la fait périr d'ennui ; elle promène son oisiveté affairée sur les plages ou aux stations balnéaires à la mode, et à la campagne elle reprend son existence de luxe désordonné et de plaisirs, entraînant par son exemple des familles qui jusqu'à ce jour avaient conservé les habitudes de simplicité. Nous l'avons vu dans plus d'un département, l'établissement d'une famille de finance jette une complète perturbation dans la société ; elle y introduit les habitudes de luxe à outrance.

On vante, il est vrai, sa générosité ; mais le plaisir et l'ostentation s'introduisent dans ces pratiques charitables où non seulement la main gauche n'ignore plus ce que donne la main droite, mais que les journaux discrètement prévenus vantent avec fracas. Ces mêmes personnes d'une compassion si bruyante ne se préoccupent plus de soutenir les populations au milieu desquelles elles devraient vivre, ni même de s'occuper de l'éducation de leurs enfants.

Pourvu que sa fortune demeure intacte et que ses plaisirs ne soient pas sacrifiés, elles supportent tout et ses protestations se bornent à quelques vaines paroles. « Après tout, se dit-elle, mon porte-monnaie n'est pas atteint. » La nation soi-disant libre, fait ainsi le gros dos à toutes les tyrannies.

En résumé si l'éducation moderne ne fait pas le tempérament intellectuel, la famille ne donne pas une solide éducation morale. Ébranlée par la loi, atteinte par la croyance à la perfection originelle qui laisse bride sur le cou aux instincts de l'enfant, elle perd sa force sociale; son affaiblissement explique, avec l'affaiblissement de la race qui se stérilise, l'état actuel. L'autorité paternelle ne sait plus graver dans l'âme des enfants les enseignements d'une tradition qui disparaît; ses relations avec eux naissent et s'éloignent rapidement.

La famille en un mot doit être un arbre puissant dont les racines plongent à une grande profondeur dans le sol, tandis que les cimes montent haut vers le ciel et que les branches protectrices couvrent un large espace. Or elle est réduite a l'état d'un maigre arbuste sans racines, dont le pauvre feuillage est impuissant à donner un abri.

CHAPITRE III

L'ÉBRANLEMENT MORAL

Plus d'enseignement moral. — Le langage tenu à la jeunesse. — Les pertes de la famille légitime. — Les naissances naturelles. — Les infanticides et les morts-nés. — Les avortements. — L'augmentation de la criminalité. — Les falsifications. — Le jeu. — L'alcoolisme. — Les progrès de la folie et des suicides.

L'année dernière le ministre de l'instruction publique chargeait M. Lichtenberger, professeur à la Sorbonne, de faire un rapport d'ensemble sur l'enseignement de la morale donné par les instituteurs. M. Lichtenberger appartient à la religion protestante, il importe de le remarquer. Il constata la nullité absolue de cet enseignement séparé de l'idée religieuse.

« Autrefois, écrivit-il, l'enseignement religieux et l'enseignement de la morale étaient si bien identifiés que la suppression de l'un a amené la suppression de l'autre, dans l'esprit d'un très grand nombre d'instituteurs. Aussi y a-t-il des régions entières où, dans l'école, malgré la loi, il n'existe plus rien en fait d'enseignement moral..... Nous ne concevons pas, ajoutait-il, ce que serait l'enseignement moral privé de l'enseignement religieux. »

Un inspecteur de la région d'Angoulême l'observait de son côté :

« Dans 60 p. 100 des écoles de ma circonscription, l'éducation morale est presque nulle. La leçon dure de trois à cinq minutes, et c'est toujours une leçon de morale utilitaire ; bien rarement une morale élevée. »

Un autre écrivait de Limoges :

« L'enseignement de la morale n'existe pas dans les écoles de ma circonscription. »

A Clamecy, à Cosne, mêmes observations :

« L'enseignement de la morale n'est ni compris ni donné dans nos écoles. La capacité et surtout les convictions manquent au plus grand nombre des maîtres. Dans les trois quarts des écoles, c'est à peine si, par hasard, le maître saisit l'occasion d'une lecture pour adresser une recommandation pratique à ses élèves. »

Aussi, à la suite de cette enquête, *le Temps* était-il obligé de conclure que « séparé des principes religieux, l'enseignement de la morale est bien difficile, pour ne pas dire impossible à donner pour des maîtres d'école. » Rien cependant n'a été changé.

Tandis qu'un tel enseignement disparaît de l'école, des manuels qui jettent à pleines mains l'outrage sur l'idée religieuse, sur ses ministres, sur le passé de la France, servent de livres classiques. Jamais une plus odieuse conspiration du mensonge contre la vérité n'a été poursuivie avec autant de suite. A tous les étages de l'enseignement, dans les occasions solennelles, comme les distributions de prix, les représentants officiels de l'Administration exaltent les idées antireligieuses, quand même ils n'attaquent pas de front le christianisme. Au grand concours des lycées de Paris, M. le ministre de l'instruction publique par exemple entonne une véritable hymne en l'honneur de l'évolutionnisme. A Auch, un professeur de philosophie, engage les élèves à soigner leur ventre.

« Etre fort, de sang riche et de muscles résistants, tel est le but initial de l'éducation ; les illusions idéalistes sont mortelles à l'idéal, et c'est de bonnes assises physiologiques que l'esprit et le cœur ont besoin avant tout. Manger, c'est bien ; beaucoup manger, c'est mieux. Nous demeurons neuf fois sur dix au-dessous de nos capacités digestives et ce n'est pas l'un des moindres mérites de Rabelais de nous avoir, au sortir du moyen âge, présenté dans Pantagruel et Gargantua d'illustres exemples qui n'ont rien d'utopique, et qu'il convient simplement d'approprier à nos tempéraments. »

Aux distributions d'écoles primaires, des propos non moins étranges sont tenus. A l'école Arago, le président, M. Caumeau, racontant l'histoire à sa manière, représente dans le passé « le roi comme tenant du fauve, le fauve tenant du roi ». En 1871 « ce sont les soldats de Notre-Dame et les Prussiens de Bismarck qui ont pris Paris », il rappelle aux élèves qu'ils descendent de Théroigne et de Maillard, le massacreur de septembre. Paris est grand, dit-il encore, parce qu'il a renversé l'autel. Un manuel d'*Education nationale* tient un langage analogue. Il traite le christianisme de barbare. Les moines font des *grimaces de pitres* ; il les appelle *braillards* et *charlatans* et il se moque des « dogmes plus ou moins absurdes que l'Église romaine proclame comme des articles de foi ! »

Ailleurs la loge maçonnique fait remettre vingt prix aux élèves des écoles primaires, malgré la présence des membres du clergé.

Il n'y a pas eu jusqu'ici d'exemple de théories soutenues ardemment qui ne se soient incarnées dans des faits. Les réformateurs du XVIe siècle dénoncèrent l'Église romaine comme la grande coupable, la rivale de Sodome ; des bras se trouvèrent pour piller les églises, détruire les couvents, égorger les prêtres, et l'unité chrétienne reçut une blessure qui demeure toujours ouverte. Les philosophes du XVIIIe siècle ont prêché le dogme de la perfection originelle, et tout le mouvement politique et social, s'inspirant d'une façon plus ou moins consciente de cette idée, la fit passer dans les institutions. Les idées morales sont en butte à des attaques plus violentes qu'elles n'en ont jamais subies, leur principe comme leur raison d'être sont niés[1] et aussitôt s'accuse la répercussion profonde de ces attaques dans la société, surtout dans les couches où rien ne vient en contre-balancer l'effet.

Tout d'abord la famille légitime perd du terrain. Le chiffre des mariages s'abaisse et, dans ces unions moins nombreuses, la stérilité est pratiquée sans vergogne aux dépens de la morale. Le divorce a fait dans la famille légitime un trou qui va sans cesse en s'élargissant : on en a enregistré 4,768 en 1889, soit 78 de plus qu'en 1888 ; 1,072 de plus qu'en 1887. En face de ces pertes de la famille, les unions illégitimes prennent un développement de plus en plus considérable. La statistique n'a pu en relever le nombre ; elles se rencontrent surtout dans les grands centres urbains ou industriels ; et c'est un fait reconnu que les inutiles paperasseries exigées au moment du mariage augmentent le chiffre des concubinages. La statistique est mieux fixée sur les progrès des naissances naturelles.

En 1801, elle relevait, sur 918,073 naissances, 42,708 enfants naturels. En 1879, sur 936,529 naissances, le chiffre des naissances naturelles est de 66,969. Aujourd'hui que le chiffre des naissances est tombé à 880,379, les naissances naturelles ont continué à monter ; elles s'élèvent à 73,571, provenant principalement des centres manufacturiers

[1] Voir plus haut le chapitre II du livre III. Les *Grands courants de la Pensée contemporaine*.

et urbains. Sur 1,000 naissances totales, la proportion des naissances naturelles est en effet dans le département de la Seine de 241, dans la population urbaine en général de 99, tandis que pour la population rurale elle ne dépasse pas 41.

A l'Académie de médecine, en calculant la proportion pour cent, M. Lagneau présentait les chiffres suivants. De 75 p. 100 en 1881, elle est passée progressivement à 85 p. 100 en 1888, vacillant de 25 p. 100 à Paris, à 2 p. 100 en Bretagne. La statistique hebdomadaire de la ville de Paris, publiée au moment même où nous écrivons ces lignes, relève la naissance de 1058 enfants dont 774 légitimes et 284 illégitimes; sur ces derniers 53 seulement ont été reconnus immédiatement. Quelle formidable recrue les autres fourniront-ils à l'armée du désordre, du crime et de la prostitution !

En même temps le chiffre des morts-nés, des infanticides s'accroît. Mais celui des infanticides ne révèle que la moitié du mal.

Les morts-nés s'élèvent à plus du double pour les naissances naturelles que pour les naissances légitimes. Or derrière ces chiffres se cachent le plus souvent des crimes.

« Je suis convaincu, disait le docteur Bertillon, l'ancien chef du bureau de statistique municipale, d'après mon expérience particulière de médecin et les faits qui m'ont été communiqués par mes confrères, qu'en disant que les infanticides sont trois fois plus nombreux que ceux qui sont connus par la justice, et que les avortements provoqués sont trois fois plus nombreux que les infanticides en général, on resterait encore bien au-dessous de la vérité.

« A Paris, beaucoup, je crois pouvoir dire presque tous les médecins vérificateurs des décès, et des plus honorables, devant la pénalité draconienne pour la fille coupable et la scandaleuse irresponsabilité pour le père, les médecins, dis-je, répugnent extrêmement aux dénonciations, et systématiquement ferment les yeux. »

Ce n'est cependant là que la moitié des dangers qui menacent les enfants naturels. La condition dans laquelle ils naissent, l'abandon dans lequel les laissent leurs parents les exposent à une effroyable mortalité.

Mais un autre genre de crimes se multiplie dans des proportions effrayantes, d'après les personnes fort au courant de ce qui se passe dans les bas-fonds des grandes agglomérations urbaines, et aussi d'après les révélations faites de temps à autre devant les tribunaux, bien que la statistique soit impuissante à les saisir : ce sont les coupables pratiques des femmes qui redoutent les charges de la maternité : soit parce que ces charges, dont une loi mal inspirée exempte, seule en Europe, le père, dépassent leurs forces, soit parce qu'elles leur imposent des devoirs dont leur légèreté s'effraie. Il y a quelques années, on voyait s'asseoir sur les bancs de la Cour d'assises de la Seine un ancien médecin militaire en cheveux blancs, décoré de la Légion d'honneur ; il employait ses connaissances médicales à ces honteuses opérations qui se pratiquent impunément à Paris et ailleurs, dans de nombreuses maisons, et des femmes mariées même avaient recours à ses criminels conseils. Il y a peu de temps, on découvrait toute une série d'avortements pratiqués dans un quartier de Paris, sur les conseils d'une soi-disant sage-femme, et lorsque la faiseuse d'anges, suivant le nom populaire, fut interrogée par le juge d'instruction, elle s'écria : « Oh ! si vous voulez arrêter toutes celles que j'ai délivrées des souffrances et des soucis de la maternité, vous n'êtes pas au bout de vos peines, il y en a plus de trois mille ! » Un professeur de l'École de médecine a dit un jour dans un cours qu'une sage-femme lui avait avoué faire cent avortements par an[1].

Il existe dans Paris des maisons d'accouchement que tiennent d'horribles mégères ; ce sont à la fois des maisons d'avortement et de prostitution, et les hideuses opérations qui s'y passent ne tombent que rarement sous la main de la justice. Paris aurait même, a-t-on écrit, une réputation quasi européenne pour l'art de pratiquer les avortements. L'affaissement de la moralité, la loi inepte qui, laissant peser sur la mère seule les responsabilités

[1] Docteur Verrier. *Revue scientifique*, 21 juin 1881.

de la faute, la provoque à l'infanticide, la suppression des tours expliquent de tels faits. Ajoutons-le à ce propos, la multiplication de la prostitution clandestine présente des dangers croissants pour la santé publique.

« Instruisons les jeunes générations, dissipons les ténèbres de leurs intelligences, et nous aurons chassé le crime dont l'ignorance est la première cause, » telle est l'illusion sur laquelle vivent les propagateurs de l'instruction primaire, les dévots de la perfection originelle, les adversaires des idées religieuses. Ils ont eu tout loisir d'appliquer leur système, car le fétichisme scolaire a été fort à la mode depuis quelque quinze ans. Or, la criminalité est en hausse surtout parmi les lettrés.

Un journal républicain, l'*Evénement*, en faisait l'aveu tout cru.

« Le crime n'est pas en baisse. Il est en hausse.

« Il s'aggrave et il foisonne.

« Notre état social ne fait qu'empirer.

« Les tables officielles sont tristement éloquentes.

« A mesure que l'instruction se répand, l'abus de toutes les libertés précipite la dégénérescence de notre race. »

Les statistiques officielles, montrent pour la période de 1881 à 1885, comparée à la précédente, un accroissement moyen de 44.111 crimes ou délits dénoncés. Tandis que la grande criminalité doublait, la petite ne s'accroissait pas moins.

Cette augmentation progressive du crime poursuivie à travers tout le siècle, n'a pas pour cause l'augmentation de la population, puisque la proportion est devenue plus forte ; elle a été justement appelée « un grand fait social[1] ». Les écrivains officiels ou les badauds qui, pétrifiés par la danse du ventre et les restaurants de la tour Eiffel, se pâmaient naïvement devant l'Exposition jusqu'à y voir le relèvement de la France, engourdie auparavant, ont prudemment jeté un voile sur ce coin peu égayant du tableau.

Dans les villes importantes, le vice et le crime recrutent parmi les jeunes gens de véritables armées ; 29,000 d'entre eux ont été traduits devant les tribunaux en 1887, la dernière année dont la statistique ait été publiée. A la dernière session des assises du Calvados, sur 24 accusés, 14 avaient moins de 21 ans, un atteignait 24 ans et un autre 26. En même temps la cour d'assises de la Gironde condamnait aux travaux forcés à perpétuité un assassin de seize ans. A Paris notamment, les souteneurs forment une formidable légion qui exploite les rues le soir, comme les brigands classiques de la Grèce et du royaume de Naples dont nous n'avons plus le droit de nous moquer, dépouillent les voyageurs s'aventurant dans leurs parages. Les crimes les plus vils, comme les attentats aux mœurs, les escroqueries, les vols de toute nature, se multiplient.

[1] *Revue des Deux-Mondes* du 1er avril 1887. *La lutte contre le vice*, de M. le comte d'Haussonville.

Les attribuerons-nous à la méconnaissance de l'alphabet, des règles de trois, à la non lecture des manuels civiques ? Mais ceux qui se rendent coupables de ces vilaines actions prendraient en pitié les simples et robustes paysans de nos montagnes fort moins lettrés qu'eux et se contentant simplement du catéchisme. Les chiffres le démontrent sans réplique, les lettrés représentent une plus forte proportion de criminels que les ignorants.

La société s'est laissé emporter par le culte de la richesse, et ceux qui courent à elle rejettent comme un lest encombrant les idées morales traitées de vieilleries et que la famille ne sait plus graver dans l'âme de ses enfants.

Les écumeurs de la Bourse ont recours sans scrupules aux fausses nouvelles pour dépouiller le prochain, c'est presque même une nécessité du système, et comme nous l'avons déjà prouvé, l'impunité de leurs escroqueries se mesure à leur succès. Plus ils déploieront d'art dans leurs déprédations, c'est-à-dire plus ils parviendront à s'enrichir aux dépens d'autrui, plus ils seront entourés d'égards. Ils possèdent le bien que les hommes regardent comme le premier, qui procure jouissances et considération ; tout le reste est oublié.

C'est encore un indice de l'affaiblissement de la moralité que les falsifications auxquelles on se livre sans vergogne dans un grand nombre de commerces alimentaires. Mélanger au cacao de l'amidon, au sucre en poudre de la farine, vendre de la graisse colorée avec du safran pour du beurre, noyer le lait dans des flots d'eau et y ajouter même je ne sais quelle substance, colorer les bonbons avec du chromate de plomb ou de l'arséniate de cuivre, livrer sous le nom de vin des grands crus un vin fabriqué de toutes pièces, comme vin ordinaire un liquide rouge dans lequel il y a tout excepté du vin, et bien d'autres que nous passons, tant l'énumération en serait longue, ce sont là des pratiques courantes entrées dans les mœurs ; les falsificateurs s'aident des progrès de la science qui souvent procure plus d'armes pour pratiquer la fraude que pour la découvrir. Certains marchands inscrivent sur leurs devantures : lait naturel, sans que les autres y trouvent à redire, tout comme si un homme d'affaires inscrivait sur sa porte : Ici on ne vole pas. Un jour même on vit une procession d'hommes graves, vêtus de noir, qui traversaient Paris et se rendaient au Palais-Bourbon pour y déposer une pétition ; ce n'étaient pas des pères de famille venant protester contre la violation de la liberté de l'enseignement ou d'un autre droit ; ce n'était pas non plus un groupe politique usant solennellement du droit de pétition, c'étaient simplement les marchands de vin réclamant la liberté du mouillage sans être tenus de prévenir l'acheteur de la quantité d'eau que leur produit contenait.

Quel motif excite ces commerçants à pratiquer de telles fraudes ? la soif d'un lucre rapide, accompli sans travail. Pourquoi le tabellion de nos pères, ce grave et discret conseiller de la famille, a-t-il perdu trop souvent son antique renom d'honneur? Par la passion de l'agiotage. Sous l'empire de quel sentiment ces foules de toutes conditions se ruent-elles vers les paris mutuels pratiqués sur les champs de course? le désir du gain encore les pousse. D'après les calculs présentés au conseil municipal de Paris, à propos de la destination que devrait recevoir la retenue opérée sur les paris, les sommes engagées cette année auraient été supérieures à cent millions; elles n'ont pas été fournies, comme on serait tenté de le croire au premier abord, par les classes riches, les amateurs élégants du turf. Non, le pari mutuel a tourné les têtes dans les familles pauvres; il ravage les ateliers aussi bien d'hommes que de femmes.

Au commencement du mois d'août dernier, un triste fait divers racontait le suicide d'une blanchisseuse qui avait perdu aux courses toutes les chemises de ses clients préalablement engagées au Mont-de-piété, et malheureusement ce fait ne demeure pas exceptionnel. Le pari mutuel a déjà amené beaucoup de vols et de détournements.

Un autre mal qui semblait plus propre aux races du Nord, l'ivresse, sous la forme la plus malfaisante, l'alcoolisme, étend ses ravages. Elle ruine le corps, car les boissons alcooliques constituent aujourd'hui de véritables poisons. Les savants ont établi que le moins toxique des alcools était celui de vin. De 1840 à 1850, les alcools de vin entraient pour 815,000 hectolitres dans la production totale, qui était de 891,500 hectolitres. Maintenant la proportion totale s'élève à 1,864,314 hectolitres, mais l'alcool de vin n'y figure plus que pour le chiffre modeste de 23,240 hectolitres. Celui de grain compte pour 564,000 hectolitres, celui de betteraves pour 463,000 et celui des mélasses pour 728,000, c'est-à-dire que presque toute la production se compose d'alcools dont le caractère toxique est absolument démontré. Qu'on y ajoute les vins si fréquemment travaillés et pour lesquels les marchands réclament sans vergogne la liberté de la fraude, et l'on ne s'étonnera plus des faits que les statistiques implacables révèlent.

Au poison matériel se joint le poison moral. Si les forces physiques sont détruites, la vigueur de l'esprit s'altère non moins. Car l'alcoolisme accompagne la multiplication des cabarets qui, plus que jamais, s'établissent de toutes parts, dans les grandes villes comme dans les villages, dans les hameaux depuis que la loi de 1880 leur a laissé toute liberté. En revanche, ni une école, ni une chapelle ne peuvent s'ouvrir sans l'autorisation du gouvernement.

De 1874 à 1879, l'augmentation des débits s'est chiffrée par 12,000, mais à peine la loi est-elle votée que ce chiffre grossit. De 1880 à 1885 l'augmentation s'est élevée à 40,000. En 1874 le nombre des débits dans toute la France était de 342,980, en 1879 de 354,852, tandis qu'en 1885 on en compte

395,703 non compris Paris, qui à lui seul en enferme 26,000.

422,300 débits dans toute la France, c'est-à-dire un cabaretier par 90 personnes, et dans certains départements comme le Nord, un par 15 habitants !

De l'alcoolisme à la folie il n'y a qu'un pas ; il est aujourd'hui facilement franchi. La moyenne des aliénés est plus forte dans les départements où sévit la passion de l'alcool ; elle s'élève jusqu'à 21, 25, 29 et 40 p. 100, tandis qu'ailleurs elle ne dépasse pas 16 p. 100. La femme elle-même paie un tribut de plus en plus lourd à ce vice, et jusqu'ici la femme ivre, cette forme rebutante de la dégradation humaine, semblait une des tristes particularités de l'Angleterre. Voici les chiffres. Pour l'homme, la moyenne était, il y a quinze ans, de 314,66. Elle est aujourd'hui de 604,33. Mais pour la femme, en 1872, cette moyenne était seulement de 52,56 ; or, elle a monté à 125,33. L'augmentation n'a pas tout à fait doublé chez l'homme ; elle a plus que doublé chez la femme.

Les séquestrations que l'abus des boissons toxiques ont amenées, ont augmenté de 25 p. 100 de 1886 à 1888. Enfin, d'après la statistique de M. Paul Garnier, l'accroissement de la folie en général pendant cette courte période a été pour les hommes de 59 p. 100 et pour les femmes de 40 p. 100[1]. Une telle progression indique, avec la tension des âmes, l'exagération des rêves

[1] *Économiste français* du 28 juillet 1890, p. 110.

d'ambition dont l'avortement les réduit à une amère désespérance, la foi ne soutenant plus leur courage.

De telles dispositions expliquent également le nombre croissant des suicides. Un statisticien français, M. Joseph Lefort, fait à ce propos les observations suivantes : « De même que les suicides sont plus nombreux dans les villes que dans les campagnes, à Paris et dans les départements environnant le département de la Seine que dans les autres localités, les départements les plus instruits sont ceux qui comptent le plus de morts volontaires. Pareillement, c'est dans les professions caractérisées par une instruction plus avancée que l'on constate le plus grand nombre de suicides. »

M. Morrelli dans son livre intéressant, *Il Suicidio*, est arrivé aux mêmes constatations ; des malheureux armés d'une bien petite science voient un avenir illimité s'ouvrir devant eux ; ils dédaignent fort ceux qui croient encore aux anciennes idées. Les déceptions leur paraissent alors d'autant plus amères que l'ambition avait été plus surexcitée. De 1815 à 1875, la moyenne annuelle était de 5.276 ; en 1883, nous la trouvons à 7.267 ; elle s'élève à 7.902 en 1885 et à 8.187 en 1886. Le calcul donne 28 suicides urbains contre 16 ruraux.

Dans tous leurs numéros les journaux contiennent le récit de drames qui se terminent par des morts volontaires : la misère, le dégoût de l'existence, la ruine, conséquence des jeux de bourse ou de la déconfiture des sociétés auxquelles les malheureux avaient confié leurs épargnes, les sombres perspectives de l'avenir, telles en sont les causes. Le drame de la rue d'Avron a eu entre tous un triste retentissement, à cause du nombre des victimes, et, fait qui indique bien la profondeur de l'ébranlement des idées, nul n'a songé à réprouver le crime du père condamnant à la mort tous ses enfants. La notion de la responsabilité, ce fondement de l'édifice moral, s'efface de notre société. En même temps, les suicides d'enfants, conséquence d'une éducation sans religion, apparaissent. Il y en a eu 443 en 1887.

On avait fait beaucoup de bruit en 1830 des suicides d'Escousse et Lebras que l'échec de leurs premières œuvres avait poussés à la mort. Aujourd'hui nous sommes blasés : ils exciteraient à peine l'émotion d'un chroniqueur à court de sujets.

Ainsi derrière les belles théories sur la perfection originelle, sur le progrès dû à la diffusion de l'instruction, se dresse le spectre de l'individu déclassé, mourant de faim en dépit de ses diplômes, sans famille qui le recueille, sans croyance qui le soutienne. Seul, désespéré, plein de rage contre les hommes, de haine contre Dieu, si son nom frappe encore ses oreilles, face à face avec lui seul, il se réfugie dans ce qu'il croit le néant.

L'évolution actuelle a amené les déclins de l'individualisme économique ; mais plus fort que jamais dans la famille affaiblie, démâtée, privée d'une boussole morale, livrée sans contrepoids aux appétits de l'instinct, il nous fait retourner à la barbarie.

CONCLUSION

Et maintenant nous sommes en mesure de juger l'évolution sociale accomplie au cours de notre siècle.

Dure pour la terre, elle a raréfié la population des campagnes, s'est attaquée à la famille du paysan, et par conséquent a rendu plus pénible la condition du premier et plus utile travail, a accru l'instabilité de la société dont de solides familles agricoles forment la base nécessaire.

Transformée par la houille, l'industrie a édifié des merveilles qui auraient confondu l'imagination de nos pères. Mais ce brillant édifice repose sur de fragiles fondations, et les splendeurs de la façade ne parviennent pas à cacher l'antagonisme de l'atelier que rendent plus difficile à calmer et les conditions faites aux ouvriers, conditions nouvelles dans l'histoire du monde et les fausses théories acceptées pendant trop longtemps comme des dogmes et l'abandon des saines traditions de la vieille économie européenne. Mais l'irrésistible poussée des faits a jeté les fausses théories par terre ; elles ne comptent que des adeptes de plus en plus clairsemés, et le quatrième Etat veut prendre sa revanche du régime anti-social auquel elles l'avaient condamné.

Par une étrange contradiction, cette société, qui se vante à tout propos de la place que le travail occupe parmi elle, laisse ses coudées franches à l'ennemi du travail, l'agiotage ; les succès que lui procure l'étendue de ses déprédations lui vaut honneur et considération ; c'est une des plaies les plus vives de notre état social. Ses atteintes pernicieuses en contaminent toutes les parties.

Nous n'avons pas observé dans la vie publique un moins étrange paradoxe. Révolutions sur révolutions ont été faites au nom de la liberté ; c'est pour la conquérir que des malheureux ont rougi de leur sang les pavés de Paris, et, par une amère ironie, ce peuple, proclamé souverain, n'a pu obtenir des maîtres de hasard qu'il s'est donnés la libre gestion de ses intérêts domestiques, comme il la possédait autrefois. Il n'a même plus le droit de venir en aide à la misère, comme bon lui semble. Il est souverain, mais asservi.

Jamais l'Etat ne s'est chargé d'attributions aussi multiples, et jamais ceux qui détiennent ses pouvoirs n'ont manifesté une aussi profonde ignorance des conditions fondamentales d'une société. Nul n'oserait ressemeler une paire de chaussures sans apprentissage ; le plus humble bureaucrate est soumis à quelques conditions de capacité et d'honorabilité. Mais le premier venu se croit apte à gouverner la France. En aucun temps peut-être, une aussi mince considération n'a entouré des gouvernants ; le véritable amour que beaucoup de peuples ont fait éclater pour leurs chefs ne se manifeste pas pour eux. Leurs verrues s'étalent au grand jour, et comme l' « ère des bégueuleries est passé », nous nous sommes peu à peu accoutumés à être moins sévères pour les ministres qui disposent d'un budget de plusieurs milliards que pour de modestes comptables ou des domestiques auxquels nous confions quelques pauvres écus.

Traitant d'odieuse et de barbare superstition le droit divin des rois, nous l'avons remplacé par le droit mille fois plus absolu des majorités, ne rencontrant devant elles aucun contrepoids, considérant une société comme une matière inerte, légiférant sur tous les intérêts matériels et moraux de la nation, et par le fétichisme du fonctionnaire, auquel notre sottise semble attribuer des vertus surnaturelles.

Au milieu de ses empiétements, le pouvoir central ne sait plus s'acquitter de sa première mission : la sauvegarde de la justice, le maintien de la paix. Voyant dans la moitié de la nation des vaincus qu'il faut réduire à merci, il se transforme en agent de discorde. Proie des politiciens, des bureaucrates et des financiers, il se montre impuissant à exécuter de sérieuses réformes, tandis que les monarchies européennes, ayant plus d'une fois hardiment rajeuni leurs institutions, ont su accommoder aux besoins nouveaux des principes anciens. Par l'excès de ses dépenses, il prépare savamment la banqueroute. Devons-nous nous en plaindre? Le régime construit aux premiers jours du siècle « par la plume des rhéteurs et l'épée des Césars », ce régime qui prétendait ne laisser debout que l'Etat tout-puissant et l'individu annihilé, se détruit lui-même. Il seconde par ses folies le mouvement qui commence à se dessiner contre les abus de la centralisation administrative et la déplorable composition des Chambres.

C'était une nation unie que l'on se glorifiait d'avoir faite, il y a un siècle, et les divisions la rongent. Division et guerre à l'atelier, division et guerre dans la vie publique, division encore plus profonde dans les idées, et par suite dans les cœurs. La Réforme avait attaqué l'autorité religieuse et brisé l'unité chrétienne. Le mouvement du XVIIIe siècle, dirigé contre les religions positives et contre l'autorité politique, a renversé ou ébranlé celle-ci ; il a fait passer dans les institutions de nouveaux principes dont les conséquences se déroulent sous nos yeux. Il ne restait plus à abattre que la vieille loi morale, qu'à la rabaisser au niveau d'une institution variant selon les milieux, selon les temps, selon les caprices des hommes, qu'à lui enlever tout caractère supérieur. Les doctrines modernes s'y employent avec autant de passion que de persévérance. Nous l'avons montré au cours de ce livre, ni le principe de cette loi, ni sa fin, ni ses prescriptions, ni sa cause même ne restent debout.

Sociologues de toute espèce, savants aspirant à jouer le rôle de moralistes, positivistes, pessimistes, évolutionnistes, socialistes, déterministes, tous se trouvent d'accord sur ce point. Ce serait une tyrannie insupportable, disent les révolutionnaires, que la domination d'une loi que l'homme n'aurait pas faite. Ni Dieu, ni maîtres, tous ne l'écrivent pas sous cette forme ailée, mais tous le pensent ; leurs idées les conduisent là.

Deux peuples vivent donc côte à côte sur la terre de France, jadis unie dans sa foi religieuse et politique. Ce que l'un croit comme le soutien de la vie présente et l'espoir de l'éternité, l'autre le bafoue et le nie; les autorités naturelles dans le maintien desquelles l'un voit la condition de stabilité de l'Etat, l'autre les jette par terre. Les joies de l'un sont faites des tristesses de l'autre. Ils parlent la même langue, mais ils ne s'entendent plus, et quand même les divisons politiques, résultat fatal de la conception moderne du pouvoir, de nos révolutions perpétuelles, de l'opposition des idées, auraient cessé comme par enchantement, que le même coup de baguette magique aurait fait évanouir le passé, l'unité ne serait pas rétablie.

« Il y a autre chose en question, écrivait un jour « M. Ranc, *que la forme gouvernementale*. Il y a le « fond des doctrines et des intérêts qui sont incon« ciliables. »

« La République n'est pas seulement un mot, mais un ensemble de doctrines, » disait il y a quelques jours le ministre de l'instruction publique. Et encore parmi ces deux peuples, les intérêts, les sentiments se fractionnent, s'émiettent, se morcellent. Ni l'un ni l'autre ne peuvent espérer le succès ; l'un, maître aujourd'hui du pouvoir, par cela seul qu'il le tient et l'exploite, essaie d'écraser l'autre sous le poids de ses écoles, de ses agents, de ses gendarmes, de ses idées. Mais il n'y parviendrait qu'en faisant à la patrie une atteinte aussi cruelle que celle qui a été infligée à notre flanc par les armes étrangères. Des années, et des années s'écouleront avant que cette unité brisée se reforme, avant que nos vieilles cathédrales entendent sous leurs voûtes qui parlent tant à l'âme, un peuple unanime à chanter les louanges de Dieu. Dans un temps si profondément divisé, c'est le droit de vivre, c'est une sorte d'édit de Nantes que réclamera le peuple aujourd'hui opprimé par le parti vainqueur. Qu'il ait la liberté de se mouvoir dans sa sphère, sans rien demander à l'État, appui dangereux en ces temps mobiles, c'est le but qu'il doit assigner à ses efforts. Désireuse de reconquérir sa pleine action sur les âmes, l'Eglise verra avec joie la rupture du lien funeste qui l'enchaîne à des gouvernants, ses ennemis invétérés, dont le programme veut la ruine de tout ce qu'elle enseigne. Dégagée de cette entrave, contre laquelle elle se heurte à chaque pas, elle imprimera une plus énergique impulsion au mouvement consolant qui, malgré les progrès des doctrines nouvelles, ramène tant d'âmes aux pieds de Dieu.

L'évolution sociale, avec les enseignements qu'elle comporte, a fait tomber des yeux d'une partie de la nation le voile épais qui lui dérobait la connaissance du vrai. Les esprits reviennent aux vérités méconnues, et nul homme qui a observé les faits sociaux à la lumière d'une méthode rigoureuse n'oserait soutenir les théories sur les merveilleux résultats desquelles nos pères chantaient de si brillantes cavatines. Toutefois ne ressemblons-nous pas à un homme qui, s'apercevant enfin de la pernicieuse conséquence des excès auxquels il s'est livré, se propose de mener désormais une existence plus sage, mais dont le tempérament épuisé ne saurait lui promettre les longs projets et les grandes pensées ?

Une société ne se bâtit pas avec des mots ou des idées, elle ne se compose pas d'abstractions, mais d'hommes en chair et en os, issus d'un père et d'une mère et par conséquent d'une famille qui, aujourd'hui comme aux premiers jours du monde, constitue la fabrique humaine. Or cette fabrique produit de moins en moins en France. Sans scrupules, elle suspend son essor, et stérilisée par l'ensemble des conditions qui lui sont imposées, par la dégénérescence du sentiment religieux, elle ne fournit plus de rejetons pour toutes les œuvres qu'elle doit alimenter.

De grands événements s'accomplissent à notre époque ; la prise de possession des terres vierges, l'ouverture de l'Afrique. Quels essaims nos familles à postérité rétrécie ont-elles à y envoyer? De leurs foyers ne sortent plus des instruments vigoureux. Nous avons perfectionné l'art de forger le fer que nous savons à la fois rendre souple et résistant, mais nous avons perdu celui de tremper des caractères; la première autorité, le premier patron, le père, ne sait ou ne veut plus s'acquitter du rôle sans lequel il n'existe pas d'hommes au noble sens du mot, et partant pas de société forte, vérité élémentaire qui semble échapper à beaucoup de nos contemporains. C'est un tuteur incommode aux yeux des jeunes générations, dont toutes les institutions leur apprennent à rejeter le pouvoir; en outre une éducation mal dirigée fausse les esprits.

Ce n'est pas non plus dans un atelier stable que s'élabore la fabrication humaine, et les engagements éphémères semblent vouloir y prédominer comme dans l'industrie. Les liens du mariage, même avec la perspective du divorce, sont jugés encore bien pesants. Aussi veut-on se quitter avec la même facilité que l'on se prend. De là la multiplication des unions libres, acceptées dans les grands centres et par des familles d'une certaine situation comme une chose toute naturelle. Amants ou maîtresses sont traités comme des gendres ou belles-filles, reçus comme eux, et les enfants issus de ces unions illégitimes ne se distinguent en rien d'enfants auxquelles un ménage régulier a donné le jour. « Jamais, l'écrivait il y a peu de temps M. Jules Simon, l'esprit de la famille n'a couru de si grands dangers. » L'égoïsme du moi y déborde, et Herbert Spencer était fondé à écrire que nous marchons vers un temps où l'unité sociale ne sera plus la famille, ni même l'individu arrivé à l'âge mûr, mais l'enfant. Aucune branche de la société n'échappe à la désorganisation introduite peu à peu dans l'atelier humain, et dont la diminution de l'autorité chargée de la conduire constitue le trait le plus accentué. Comment dans de telles conditions réaliser des réformes stables? Tous les jours naissent de nouvelles générations, mal préparées à supporter les luttes de la vie et trouvant plus commode de céder à leurs passions; parmi elles l'armée du crime et les mauvais instincts y pêchent des recrues de plus en plus nombreuses.[1] « Nous constatons la plus vaste gangrène criminelle dont jamais statistique historique ait fait mention, écrivait M. Reinach dans son livre sur les récidivistes. » De généreux efforts ont été faits par les catholiques, afin de créer des écoles desquelles toute idée de Dieu n'aurait pas disparu. Le milieu qui entoure les enfants rend trop souvent ces efforts stériles. A peine l'enfant a-t-il quitté ses maîtres qu'il est porté à oublier les pieux enseignements que rien ne lui rappelle autour de lui.

Oui certes, nous traversons en quelques heures

[1] Voir à ce sujet les deux ouvrages de M. Adolphe Guillot, criminaliste pratique d'une haute compétence : *Paris qui souffre* et les *Prisons de Paris*. Ils mettent tristement en lumière les progrès grandissant de la corruption et du crime parmi la jeunesse, progrès dus à l'ébranlement profond de toutes les forces morales. Il y a plus d'assassins parmi les lettrés que parmi les ignorants.

les distances que les vieilles diligences parcouraient en plusieurs jours ; nous possédons le télégraphe ; nous pouvons converser avec un habitant de Bruxelles du coin de notre feu, et qui sait même, la voix humaine traversera peut-être un jour l'Océan. Nous construisons d'admirables machines, se prêtant à toutes les besognes, sans que, il est vrai, le labeur de l'homme en soit allégé. Le confort de l'existence n'aura bientôt plus de secrets pour nous ; les découvertes anesthésiques de la medecine, raréfient la douleur, quand elles ne la suppriment pas. Mais la vieille loi morale formulée pour l'éternité dans les dix commandements de Dieu ne règne pas plus sur les cœurs qu'avant ces progrès de la science, et ceux-ci même, enivrant l'humanité, la conduisent à ne plus la regarder que comme un vieux chiffon dont des générations si savantes doivent s'émanciper. La science n'a pas mieux affermi entre les hommes le premier de tous les biens : la paix. Qu'on en juge par ce seul fait significatif. Des corps d'armée sont nécéssaires pour empêcher les hommes de se jeter les uns sur les autres, là où quelques forces de police suffisaient autrefois, et les nations s'épuisent en armements gigantesques pour maintenir une paix plus ruineuse que les anciennes guerres ; elles courent à une banqueroute fatale.

Le système européen craque sous le poids de l'antagonisme social, des dettes, du militarisme. Serait-ce alors au Nouveau-Monde que nous irons demander des leçons? Au Nouveau-Monde d'où nous viendrait, disait avec orgueil un de ses enfants, l'art d'un monde nouveau. Certes sur le terrain économique, il infligera de terribles coups aux vieux pays de l'Europe et ceux-ci se verront peut-être un jour, par suite d'une concurrence de plus en plus redoutable, des nouveaux chemins que prendra le commerce, dépouillés de leur prospérité, comme l'ont été déjà par suite de l'évolution économique, tant d'Etats qui n'ont brillé que d'un éclat éphémère.

Mais sur le terrain social, en dépit de sa présomption, qu'avant de nous donner des leçons, il commence par se corriger lui-même. Ensuite nous prêterons l'oreille à ses objurgations. Tout comme en Europe, patrons et ouvriers y sont aux prises les uns avec les autres; l'absence de toute tradition donne à leur antagonisme un caractère encore plus aigu. Si le monde des affaires en France envahit et corrompt la politique, d'humeur peu farouche du reste, comme l'écrivait récemment un député radical, M. Camille Pelletan, en Amérique le politicianisme, la plaie de la démocratie, étale sans pudeur sa corruption; elle envahit toute la vie publique. Le culte ardent du Dieu-dollar y recrute des fidèles encore plus nombreux, encore plus fanatiques; et on peut le dire de l'Amérique plus justement que de l'Europe où déjà l'or fait tourner tant de têtes, triomphe de tant de consciences: « Le temps approche où il ne sera pas seulement fâcheux, mais encore honteux d'être pauvre. » Les fortes traditions de famille, le respect de Dieu, sur lesquelles il s'est appuyé, le Nouveau-Monde ne les a pas trouvées sur son sol, il les a reçues de la vieille Europe.

Si arrogant, si glorieux qu'il se montre à l'égard de l'ancien monde, il ne peut s'empêcher de trembler devant un continent encore plus vieux que tous les pays de l'Occident. Et, fait bien digne de rabattre sa jactance, de malheureux coolies chinois lui inspirent une véritable terreur. Ils viennent d'un pays dont l'ancienneté se perd dans la nuit des temps, toujours debout sur la forte assise d'une autorité paternelle respectée, et les craintes qu'éprouvent devant ces pauvres émigrants de puissants États, comme l'Australie et les Etats-Unis, n'attestent-elles pas l'indestructible puissance d'une société qu'une telle base soutient, n'indiquent-elles pas que la vieille Asie, témoin des premiers pas de l'homme, non seulement n'a été entamée par aucune évolution, mais demeure toujours prête à jouer, vis-à-vis le monde moderne désorganisé, le même rôle que jadis ses essaims vis-à-vis de l'antiquité à bout de force.

Nous entendons souvent parler de temps nouveaux, de révolutions radicales qui se préparent, et amoureuse du vague, l'imagination aime s'envoler vers les jours que nous ne verrons pas, se plaisant à leur prêter une grandeur absente à notre époque. Il y a un siècle, les mêmes mots retentissaient aux oreilles de nos pères, qu'ils faisaient pleurer d'enthousiasme. Le monde allait être transformé, la société devenir une idylle qui ferait revivre les innocentes pastorales antiques. Et aujourd'hui le réveil est arrivé, montrant dans l'affaiblissement de la patrie, dans la diminution de la population, dans les divisions des esprits, le dernier mot de toutes ces rêveries.

Non, nous n'avons pas besoin de vivre d'une vie idéale dans l'avenir pour être témoin de ces graves transformations. Si plat qu'il nous paraisse, le présent les étale sous nos yeux qui ne savent pas les apercevoir. N'est-ce pas en effet une grande révolution que la construction d'un édifice social, en rejetant tous les matériaux que les sociétés avaient toujours employés, désireuses de placer leurs destinées sous un abri solide ? N'est-ce pas un fait considérable, ne le cédant pas à ceux dont nous prédisons le spectacle à nos arrière-neveux, que cette altération des idées, faisant prendre le bien pour le mal et empêchant le retour du vrai par le voile qu'elle a jeté sur les esprits? N'est-ce pas un véritable bouleversement opéré dans un état social que le rejet systématique de Dieu de la vie publique et la forte pression qui cherche à l'expulser de la vie privée? Oui, bien des hommes dont les pères mangeaient du curé voudraient remettre Dieu dans ces masses profondes auxquelles leur nombre donne une influence politique considérable; ils tremblent pour leur bourse encore plus que pour leur âme. Mais tout le mouvement actuel, tous ceux qui flattent ces masses, et elles comptent des courtisans nombreux et intéressés, tous ceux qui leur font entrevoir les perspectives dorées d'un bouleversement social opéré à leur profit, tous leur répètent : « Il n'y a aucune loi au-dessus des volontés humaines ; vous seriez un pauvre souverain si vous étiez obligé de vous incliner devant un maître plus puissant, plus absolu que tous les maîtres de la terre. »

Entre les défenseurs des croyances traditionnelles et les partisans des théories nouvelles, la partie n'est pas égale. Les premiers sont obligés de rappeler à l'homme ses devoirs; les autres évoquent surtout ses droits. Les premiers affirment la nécessité d'un frein moral pour contenir une nature imparfaite ; les seconds, flattant son orgueil, le déclarent un être parfait, lui disent de suivre ses penchants sans crainte. Les premiers lui parlent du ciel : il est bien haut. Les seconds lui parlent de la terre : ses plaisirs sous une forme palpable, provoquante, se trouvent à sa portée. Et de plus une société qui n'a pas supporté l'autorité paternelle, est mal préparée à revenir au respect de Dieu.

Nous aurions des yeux pour ne pas voir, des oreilles pour ne pas entendre, si nous allions entonner des hymnes en l'honneur de l'avenir, lorsque tant de causes profondes et qui ne s'évanouiront pas en un jour ébranlent et affaiblissent la société, et parmi tous ces signes d'affaiblissement, nous n'en connaissons pas de plus sensible que l'état quasi stationnaire de la population ; c'est une race qui se replie sur elle-même. Avant tout, qu'elle commence par faire des enfants, qu'elle sache les élever.

Mais si, abritant notre défaillance derrière une prétendue fatalité, nous restions les témoins impuissants d'une évolution dont notre ferme volonté peut modifier le cours, nous imiterions le soldat qui, pris de terreur et de découragement, jette son fusil au milieu du combat, disant : Ils sont trop. Arrière une telle lâcheté !

A nous, soucieux du relèvement de la France, de seconder de toutes nos forces le réveil des idées, de frapper de coups redoublés les fausses théories sociales qui s'effondrent ; à nous de profiter de la chute des illusions sur lesquelles avaient vécu nos pères, du discrédit qui atteint les hommes incarnant au pouvoir ces rêves avortés, de la banqueroute de la Révolution, avouée même par des révolutionnaires ; à nous d'engager la lutte sur tous les terrains où les hommes de nouveauté qui travaillent à changer l'âme de la France la portent ; à nous de prendre d'une main ferme et d'un cœur désintéressé la défense des intérêts populaires, exploités au profit d'avides ambitions ; à nous enfin de ne pas conserver comme une arche sainte les institutions qui ont amené les maux dont nous souffrons, mais de nous engager sans crainte dans une politique réformatrice. Pressons-nous seulement. Bientôt nous ne trouverions plus que de la poussière et de la boue.

Dieu a créé les individus comme les nations, guérissables : c'est par leurs efforts vigoureux qu'elles conquièrent la puissance et la prospérité, comme leur imprévoyance et leurs aveuglements expliquent leurs défaites ou leur décadence. Elles tiennent leurs destinées entre leurs mains.

TABLE DES MATIÈRES

CHAPITRE III

LE MAGASIN ET LE BAZAR

CHAPITRE IV

L'ENNEMI DU TRAVAIL. — L'AGIOTAGE

LIVRE II

LA VIE PUBLIQUE

CHAPITRE PREMIER

LES GOUVERNÉS

CHAPITRE II

LES GOUVERNANTS. — LES POLITICIENS

CHAPITRE III

LES GOUVERNANTS (*suite*). — LES BUREAUCRATES LES FONCTIONNAIRES, LES FINANCIERS

LIVRE III

LES CROYANCES ET LES IDÉES

CHAPITRE PREMIER

LA RELIGION

CHAPITRE II

LES GRANDS COURANTS DE LA PENSÉE CONTEMPORAINE LA DÉMOLITION DES IDÉES MORALES

CHAPITRE III

LE RÉVEIL SOCIAL

LIVRE IV

L'INSTRUMENT DE L'ÉVOLUTION. — LA FAMILLE

CHAPITRE PREMIER

L'AFFAIBLISSEMENT DE LA POPULATION

CHAPITRE II

QUELQUES TRAITS DE LA SOCIÉTÉ FRANÇAISE

CHAPITRE III

L'ÉBRANLEMENT MORAL

ÉVREUX, IMPRIMERIE DE CHARLES HÉRISSEY

www.ingramcontent.com/pod-product-compliance
Ingram Content Group UK Ltd.
Pitfield, Milton Keynes, MK11 3LW, UK
UKHW020156250726
13967UKWH00003B/1103